International Humanitarian Law in China:
Dissemination,Practice and Development

中国国际人道法：
传播、实践与发展

主　　编：赵白鸽
执行主编：李卫海　冷新宇

人民出版社

《中国国际人道法:传播、实践与发展》编委会

主　　编：赵白鸽

执行主编：李卫海　冷新宇

编　　委：马新民　肖凤城　何小东
　　　　　何成中　吴　玲　任　浩

目　录

序

欣闻《中国国际人道法：传播、实践与发展》即将出版，我对此感到由衷的高兴。

战争是人类争斗的最极端形式，是集体、有组织地互相使用暴力。战争与文明相伴而生，它既对人类文明的发展和进步起着催化和促进作用，其残酷性和毁灭性又时刻威胁着人类自身的生存。随着人类文明的进步，人们逐渐意识到，战争不过是政治的附属品，战争本身不是目的，而是实现政治目的的手段。让·卢梭对此曾有精辟的论述："战争绝对不是人与人的一种关系，而是国与国的一种关系，在战争之中，个人与个人绝对不是以人的资格，而是以公民的资格，才偶然地成为敌人的。"因此，尽管战争不可避免，但是人类的理性还是认为有必要通过制定法律来减轻战争带来的灾难，战争法由此产生。

战争法的目的是保护未参与或不再参与敌对行动的人员，并且限制作战手段和方法的使用，由于其核心价值是"人道"，因此它也被称为国际人道法。国际人道法是限制战争后果的一系列国际法规则的总称，没有这些法律上的限制，战争很容易演变成毁灭性的暴行，战后和平的恢复与保持也会变得非常困难，这与全人类的根本利益相悖。因此，从国际人道法诞生的那一天起，国际社会就一直致力于推动国际人道法的发展和进步，150多年来国际人道法发展出了较为完善的条约体系，并建立了实施的国际机构——红十字国际委员会。

1949年《日内瓦公约》及其1977年《附加议定书》是关于国际人道法的主要条约，为了获得这些条约所提供的保证，最重要的是各缔约国必须尽最大可能实施这些条款，这就要求各国通过许多国内法律和规章。此外，各缔约国还有义务尽可能广泛地传播《公约》和《议定书》的知识。由于上述义务牵涉一系列问题,因此,全面实施国际人道法规则需要来自所有政府部门和其他相关机构的协调与支持。为了便利这一进程,红十字国际委员会以及红十字与红新月国际大会支持各缔约国在国内设立实施国际人道法国家委员会,以便在实施和传播国际人道法知识方面为政府提供建议和援助。

国家委员会须由国家在组建时确定其组织和目标。由于其目的是进一步促进国际人道法在国内层面的实施和推广,因此,委员会一般应具有以下特征:

1. 它应能够根据《公约》、《议定书》及其他国际人道法文件所创设的义务对现行国内法进行评估。

2. 它应可就如何进一步实施人道法提出建议,能够监督并确保该法得到适用。

3. 它应在促进传播国际人道法知识的活动中发挥重要的作用。它有权进行研究,提供活动建议,并通过帮助使国际人道法得到更为广泛的了解。

鉴于其职能,国际人道法国家委员会需要具备广泛的专业知识,这就要求它必须包括涉及实施国际人道法的政府部门代表。将立法机构代表、司法系统成员、武装部队人员以及来自大学或人道组织的国际人道法专家纳入国家委员会也将大有裨益。特别是,由于国家红十字会或红新月会往往拥有极具价值的知识和经验,国家委员会中包括来自国家红会的代表也至关重要。

创立国家委员会可以说是确保全面实施国际人道法有益且至关重要的一步,各国有权自行决定该委员会如何设立、其职能如何以及应包括哪些成员。国际人道法国家委员会应是一个常设机构,并且应与其他国家委员会及红十字国际委员会建立联系。国家委员会的代表应定期召开会议,就有关当前的活动和过去的经验分享信息。

中国作为国际社会的重要成员,一贯支持国际人道法的普及和传播,并致力于国际法的有效实施。作为最早签署和批准 1949 年《日内瓦公约》及其1977 年《附加议定书》的国家之一,中国在传播和实施国际人道法方面一直享有良好的国际声誉。为了更好地履行公约规定的义务,2007 年 11 月 30 日,由中国红十字会牵头,外交部、司法部、教育部、国家文物局等多方参加的中国国际人道法国家委员会正式成立。中国国际人道法国家委员会将研究涉及国际人道法的各种问题,协调国内传播和实施国际人道法的活动,协调我国参与国际人道法事务的国际交流与合作。由于1949年《日内瓦公约》及其1977年《附加议定书》事实上并未要求设立此类委员会,中国国际人道法国家委员会的成立,进一步表明了我国对推动国际人道法传播和发展的积极态度。中国政府在《2008年中国的国防》白皮书中明确表示,中国军队有关部门会在国家委员会的组织协调下,认真做好国际人道法在中国军队的传播和实施工作。

中国国际人道法国家委员会将致力于国际人道法在中国的普及和传播,它离不开实践部门、学术机构中国际人道法专家的支持。各国国家委员会的运作经验都表明,在学术研究领域以及国际人道法规范、理论、知识的传播领域,仅仅依靠国家委员会的协调及其他实践部门自身的努力是不够的;在深入研究以及如何更广泛地传播国际人道法方面,我们更需要学术研究机构提供的理论支持和策略支撑。因此,现实迫切需要一个承载国际人道法传播任务的平台、促进理论联系实际的平台、促进中外学者与立法者交流对话的平台。日内瓦公约诞生已然超过60周年,国际人道法的诞生,如果从索弗利诺战役算起也超过了150周年。在这一背景下,《中国国际人道法:传播、实践与发展》一书付梓出版,正符合中国国际人道法国家委员会一贯追求的目标,不仅有助于促进国际人道法知识在我国的传播,还可以为实践部门适用国际人道法提供有益的建议和指导。我相信,本书必定会为中国普及和实施国际人道法作出重要贡献。

需要说明的是,本书的编纂是一个繁复的过程,论文作者和编委会为此付出了辛勤的劳动;除此之外,我们还得到了中国政法大学法学院硕士研究生以及厦门大学博士后流动站研究人员的支持,他们分别是(以姓名拼音首字字母为序):段倩倩、胡兰英、金涛、马琳、马小龙、马彦昕、尹殷、张膑心、张家祥,谨在此表示真挚的感谢!

是为序。

赵白鸽

中国红十字会　常务副会长

中国国际人道法国家委员会　常务副主席

Preface

International humanitarian law (IHL), also known as law of war or law of armed conflicts is a set of international rules, established by treaties or customs, which is specifically intended to solve humanitarian problems directly arising from international or non-international armed conflicts. It protects persons and property that are, or may be, affected by an armed conflict and limits the rights of the parties to a conflict to use methods and means of warfare of their choice. The codification of IHL dates back to Henry Dunant's spontaneous gesture in helping the victims left unassisted after the bloody battle of Solferino (1859). Reflection followed very closely upon this action. To make it possible to assist victims of conflicts and make such assistance standard practice, medical personnel needed to have a status guaranteeing them protection in the midst of fighting. He had for that reason to appeal to the States which, once won over, adopted the first Geneva Convention for the Amelioration of the Condition of the Wounded in Armies in the Field in 1864.

Since then, the number of IHL treaties has largely increased. Close to 100 legal instruments are now considered as part of IHL, the four Geneva Conventions of 1949 and their Additional Protocols of 1977 constituting the backbone of modern international humanitarian law. The scope of IHL treaties has been extended to cover not only international but as well non-international armed conflicts. IHL includes not only treaties related to the protection of certain categories of persons but as well treaties limiting or prohibiting weapons causing unnecessary suffering and those dealing with the repression of its most serious violations, such as the ICC Statute.

The development of IHL reflects the clear will of the international community to put limits to armed conflicts by avoiding their worst consequences. But to ensure that IHL does not remain a dead letter, it is essential to explain its meaning and the obligations it places on those who must comply with it. Therefore, I am glad to see the publication of the *International Humanitarian Law in China: Dissemination, Practice and Development*, which was initiated and sponsored by the Chinese National Committee of International Humanitarian Law. The topics in this Review range from the regulations on hostilities and the repression of war crimes to States' practice in the field of IHL. It is my belief that these topics and the collective endeavour of the authors in this fine work will contribute to a better understanding of IHL in China.

The International Committee of the Red Cross (ICRC) is an impartial, neutral and independent organization whose exclusively humanitarian mission is to protect the lives and dignity of victims of war and internal violence and to provide them with assistance. The ICRC also endeavours to prevent suffering by promoting and strengthening instruments of IHL and works for its development, application, comprehension and dissemination.

The promotion and development of IHL are, therefore, core ICRC activities that the Institution has been engaged in since its inception in 1863 and are based today on its mandate under the Geneva Conventions and the Statutes of the International Red Cross and Red Crescent Movement. IHL promotion, which is part of the ICRC's ongoing work both in the field and at headquarters, takes a variety of forms such as IHL dissemination and training, monitoring of IHL application by states and non-state actors, IHL teaching in academic institutions, the provision of legal advice and among others.

In September 2005, the ICRC moved its regional delegation for East Asia to Beijing. This has allowed us, over the past four years, to advance the cooperation with the Chinese authorities as well as with academic circles. Several seminars were conducted by the ICRC delegation in cooperation with the Chinese Ministry of Foreign Affairs and the Chinese Society of International Law. Five Teachers training programmes have taken place aimed at more than one hundred university teachers. An IHL moot competition is organised on a yearly basis for university students. In 2008, the Chinese National Committee on IHL was established, which is expected to facilitate the efforts already undertaken for the dissemination and implementation of IHL in China.

With this new review on IHL, Chinese professors, scholars as well as students adds another stone to the study and the spreading of the knowledge of IHL in China. We do welcome this initiative and congratulate the Chinese IHL academic circle for offering this great opportunity.

Thierry Meyrat
Head of the Regional Delegation for East Asia
International Committee of the Red Cross

中国红十字会与国际人道法

肖凤城[*]

国际人道法是人类文明进步的产物,是当今人类在战争和武装冲突的困难条件下努力推进正义和文明的集中表现和法律形式。它与国际红十字运动一起诞生,在150年的发展历程中始终是国际红十字运动的核心追求,是世界各国红十字会存在并开展工作、发挥独特作用的重要国际法基础。

中国红十字会是国际红十字运动的重要一员,在近110年不平凡的发展历程中,深得中国政府的高度重视和鼎力支持,深受中国人民的尊重、拥戴、资助和协同。它坚持不懈地把传播普及、推动实施国际人道法作为自己的核心任务,为救助中国人民以及其他国家人民作出了卓越贡献,写下了不可磨灭的历史篇章。

一、在救助战争受难同胞的迫切需求中艰难诞生

国际红十字运动诞生后,于19世纪80年代传播到中国,1894年7月甲午海战爆发后,更引起中国有识之士关注。当时,在中国的报刊上出现了许多推介国际红十字运动及其人道理念的文章。长期在日本经商的华侨孙淦,加入了日本赤十字社,感受到红十字运动对于救助承受战争苦难的民众具有重要意义,与志同道合者合作翻译了国外红十字组织章程,并于1898年上书清政

---

* 肖凤城,中央军委法制局正师职法制员,大校军衔。本文系作者个人观点,不代表作者所在工作单位立场。

府建议创设红十字会,被称为"中国倡导红十字会第一人"。红十字运动的人道理念与中国博爱爱人的传统思想、行善积德的社会活动相吻合,很快得到中国政府和民众的认同,为中国红十字会的诞生奠定了社会基础。

中国红十字会的诞生,直接起因于救助陷于日俄战争的中国受难民众的迫切需要。1904 年 2 月,日本和俄国两个帝国主义国家为争夺在中国的特权,将中国东北大地变成了战场。当时,在中国东北的外国侨民纷纷由其本国政府和红十字会出面,接运撤离战区,而数十万中国同胞则处于战争的水深火热之中。中国清朝政府无力保卫自己的领土主权,宣布所谓"局外中立",在派船只接运中国同胞时遭到俄国拒绝。为救助陷于战争苦难的中国同胞,一批仁义之士于当年 3 月 3 日在上海发起成立"东三省红十字普济善会",这是中国最早的红十字组织,但这一组织的活动仍然遇到困难。为此,这批有识之士联络几十名英、法、德、美友人,排除种种困难,于当年 3 月 10 日成立"上海万国红十字会",很快得到红十字国际委员会及不少国家的承认,得到中国清朝政府的承认及中央政府和许多地方政府的经费支持,并得到许多商人和民众的人力支援和资金捐助,迅即对东北地区陷于战争灾难的中国同胞展开了大量救助活动。

日俄战争结束后,"上海万国红十字会"于 1908 年解散,但中国红十字组织没有中断,随即以从事相关工作的人员为基础,筹建了"中国红十字会"。

中国红十字会在 100 多年前国弱外侮、极其艰难的条件下诞生了。它的诞生,基于中国深厚的文化历史基础,得益于国际红十字运动的感染和启示,更受命于战争中陷于苦难的中国同胞亟需拯救的强烈呼唤,深刻地表明中国人民需要红十字组织,需要国际人道法。

二、在战争和武装冲突中奋力开展人道救助

中国红十字会自 1904 年诞生以来,在战争和武装冲突中开展了大量人道救助工作,挽救了无数生命,帮助无数民众度过了最艰难的岁月。

在日俄战争中,上海万国红十字会从战区撤离难民,在战区及其附近设立医院对难民进行救治,为难民提供食宿,向难民提供离开战区避难的车票、发

放救济资金和物资,妥善安葬并登记死亡难民等。据统计,得到救助的难民达46.7万人,其中得到资金和物资救助的难民达20多万人。

1911年,辛亥革命爆发后,中国红十字会在武汉设立临时医院,组织三支医疗队在淞沪及南京战役中从事战场救护工作。此后,在北京、天津、云南、贵州、四川、广西、广东、湖南、江西等地接连发生的武装冲突中开展救援工作。北伐战争期间,又组织救护队开展战场救护工作,并协助上海各医院收容伤兵。从1911年到1930年,经中国红十字会救护的伤病员总数超过百万人,救助难民更不计其数。

1931年,日本侵略中国东北地区,中国红十字会开展战地救护和战区难民救治工作。1932年,日军进犯中国华北,设在北平的中国红十字分会组织华北救护委员会,救护前线的抗日军队伤兵。"一·二八"淞沪战役爆发后,中国红十字会建立了40多所伤兵医院,救治了8600多名伤兵、1000多名受伤平民;建立了5所难民收容所,收容难民5.3万人。1937年,抗日战争全面展开,中国红十字会的战场救护工作也在全国全面展开,在武汉成立救护总队,下设的医疗队由初期的37个陆续增加到150个,医疗救护人员近4000人,救护车200多辆,卫生材料库11个。各医疗队认真贯彻红十字运动基本原则,不论是国民党政府军队,还是共产党领导的八路军、新四军以及日本侵略军的伤病人员,都一视同仁予以救护,曾两次派医疗队到日本战俘收容所担负900名战俘的医疗及防疫工作。在八年抗日战争中,有114名红十字会工作人员在人道救护工作中因公殉职、积劳病故,献出了宝贵的生命。

朝鲜战争爆发后,中国红十字会总会于1951年1月22日向全国发出通知,号召各分会组织志愿军医疗服务队,奔赴战场,担任战场救护和朝鲜难民救助工作。组织了7个国际医疗服务大队、666名医务人员奔赴朝鲜战场为伤病员服务,出色的救护工作获得中朝双方高度赞扬,其中30名队员于1952年1月29日荣获朝鲜最高人民会议功劳章。战争结束后,中国红十字会还派出35名代表赴朝鲜参加联合红十字小组,协助遣返战俘工作。

中国红十字会还在与战争和武装冲突相关或者国际关系非正常情况下的特殊事件中发挥了重要作用。第二次世界大战结束后,留居中国大陆的日本侨民有3万多人,其中5000多名妇女与中国人结婚,一大批孤儿被中国人收养。由于当时中日之间没有建立外交关系,难以办理回国手续,中国红十字会受中国政府委托,与日本红十字会、日本和平联络委员会和日中友好协会联系,共协助3.2万名日侨返回日本,协助1082名在华日本妇女和她们在华出生的子女回日本探亲。与此同时,还协助1024名被中国政府释放的日本战俘回国,协助数千名旅居日本的华侨回到中国,并促成日本将侵华期间抓到日本做苦工致死的7000多名华工遗骨送还中国。

1979年,越南大批驱赶在越华侨,在国际上引起很大震动。经联合国难民署召开的难民安置问题日内瓦会议,中国政府接受安置25万名印支难民的任务。中国红十字会组织医疗队奔赴难民涌入的口岸,为难民查体治病,护送难民前往安置地点,为难民改善居住条件、环境卫生和饮水状况,并建立医疗点为难民进行经常性的医疗、防疫和保健工作,使25万名难民得到妥善安置,建立起新的生活。

1956年10月,中国空军击落一架进入中国领空的美海军巡逻机,飞机坠落在舟山群岛以东海域的琅岗山附近,三具美军飞行员的遗体被舟山地区渔民发现。中国红十字会上海分会受中国军方委托,通过英国驻沪领事馆,将美军飞行员遗体转交美方。1965年10月,巴西发生军事政变后,与中国政府断绝外交关系。正在巴西进行贸易访问的中国经济贸易代表团一行五人被巴西当局扣留,中国红十字会受委托与巴西红十字会联系,请国际律师进行斡旋,组织安排慰问和通信,经过艰苦工作,使五名被扣人员安全无恙回到祖国。

三、开展自然灾害中的人道救助和经常性的社会服务活动

中国红十字会不仅在战争和武装冲突中救助受难者,而且像各国红十字会一样,将自然灾害中的人道救助作为一项重要职责。中国红十字会总会是国家减灾委员会的成员单位,《中国红十字会总会自然灾害等突发公共事件应急预案》被纳入国家整体应急预案体系,成为国家灾害救助工作的重要组成部分,充分发挥政府在人道领域的助手作用,作出了突出贡献。

2003年中国发生非典疫情,中国红十字会及时分配了社会捐赠的6.85亿元款物,有力支持和配合了抗击非典的斗争,受到国务院表彰。2004年12月26日,印尼苏门答腊岛附近海域发生里氏9级地震,引发巨大海啸,给东南

亚、南亚和非洲地区带来严重灾难。中国红十字会有力配合政府的救援行动，及时进行国际人道救援，单独或与中华慈善总会合作，为印尼、斯里兰卡、马尔代夫、泰国、缅甸等受灾国家建造了 1487 套永久性住房以及学校、医院、诊所等公共设施，为上万名因海啸丧失家园的灾民提供了新的家园。

中国红十字会还开展了大量经常性的社会服务活动。依据《中华人民共和国献血法》的规定，协助各级政府开展无偿献血的宣传、组织、动员工作，对推动无偿献血工作发挥了很大作用。中国红十字会作为国务院防治艾滋病工作委员会成员，积极参与了预防艾滋病宣传和关爱艾滋病患者、感染者的工作，在部分地区取得了显著成效。组织建立中国造血干细胞捐献者资料库，在全国十几个省、市建立分库，库容量已超过 50 万人份，实现捐献逾千例，并与美国、韩国、新加坡、日本等国资料库建立了合作关系，向国(境)外血液病患者提供了几十例造血干细胞。

中国红十字会总会及各分会经常组织宣传队、医疗服务队，深入工地、受灾地区、少数民族地区以及广大城市和乡村，开展宣传、服务活动；开办孤儿院、养老院、博爱医院、智障儿童学校等，为失去依靠的老幼弱残者提供帮助；创建少儿住院基金、抗癌乐园、老年关怀医院等爱心工程，作为社会保障工作的组成部分；推动开设博爱超市、红十字爱心服务社、红十字卫生服务站等社区服务组织；在广大农村地区援建了 491 所博爱卫生院(站)，帮助培训乡村医生；在奥运会、世博会等重大赛事城市中开展服务活动，为志愿者提供卫生救护培训，向群众普及卫生救护知识，设立红十字服务站，宣传艾滋病预防知识，宣传动员无偿献血等。这些活动受到社会各界广泛称赞和欢迎。

四、在民众和武装力量中积极传播国际人道法

中国红十字会根据日内瓦四公约及其附加议定书、国际红十字会联合会章程以及《中华人民共和国红十字会法》等有关法律的规定，致力于国际人道法的传播工作。运用多种形式，举办各类培训班，比较系统地培训了红十字会专职干部和广大会员，并不断扩大传播培训范围。中国红十字会总会还建立了传播工作骨干队伍，在全国范围内担负师资队伍的培训，编写统一教材，为

建立全国性的传播网络打下了良好的基础。中国红十字会的基层组织已发展到 36 万个以上,其中学校红十字会达到 25 万个;红十字会会员达到 5000 万人,红十字会志愿工作者突破 100 万人;每年筹措的救灾救助款物达到 3 亿元人民币。

中国红十字会注重开展群众性的人道救护技能的培训工作,结合民众的生产劳动和社会生活,开展初级救护培训、心肺复苏技术培训等,参加初级救护培训人数超过人口总数的 1% 。会同国家卫生部、公安部、教育部、民政部、铁道部、交通部、商业部、民航总局、旅游局等有关部门,推动建立遍布全国城乡的群众性自救和互救网络,增强高危行业人员的安全意识和救护技能。

中国红十字会特别注重在青少年中开展国际人道法的传播普及工作。会同国家教育部,在学校素质教育中丰富有关国际人道法的内容,在各地青少年中根据不同年龄、不同层次,广泛开展救死扶伤、扶危济困、敬老助残、尊师爱幼等人道主义精神的传播,红十字青少年会员已达 2000 万人,对提高青少年的思想素质和品德修养,树立正确的世界观、人生观和价值观,发挥了重要作用。

中国红十字会高度重视配合中国人民解放军开展国际人道法传播和实施活动。自 1991 年以来,协助中国人民解放军与红十字国际委员会联合举办了十多次校官、尉官国际人道法研习班以及军队律师国际人道法培训班,每期研习班都有来自解放军陆、海、空军各部队 60 至 80 名校官、尉官、军法官、军队律师参加,根据参加人员的不同级别和职责,有针对性地开展研讨、培训,取得了很大成功。协助红十字国际委员会的代表应中国人民解放军的邀请,到军队院校、部队中或者有关会议上介绍国际人道法的发展情况。此外,还帮助联系和协调解放军派军官参加红十字国际委员会和有关国家在日内瓦等地联合举办的国际人道法研习班。在中国红十字会的协助、推动下,解放军组织或参加国际人道法研习、培训、研讨等传播活动逐渐常态化、机制化,与红十字国际委员会的交流与合作更加密切。

五、支持和配合国家缔结和加入国际人道法公约

中国红十字会始终支持和配合中国政府缔结、加入国际人道法公约。早

在 1904 年,创建中国红十字会的有识之士就建议政府加入《改善战地陆军伤者境遇之日内瓦公约》,数年间,中国政府还签署、批准了 1899 年和 1907 年几个与国际人道法相关的海牙公约。在 1949 年 4 月至 8 月日内瓦四公约谈判起草过程中,中国红十字会起着积极的配合作用,推动政府派代表参加了在日内瓦举行的外交会议,签署了日内瓦四公约。

1949 年中华人民共和国成立后,中央人民政府根据《中国人民政治协商会议共同纲领》第 55 条"对于国民政府与各国政府的各项条约和协定,中华人民共和国中央政府加以审查,分别予以承认,或废除,或修订,或重订"的规定,于 1952 年由政务院总理兼外交部长周恩来代表中华人民共和国发表声明,承认 1949 年日内瓦四公约,并于 1956 年 11 月 5 日由全国人大常委会批准了日内瓦四公约。1983 年 9 月 2 日,全国人大常委会作出了加入日内瓦四公约两个附加议定书的决定。

迄今,中国还加入了 1954 年关于武装冲突中保护文化财产公约、1971 年禁止生物武器公约、1980 年特定常规武器公约及其议定书、1993 年禁止化学武器公约等有关国际人道法的所有主要国际公约。在中国政府参与起草谈判、签署批准、传播实施这些公约的过程中,中国红十字会都发挥了积极推动、协助配合的重要作用。近几年,中国红十字会进一步推动国家立法机关根据形势发展变化考虑中国在加入国际人道法公约时予以保留的条款,积极考虑加入国际人道法有关公约最新形成的议定书等,都取得了明显的进展和成效。

六、配合国家立法机关制定和完善有关法律法规

国家制定和完善相关法律法规,对于有效传播和实施国际人道法具有重要意义。近 30 多年来,中国红十字会配合国家立法机关,制定和完善了许多与国际人道法、红十字活动相关的法律法规,为国际人道法在中国的传播和实施以及中国红十字事业的发展,开辟了更加广阔和坚实的道路。

中国红十字会从 1990 年开始,把起草《中华人民共和国红十字会法》作为一项中心工作,征求了外交部、民政部、解放军总政治部等 23 个有关部门对草案的意见,协同国家立法机关赴国外进行考察。在中国红十字会、有关国家

机关及各方面的共同努力下,全国人大常委会于 1993 年 10 月 31 日通过了《中华人民共和国红十字会法》,以国家主席令公布施行。这部法律是国际人道法、红十字运动基本原则与中国宪法和相关法律相结合的产物,它明确规定中国红十字会的宗旨是"为了保护人的生命和健康,发扬人道主义精神,促进和平进步事业",把红十字会工作的意义提到人类进步发展的高度,揭示出红十字事业是一项崇高的社会事业。它明确规定"中国红十字会是中华人民共和国统一的红十字组织,是从事人道主义工作的社会救助团体",使中国红十字会成为国家法定的专门从事人道工作的社会救助团体,具有更加深厚的潜在功能和更加广阔的活动空间。它明确规定"中国红十字会遵守宪法和法律,遵循国际红十字与红新月运动确立的基本原则,依照中国参加的日内瓦公约及其附加议定书和中国红十字会章程,独立自主地开展工作",对中国红十字会独立自主地开展工作给予了特别的法律保障。它明确规定"人民政府对红十字会给予支持和资助,保障红十字会依法履行职责,并对其活动进行监督;红十字会协助人民政府开展与其职责有关的活动",把红十字会与人民政府的关系在法律中加以明确规定,十分有利于人民政府支持、资助红十字会工作,保障红十字会履行职责,同时也有利于监督红十字会工作。它还明确规定县级以上按行政区域建立地方各级红十字会,全国性行业根据需要可以建立行业红十字会;红十字会有权处分其接受的救助物资,执行救助任务的人员、物资和交通工具享有优先通行的权利;红十字会为开展救助工作可以进行募捐活动,接受捐赠物资享受减税免税;红十字标志具有保护作用和标明作用,对于滥用红十字标志的,红十字会有权要求其停止使用,拒绝停止使用的,红十字会可以提请人民政府按照有关法律法规的规定予以处理。这些规定使中国红十字会的组织建设和各项活动得到空前的大发展。

在中国红十字会的配合下,国务院、中央军委于 1996 年 12 月 29 日发布施行了《中华人民共和国红十字标志使用办法》,为维护红十字标志的严肃性、正确使用红十字标志提供了法律依据,具有重要作用。这部法规规定:"红十字标志是国际人道主义保护标志,是武装力量医疗机构的特定标志,是红十字会的专用标志。"正确认识、使用和尊重这一标志是尊重、实施国际人道法的重要体现,对于开展人道保护和救助具有至关重要的意义。这部法规明确红十字标志分为保护性使用和标明性使用,在武装冲突中佩带和标有红十字标志的处所及其物品、医务运输工作,必须予以保护和尊重;红十字标志作为标明性标志使用时,必须伴以红十字会的名称或者名称缩写;在该使用办法规定的范围以外使用标明性红十字标志的,由中国红十字会总会批准。这部法规还规定,对于违反规定使用红十字标志的人员、单位、组织等,红十字会有权予以劝阻,并要求其停止使用;对拒绝停止使用的,可以提请人民政府责令其停止使用。违法使用红十字标志的还要承担一定的法律责任。

中国红十字会还积极配合国家立法机关在许多法律法规中体现了国际人道法的相关要求。例如,在《中华人民共和国兵役法》、《征兵工作条例》等法律法规中,明确规定了征集兵员的最低年龄为17周岁,并且规定征集未满18周岁的人员服现役应当基于本人自愿;在《中华人民共和国国防动员法》中规定,在社会福利机构和义务教育阶段学校中从事教学及管理和服务工作的公民、怀孕和在哺乳期内的女性公民、患病无法担负国防勤务的公民、丧失劳动能力的公民等,免予担负国防勤务;在《中华人民共和国刑法》中规定,战时在军事行动地区残害无辜居民或者掠夺无辜居民财物、虐待俘虏的,应当处以刑罚。这些法律法规的有关规定为国际人道法在中国的传播和实施提供了有力的法律保障。

七、配合国家建立和完善国际人道法工作协调机制

国际人道法在中国的传播和实施,得到国家领导人的高度重视和极大支持。1994年4月,中国红十字会第六次全国会员代表大会在北京召开,时任国家主席江泽民受聘为中国红十字会名誉会长。1999年10月,中国红十字会第七次全国会员代表大会在北京召开,时任全国人大常委会副委员长彭珮云当选为中国红十字会会长,时任国家主席江泽民继续受聘为中国红十字会名誉会长。2004年,中国红十字会建会100周年,当年10月,中国红十字会第八次全国会员代表大会在北京召开,国家主席胡锦涛、国务院总理温家宝等接见了会议代表,国家主席胡锦涛受聘为中国红十字会名誉会长。国家领导人担任中国红十字会会长,国家首脑受聘为中国红十字会名誉会长,有力保证了中国红十字工作富有成效地开展。

国际人道法有关工作的开展,涉及政府和军队许多有关部门,为了加强有关部门之间的沟通协调,2007 年 11 月,成立了中国国际人道法国家委员会,成员单位有中国红十字会总会,国家外交部、司法部、教育部、国家文物总局以及解放军总参谋部、总政治部、中央军委法制局等。中国红十字会领导担任国家委员会的召集人,国家委员会秘书处设在中国红十字会总会。

八、展望传播实施国际人道法工作的未来发展

中国红十字会为传播和实施国际人道法作出了卓越的贡献。在新的历史条件下,它将服从国家的战略部署,适应国家经济社会发展规划的总体要求,顺应国际红十字运动的发展趋势,继承以往成功的经验,做好具有传统优势的工作,并将根据新形势新任务,不断有所创新,与时俱进,突出时代特色,争取新的作为。一是将坚持用中国特色社会主义理论统领红十字工作,以科学发展观为根本指导,把发展作为第一要务,弘扬"人道、博爱、奉献"的红十字精神,服从服务于国家的中心工作,在社会主义物质文明、政治文明、精神文明建设中发挥积极作用。二是将坚持认真贯彻实施红十字会法,把红十字事业纳入社会经济发展总体规划,保障红十字会依法履行职责,争取各级政府的支持和资助,并对红十字会开展的活动进行监督。三是将坚持动员社会力量,合理利用社会资源,努力形成社会化、开放式的工作格局,积极推进机制创新,把中国红十字会建设成为充满生机与活力、密切联系群众、符合自身特点的从事人道工作的社会救助团体。四是将坚持遵循国际红十字运动基本原则,积极参与国际红十字运动,扩大对外交流与合作,努力提高中国红十字会在国际红十字运动中的地位,发挥更大的作用。

21 世纪进入了第二个十年,中国红十字事业迎来了新的发展机遇期。中国红十字会将抓住机遇,满腔热情地继续推动中国红十字事业又好又快地向前发展,为构建社会主义和谐社会和促进世界和平进步事业发挥积极的作用,作出更大的贡献!

中国与国际人道法

朱文奇[*]

国际社会于 1949 年 8 月 12 日订立了四个日内瓦公约,即:

(1)改善战地武装部队伤者病者境遇的公约(日内瓦第一公约);

(2)改善海上武装部队伤者病者及遇船难者境遇的公约(日内瓦第二公约);

(3)关于战俘待遇的公约(日内瓦第三公约);

(4)关于战时保护平民的公约(日内瓦第四公约)。

这四个日内瓦公约在传统国际法上属于战争法的一个特殊部分,其总体构成日内瓦体系中的主要规则,以区别于构成传统战争法的海牙体系的规则。

1977 年 6 月 8 日又订立了两个议定书,即:"关于保护国际性武装冲突受难者的附加议定书"和"关于保护非国际性武装冲突受难者的附加议定书"。这两个附加议定书,包含不少原来属于海牙体系的规则,从而使日内瓦和海牙体系合一,组成了现在意义上的国际人道法。

《日内瓦公约》是国际人道法中最重要的法律文件。国际人道法适用于战争或武装冲突。所以从逻辑上讲,所有爱好和平的人都会盼望人道法规则无用或甚至消失。然而,战争或武装冲突还远远不能完全避免。

国际法承认这一事实,因而有对战争或武装冲突加以限制和规定的规则。国际人道法发展到今天,已是内容非常丰富的一个法律体系。这些规则是各交战国或冲突各方在彼此之间发生战争或武装冲突时应予遵守的。

不可计数的国际条约中,唯有这四个《日内瓦公约》是世界上现有 194 个

---

* 朱文奇,中国人民大学法学院国际法学教授。

主权国家全都批准和加入的国际公约。甚至还超过批准和加入《联合国宪章》的国家数目（192 个会员国）。仅此一点就足以表明:《日内瓦公约》在国际法律上有它的特殊之处。

我国是一个大国,也是在维护世界和平与安全方面负有"首要责任"的联合国安理会常任理事国之一。我国现在强调依法治国、依法治军,自然有对国际人道法了解和深入研究的必要。下面就中国古代军事文化与人道法基本哲理之间的联系中国人民解放军建军思想和法治建设以及中国促进国际人道法的发展作一个简短的阐述和分析。

一、人道法的基本要义与中国的军事文化

中国的军事文化和国际人道法之间,好像存在着一种天然的联系。

红十字国际委员会对国际人道法有一个简明扼要的定义:"由协定或习惯所构成的、其目的在于为解决由国际性和非国际性武装冲突直接引起的人道问题,以及出于人道方面的原因、为保护已或可能受武装冲突影响的人员及其财产而对有关冲突方使用的作战手段和方法的选择进行一定限制的国际规则。"①

据此,国际人道法就是在战争或武装冲突中以条约和惯例为形式,保护不直接参加军事行动(如平民百姓)或不再参加军事行动(如军事部队的伤、病员和俘虏)的人员,并规定各交战国或武装冲突各方之间交战行为的原则、规则和制度的总体。"保护"是人道法的核心,"人道"则是其最重要的内容。

仁义与道德始终是中国传统文化的主要内容之一。孔孟"仁者爱人"和"仁者无敌于天下"等格言传颂几千年。道德仁爱思想对中国社会产生了深

---

① 这一定义的英文原文是:"international rules, established by treaties or custom, which are specifically intended to solve humanitarian problems directly arising from international or non-international armed conflicts and which, for humanitarian reasons, limit the right of parties to a conflict to use the methods and means of warfare of their choice or protect persons and property that are, or may be, affected by conflict." 参见:*The efforts of ICRC in the case of violations of international humanitarian law*, The International Review of the Red Cross, March-April 1981。

刻影响。它与人道法的基本思想有相通之处。

（一）国际人道法的演变及发展

从最初的日内瓦公约发展成为现在相当完整的人道法体系,经过若干阶段和一百多年的历史。概括地讲,国际人道法上的每次进展,每个公约的制定,都是国际社会对战争或武装冲突带来的灾难进行反思的结果。

日内瓦公约体系的规则,在其发展过程的很长一段时间内,并不规定战争本身的法律地位或交战国间的一般关系,亦不涉及交战国使用的武器或战争方法,更不涉及交战国和中立国间的权利义务,而只是从人道的原则出发,给予战争受难者即武装部队的伤者病者、战俘和平民等以必要的保护。

早在 1862 年,瑞士人亨利·杜南(Henry Dunant)发表他的《沙斐利洛的回忆》,描写 1859 年法、意对奥战争中沙斐利洛战役的惨状,以唤起世人对于战时保护伤病员问题的注意。他提倡各国创立救护团体。他还在瑞士发起了红十字组织运动,希望使伤员和医务人员"中立化"。1864 年瑞士联邦政府召集的外交会议,订立了一个改善战地伤兵境遇的日内瓦公约,实现了这一希望。

该公约是最早的日内瓦公约。它第一次在战争法中制定有关伤兵待遇的原则,从而向陆战规则"法典化"迈出了第一步。这个公约尽管一共只有十条,但它制定的三个基本原则却一直为以后的日内瓦公约所保留。它们是:

(1)军人负伤、患病,从而失去战斗力和防卫能力的,都应当不分国籍予以尊重和照顾;

(2)为着伤兵的利益,军事救护车辆医院以及医务人员均应享受中立利益,即应予保护,不使他们遭到敌对行为;

(3)"白底上一个红十字"为鲜明的救护符号。

这三个基本原则的主要思想有两点:

第一,受伤的人必须得到及时的照顾和治疗;

第二,为了能减轻战争受难者的痛苦,必须得有所组织。

这基本思想的道理很简单,如果要去战场照顾伤、病员,就必须要有一个协定,以便能保障安全地从事救护工作;而要为将照顾伤、病员的人与进行战斗的人分开,就必须要有一个鲜明的符号,以便区别。这个协定就是 1864 年日内瓦公约,这区别的标志就是鲜明的白底红十字符号。

最初,日内瓦公约里人道的保护只是适用于战争的伤者、病者。但经过第一次世界大战,战争的其他受难者,尤其是战俘的境遇,也引起了注意。虽然1907年海牙第四公约(即关于陆战法规和惯例公约)的第一编第二章对战俘问题有所规定,但多半属于原则性的。1929年日内瓦会议重新制定了一个关于战俘待遇的公约,取代了1907年公约中的规定。后来1949年公约代替了所有这些公约的内容。

1949年日内瓦四公约的前三个公约都是关于作战人员的,第四公约则是一个全新的保护平民的公约。但它也只是补充而不是替代以前海牙公约中有关保护平民的规定。

第一次世界大战中已表现出保护平民规则的缺乏。海牙第四公约所附规则虽然对于占领当局的权力限制和居民的保护方面,作了一些原则性的规定,但不足以于战时保护平民。第二次世界大战期间平民境遇越来越惨,尤其是在德日法西斯占领地域,大量的平民遭受了拘禁、残杀和其他种种非人道的待遇,包括震撼世界的"南京大屠杀"。这使得人们进行反思,订立了日内瓦第四公约。

1949年日内瓦四公约有些共同的、基本的条款,被称为日内瓦公约"共同条款"。如:

(1)公约共同第一条规定,缔约国承诺在"一切情况下"尊重并保证公约被尊重。这意味着,尽管传统国际法上存在有"相互原则",缔约国仍愿意单独承担公约里的义务,而不管其他国家在履行公约方面做得如何;用皮克泰的话说,就等于每个国家单方面采取法律行动。

(2)共同第二条明确规定:公约将适用于两个或两个以上缔约国之间所发生的一切战争或"任何武装冲突……即使其中一国不承认有战争状态"。它还适用于缔约的领土,"一部或全部被占领之场合,即使此项占领未遇武装抵抗"。这清楚地指出了适用国际武装冲突的规范的界限。

(3)共同第三条有时又被称为"小型公约"。尽管该条款明确被确定只适用于非国际性的武装冲突,但由于它是冲突各方在武装冲突中所应遵守的"最低限度"的规定,因而也是一个重要的条款。

此外,日内瓦公约还第一次将"或起诉、或引渡"的原则,适用于被公约确定为"严重违反 1949 年日内瓦公约的行为"。① 缔约国还同意在它们各自的国家尽可能广泛地传播日内瓦公约的内容和原则。这一义务有时被称为具有"普遍的和绝对的性质,因而无论是在和平时期还是战争时期,都应努力去做"②。

1949 年 4 月至 8 月召开的日内瓦会议,其目的是为了将人道原则进一步落实在各种类型的战争受难者的保护方面,会议通过制定的日内瓦四公约,修正补充了 1929 年改善战地伤者病者境遇和关于战俘待遇的两个公约及 1907 年推行日内瓦公约于海战的海牙公约,产生了一个战时保护平民的公约,从而把对于战争受难者的保护原则,从陆战的伤者、病者,海战的伤者、病者和遇船难者,战俘,一直推及平民。至此,所谓日内瓦规则的体系基本完成。

(二)中国古代军事文化中人道法的萌芽

国际人道法的基本原理和原则,是以每一种文明所共享的人类基本价值为基石的。中华文明也有反映国际人道法基本哲学思想的事例。

春秋战国时期,就已出现一些战争规则,如:不追逃敌,不用诈术,不伐丧,不鼓不成列,不重伤,不禽二毛等③。

夏朝时,奴隶主贵族及其子弟也得接受严格的军事训练④。春秋战国时期,兵荒马乱,战火四起。但即便是为了有利于统治,参战方一般也都强调纪律,要求区分军队和平民百姓。孔子曾说"以不教民战,是谓弃之"⑤。反对轻率驱使没有经过军事训练的人去作战,认为这等于是让他们白白送死。反映了军、民要予以区别的基本思想。

18、19 世纪在欧洲出现有关战争目的的思想,即战争的直接目的是为了削弱敌人的军事力量,因而应尽量减少不必要的伤亡和痛苦;只要可能,就应在消灭一个国家上层统治政权的同时,不伤害该国的国民。这一以卢梭为代表的思想,在两千多年前的中国就已经有了。孙武⑥是我国古代著名军事家,

---

① "关于严重违反日内瓦公约的行为"定义的内容,参见:第一公约,第 129—131 条;第二公约,第 50—53 条;第三公约,第 127 条;以及第四公约,第 146—149 条。

② *Commentary* IV, p. 581, J. Pictet Ed., 1952.

③ 高等学校法学教材:《国际法》,法律出版社 1982 年版,第 509—510 页。

④ 《孟子·滕文公上》,参见《孟子正义》上册,中华书局 1957 年版,第 202 页。

⑤ 《论语·子路》,《论语正义》。

⑥ 孙武的生卒年月不详,但约与孔丘同时期,于公元前 6 世纪末至前 5 世纪初。

著有《孙子》十三篇。其"不战屈人之兵"的论点,就是精练而又准确地反映了战争最直接的目的:只要能削弱敌人的军事力量,就应避免给敌方造成不必要的痛苦。

孙武还认为,不论训练还是作战,必须法纪严明,强调"善用兵者,修道而保法"。① 要"令之以文,齐之以武"②,用说服的办法教育兵众,用军队法规去管束兵众。而军队法规中比较重要的一条,就是对平民百姓"秋毫无犯"。这其实也就是"保护平民"和"区分原则",即只能将攻击目标限于军事目标,不能伤害平民及其财产。虽然有时这出于取得民心,为了夺取军事上胜利的需要。但也显示出有关人道的意识如此强烈,以至于即使想要在军事上取得胜利,也不得不因为人道的原因,限制作战的方法和手段。而这种限制正是国际人道法最基本的原则和规则之 。

在《三国演义》中有不少涉及人道法的基本原则的例子,最典型的是曹操自责一例。

该事例叙述的是:行军途经麦田时,曹操为保护百姓庄稼而下令,"士卒无败麦,犯者死。"但他自己的坐骑却因受惊闯进麦田。他立即让军中主簿议罪,主簿根据春秋时旧法提出:"罚不加于尊。"曹操驳斥道:"制法而自犯之,何以师下? 然孤为军帅,不可自杀,请自刑。"③于是,他对自己施用髡刑,拔剑割发置于地下,以警示整个军队。这体现了军民有别的基本思想,这也是国际人道法最基本的思想。它比西方人道法理论上出现的"区别原则"要早好几百年。

保护战俘的思想在我国古代也有体现。《唐律》中《擅兴》第 11 条关于"主将临阵先退"明确规定:"诸主将以下,临阵先退;若寇贼对阵,舍仗投军及弃贼来降,而辄杀者:斩。"④这包括两个方面,一是将士如果临阵先退,要被斩首;二是对阵时如果杀死丢弃武器来投降的敌方人员,也要被斩首。这与国际人道法中保护战俘的理念完全一致。但它比第一部专门保护战俘的 1929 年日内瓦公约要早一千多年。

对于中国传统文化中有关国际人道法基本原则的雏形,国际上一些非常

---

① 《孙子·军形第四》,《武经七书注译》,解放军出版社 1986 年版,第 18 页。
② 《孙子·军形第九》,《武经七书注译》,解放军出版社 1986 年版,第 43 页。
③ 《三国志·魏书·武帝纪》注引《曹瞒传》,《三国志》(一),中华书局 1959 年版,第 55 页。
④ 《唐律疏议》(刘俊文点校),法律出版社 1999 年版,第 335 页。

著名的法律人士给予了肯定。例如,在国际法院关于使用核武器或威胁使用核武器一案的咨询意见中,维拉曼特里法官提到了文明古国对国际人道法发展所作出的贡献。他认为:

"人道法及其习惯法有着非常悠久的历史渊源。它们可以上溯至几千年前。在众多国家的文明中,如中国、印度、希腊、罗马、日本、伊斯兰、现代欧洲及其他文明国度,这一法律皆有迹可寻。历史沿革间,多种宗教及哲学思想汇入这一法律体系的模具之中,最终塑造了现代人道法。人道法及其习惯法展现出人类基于人类良知为了在一定程度上缓解战争暴行而做出的努力。在与此相关的一份著名的宣言中(《1868 年圣彼得堡宣言》),国际人道法被称作是为了'以人道的法律与战争的必然性相调和'而产生的。"[1]维拉曼特里法官在这里列举的第一个就是中国。

日内瓦公约体系的发源地在日内瓦。因此,西方不少人认为,武装冲突法的规则最早来源于欧洲中世纪的战争和冲突,其发展主要得益于西方法学家的努力和贡献[2]。对此,红十字国际委员会的权威人士、著名的国际人道法专家 J. Pictet 认为:"欧洲学者的这种看法是狭隘的。国际人道法的起源,远比他们认为的早得多。事实上,战争法的历史和战争本身一样的长,而战争的历史则和人类的历史一样的长。"[3]

曾任国际法院院长的贝加韦(Mohammed Bedjaoui)法官指出:"尽管为减轻战争带来灾难的努力,经常被追溯至一个多世纪以前的亨利·杜南先生令人值得尊敬的工作方面。但如果因此而认为:人类在这此前从未在为减少战争的残酷性方面作过努力,那就是错误的。"[4]"远东、印度次大陆、伊斯兰国家,非洲和拉丁美洲都有它们如何进行武装冲突方面的规则。他们对国际人

---

① Legality of the Use and the Threat of the use of Nuclear Weapons, Dissenting Opinion of Judge Weeramantry, ICJ Reports 1996, pp. 443–444.

② L. Oppenheim, II *International Law* 226 H. Lauterpacht, 7th Ed. , 1952.

③ J. Pictet: Development and Principles of International Humanitarian Law 6, 1985; 或参见 Edward Kwakwa: *The International Law of Armed Conflict: Personal and Material Fields of Application*, Martinus Nijhoff Publishers, 1992, p. 9。

④ Mohammed Bedjaoui, *Humanitarian Law at a Time of Failing National and International Consensus—A Report for the Independent Commission on International Humanitarian Issues*, in Morden Wars, the *Humanitarian Challenge*, Zed Books, Ltd. , 1986, p. 6.

道法的建立、发展和贯彻落实的贡献,不应被贬低。"

在中国古代所表现出来的这些反映国际人道法基本理念的实践做法,都是我国对有关人道规则方面基本哲学的发展和落实的实际贡献。

二、国际人道法与中国军队的法治建设

国际人道法的原则和规则不仅在中国古代文化和历史中有相当的印证,而且在中国军队的训练和实践中也得到充分的体现。

人道法要求在战争这样极其残酷的环境中讲法律,并尽力来保护战争受害者,这可以被认为是人类良心和道德的底线。中国军队始终重视并推动国际人道法的发展。2005 年 7 月,国家主席胡锦涛在会见红十字国际委员会主席 Jakob Kellenberger 先生时,就明确表示:"中国一贯重视人道事务。作为最早签署日内瓦公约的国家之一,中国政府重视并尊重国际人道法,认真履行所承担的国际义务,促进人类和平共处、和谐发展。"①

(一)中国对人道法的遵守与促进

中国政府对于有关国际人道法的国际协定和条约,一直坚持积极态度。

1949 年,中华人民共和国成立后不久,中国政府就开始审查原来国民党政府批准加入的国际法律文件。根据当时新政府制定的政策,"对于国民党与外国政府所订立的各项条约和协定,中华人民共和国中央政府加以审查,按其内容,分别予以承认,或废除,或修改,或重订"。

早在 1904 年和 1910 年,清政府就分别签署并批准了 1899 年和 1907 年两个海牙公约。1911 年孙中山先生领导下的中华民国成立后,又立即宣布继承这两个海牙公约;清政府于 1904 年就加入了 1864 年《改善战地武装部队伤者境遇的公约》。

---

① 红十字国际委员会与中国政府签订了东道国协议,要在北京设立驻东亚代表处。2005 年 7 月 19 日,红十字国际委员会主席 Jakob Kellenberger 先生应中国红十字委员会邀请来我国访问。在他访问期间,我国国家主席、中国红十字会名誉主席胡锦涛约见了他并作出了以上的表示。参见"胡锦涛主席会见红十字国际委员会主席凯伦伯格",《中国红十字报》2005 年 7 月 22 日。

考虑到国际人道法的宗旨和目的,中国政府首先审议有关战争及武装冲突方面的国际条约,并于 1956 年 11 月批准加入了 1949 年日内瓦四公约。这是新中国成立后批准加入的第一个国际公约。在此之前,中国政府和中国人民解放军一直自觉维护和遵守《日内瓦公约》的各项条款。如在朝鲜战争中,中国人民志愿军就已经按照国际人道法的规则来保护平民和给予战俘人道待遇。

1983 年 9 月 2 日,全国人大常委会又通过决定,批准加入 1977 年的两个附加议定书。从 1983 年起一直到 1989 年苏联批准加入这两个议定书以前长达六年的时间里,中国是安理会常任理事国中唯一加入这两个法律文件的国家。对我国政府在国际人道法方面的积极态度,国际上一些著名的国际法学者也给予了一定的肯定①。

根据军事技术在第二次世界大战以后的发展,1980 年关于武器的限制或禁止方面在联合国框架内制定了《禁止或限制使用某些可被认为具有过分伤害力或滥杀滥伤作用的常规武器公约》。该公约本身只有 11 个条款,且不直接涉及特定常规武器,只是在其三个议定书中涉及具体的武器。第一议定书是"关于无法检测的碎片的议定书",第二议定书是"关于禁止或限制使用地雷(水雷)、饵雷和其他装置的议定书",第三议定书则关于"禁止或限制使用燃烧武器议定书"。它之所以如此安排,是因为国家在是否同意接受禁止性规定方面还存在不一致的立场和态度。如果把所有规定都放在一个公约里,该公约就难以取得普遍的法律拘束力。但如果将它们分类放在不同的议定书里,国家就可以根据自己的立场和态度,来决定是否接受某个特定的议定书。

由于新的武器不断更新,1980 年常规武器公约第 8 条还专门就该公约的"审查和修正"作了规定。据此,公约生效后,任何缔约国在任何时候都"可对本公约或其所附对该缔约国具有约束力的任何议定书提出修正"。在 1995 年,又订立了关于激光武器的第四议定书。之后又分别于 1996 年和 2001 年对公约第二议定书以及公约的第一条作了修订,将公约的适用范围扩大到了

---

① 例如,国际法院院长贝加韦先生曾在 1986 年评论说:"值得注意的是:在所有联合国安理会五个常任理事国中(这些国家同时也是核大国),只有中国已经批准、加入了这两个附加议定书,法国只批准、加入了第二个议定书"。参见 Mohammed Bedjaoui: *Humanitarian Law at a Time of Failing National and International Consciousness*, *in Modern Wars*, Zed Books Ltd (London and New Jersey), 1986, p. 31。

非国际性的武装冲突。

常规武器公约及其议定书的主要目的就是为了保护平民免受相关武器的伤害,同时也为了避免武装部队人员在敌对行为中受到过分的痛苦。中国批准加入了常规武器公约及其议定书。批准了对于该公约第一条的修订;2005年8月6日,中国又批准1976年通过的"禁止为军事或其他敌对目的使用改变环境的技术的国际公约"。① 可以说,迄今为止,中国已批准加入了属于国际人道法体系的大部分国际法律文件,为推动国际人道法的发展作出了贡献。

(二)中国关于人道法的国内立法

我国为在国内能更好地落实日内瓦公约而在国内立法方面也作出了努力。

1949年日内瓦公约及其第一附加议定书里面都有关于严重破约行为的规定。所谓严重破坏公约和议定书的行为是指对公约及该议定书规定的受保护的人或财产实施下列行为:故意谋杀,酷刑及不人道待遇,故意使身体及健康遭受重大痛苦或严重伤害,攻击平民,背信弃义地使用各种保护性标志,攻击受保护的文化财产,以及拒绝对上述破坏行为进行惩处等等。

对这些严重破坏行为,公约及第一议定书规定缔约国必须承担的义务有:第一,对任何被控犯有或令人犯有严重破坏行为的人进行调查;第二,将被控犯有或令人犯有严重破坏行为的人交付本国法庭或另一缔约国法庭审判;第三,要求指挥官防止严重破坏行为的发生;第四,协助其他缔约国对严重破坏行为进行惩治;第五,制定惩治严重破坏行为所必需的所有国内法。

缔约国制定的有关惩治战争犯罪的国内法可以有好几种方式。如通过军事法、普通刑法或其他国内法进行列举。我国1997年《刑法》就将某些严重破坏行为转化为了国内法。

本身犯有或令人犯有严重破坏行为的人都应承担个人刑事责任。国内法应明确规定执行上级命令不能成为免责的理由。一切犯有严重破坏行为的人,无论是哪国人,无论犯罪地在何处,都应被追究个人刑事责任。我国《刑

---

① Ratifications,Accessions and Successions as at March 8,2007,established by the Center for legal documentation of the ICRC。参见:www.icrc.org。

法》和全国人大常委会决议已经将对国际犯罪的普遍管辖原则引入了中国国内法。

不虐待俘虏早就成了我军的一项基本原则和传统。1928年,当时的红军还制定了宽待俘虏的一些具体规定,如:不打、不骂、不杀、不虐待;不搜腰包;受伤治疗;去留自愿。这些规定以后又发展成为"不杀或伤害俘虏";"不打、不骂、不虐待、不侮辱俘虏";"不没收俘虏的私有财产";"对受伤和生病的俘虏给予救护"和"释放俘虏"等。1937年,我军曾提出三大原则,其中就有宽待俘虏一项①。1947年10月,毛泽东在《中国人民解放军宣言》中针对当时的国民党军队指出:"本军对于放下武器的将军官兵,一律不杀不辱,愿留者收容,愿去者遣送。"所有这些规定与国际人道法中关于保护战俘的规定是完全一致的。

虐待俘虏罪,是对被俘获不再进行反抗和敌对行为的敌方人员进行迫害情节恶劣的行为。该罪的基本要点是:(1)行为的对象是被俘获的敌方人员;(2)犯罪的客观方面表现为行为人背离我军的俘虏政策;(3)行为的主体为现役军人,既包括管理俘虏的人员,也包括在军事行动地区的军人;(4)犯罪的主观方面,行为只能是出于故意。动机因素不影响该罪名的成立。②

为了落实人道法中的有关规定,我国还进行了专门的立法。例如,在1981年6月10日通过的《中华人民共和国惩治军人违反职责罪暂行条例》中就对保护平民和俘虏专门设立了两项条款。其第20条规定:"在军事行动地区,掠夺、残害无辜居民的,处7年以下有期徒刑;情节严重的,处7年以上有期徒刑;情节特别严重的,处无期徒刑或者死刑。"第21条规定:"虐待俘虏,情节恶劣的,处3年以下有期徒刑。"

1997年《刑法》,以第十章"军人违反职责罪"取代了上述的暂行条例,保留并修改了原条例中的第20条和第21条,使战时保护平民和俘虏成为国家的正式法律。新《刑法》第446条在原条例第20条的"在军事行动地区"前加

---

① 何小东:《中国的人道传统与中国人民解放军武装冲突法的传播与训练》,朱文奇主编:《国际人道法文选》(2001—2002),商务印书馆2004年版,第128页。

② 曾庆敏主编:《刑事法学词典》,上海辞书出版社1991年版,第604页。

上了"战时"两字,从而更准确地反映了《日内瓦公约》的要求。1997 年,我国颁布了《中华人民共和国国防法》。该法第 67 条明确规定,"中华人民共和国在对外军事关系中遵守同外国缔结或者加入、接受的有关条约和协定。"

这些立法使保护战争中平民和战俘等战争受难者有了法律依据。这也是中国为了实施日内瓦公约在国内法中作出相应的修正或制定单行法规的具体努力。

(三)中国与禁止生化武器问题

除了《日内瓦公约》以外,中国在参加和落实其他公约上的立场,也是非常积极的。

禁止生物与化学武器问题与中国的历史紧密相关。第二次世界大战期间,日本侵略中国并无视国际法,不仅造成了像南京大屠杀这样震惊全世界的人类惨剧,而且还使得成千上万的中国平民和战俘成为日本 731 和 100 部队研究和准备细菌战的牺牲品。用活生生的人做试验,其悲惨之状,闻所未闻。解放军文艺出版社出版的"伯力大审判",用实录庭审的方式真实地记录了第二次世界大战期间日本部队所犯下的暴行。[1] 这里面的原始罪证,是日本在侵华期间所犯下的令人难以相信的兽行。中国是迄今为止世界上少有的化学和生物武器的受害者之一。

在战争中使用毒药或生物、化学武器是极其不人道的野蛮行为,历来都受到国际宣言和条约的谴责。国际社会在 1907 年制定了关于陆地作战适用的法律和习惯的海牙第四公约以后,加强了禁止在战争中使用毒药或生物、化学武器的努力,并于 1925 年制定了日内瓦议定书,禁止在战争中使用窒息性、毒性或其他气体(通常称之为化学武器),以及使用细菌作战方法。

联合国大会在第二次世界大战结束不久就通过决议[2],呼吁消除一切种类的"具有大规模毁灭性的武器",包括生物和化学武器以及原子及放射性武器。20 世纪五六十年代,要求禁止这类武器的呼声进一步高涨。

---

① 姜力编:《伯力大审判——侵华日军使用细菌武器案庭审实录》,解放军文艺出版社 2005 年版。

② 联合国大会决议,1946 年 1 月 24 日第 1 号。

1968 年,禁止化学和生物武器作为一个独立的问题被列入 18 国裁军委员会的议程。一年后,联合国发布报告认为某些生物武器会给人类和大自然造成严重的并且无法挽回的后果。1970 年世界卫生组织也提出了一份报告,认为这类武器对各国人民造成特殊威胁,使用这类武器的后果在很大程度上具有不确定性和不可预见性。

1969 年 11 月 25 日,美国政府宣布单方面放弃生物武器,并决定销毁这类武器的储备。1970 年 2 月 14 日,美国又宣布正式放弃了以战争为目的生产、储存和使用毒素,并声明有关生物试剂和毒素的军事计划将仅限于出于国防目的的研制和开发。这推动了全球范围内禁止生物武器的谈判,使得裁军委员会大会拟定的《生物武器公约》(全称为《禁止细菌(生物)及毒素武器的开发、生产及储存以及销毁这类武器的公约》)在 1971 年 12 月 16 日得到了联合国大会的赞同。

1972 年 4 月 10 日,《生物武器公约》开放签字。在包括苏联、英国和美国政府(公约指定的保存国政府)在内的 22 个签署国政府交存了批准书后,公约于 1975 年 3 月 26 日生效。

《生物武器公约》禁止开发、生产、储存或以其他方法取得或保有微生物或其他生物试剂或毒素,以及为将这类试剂或毒素使用于敌对目的或武装冲突而设计的武器、设备或运载工具。公约的第 3 条,专门禁止将试剂、毒素、武器、设备或运载工具转让给"任何接受者",即任何国家或国家集团或国际组织以及国家所属的集团或个人。同时公约禁止协助、鼓励或引导上述"接受者"取得被禁止的武器。根据公约第 10 条,公约当事国承诺在为预防疾病或为其他和平目的而进一步开发和应用生物学领域内的科学发现方面进行合作。

《生物武器公约》最突出的特点是第 2 条。该条款规定了当事国的裁军义务,要求将所有试剂、毒素、武器、设备和运载工具销毁或转用于和平目的。《生物武器公约》是第一个规定废除整个种类武器的条约。销毁和转用不能迟于公约生效后九个月内完成,这意味着如果国家在公约生效后加入公约,加入时即应完成销毁或转用。

中国是细菌和化学武器的受害国。2002 年 8 月 27 日在中国作为原告诉日本政府一案里,日本法庭认定日本军队在侵华战争中使用了细菌武器,并明确判定这是违反国际法的。① 由于中国人民受害的悲惨经历,中国政府在禁止使用细菌和化学武器方面始终采取积极的态度。

对于 1929 年中国政府所加入的 1925 年《关于禁止使用毒气或类似毒品作战议定书》,中国政府在审查了以后认为:该议定书是"有利于国际和平与安全的巩固,并且是符合人道主义原则的",因而周恩来在 1952 年 7 月 13 日宣布"予以承认,并在各国对于该议定书互相遵守的原则下,予以严格执行"②。

基于同样的理由和考虑,1984 年 11 月 15 日,中国加入《生物武器公约》。同时声明:作为生物(细菌)武器的受害国之一,中国以前没有、将来也不会生产和拥有这类武器。不过,中国政府认为 1972 年的公约是有缺陷的。例如,公约没有明确规定"禁止使用"生物武器,没有规定具体的、有效的监督和核查措施,对违反公约事件的控诉也缺乏有力的制裁措施,希望在适当时候能予以弥补和改进,并尽快制定全面禁止和彻底摧毁化学武器的公约。③

以后,联合国通过长达 20 年的谈判,又通过了《关于禁止发展生产储存和使用化学武器及销毁此种武器的公约》(简称为《禁止化学武器公约》)。它不仅禁止使用化学武器,而且还禁止发展生产和储存化学武器,并为所有缔约国销毁此种武器作了详细的规定。1996 年 12 月 30 日,我国批准了该公约,认为化学武器应得到"全面禁止和彻底销毁",而"《禁止化学武器公约》为实现这一目标奠定了国际法律基础"。中国还"呼吁拥有庞大化学武器库的国家"也尽早批准公约,"以利于早日实现《禁止化学武器公约》的宗旨和目标"。④

(四)中国与促进国际人道法的发展

国际法由于缺少强制执行机制,常被认为是"软法"。国际人道法由于强调其"人道"性质,而被称为"道德法"。这些称谓显示出人们对人道法效力的

---

① 新华社电:《日本承认遗弃了化学武器——中国外交部再次向日方提出严正交涉》,《北京晚报》2003 年 8 月 13 日。
② 王铁崖主编:《战争法文献集》,解放军出版社 1985 年版,第 143 页。
③ 《战争法文献选编》,西安政治学院训练部,2000 年 3 月。
④ 《战争法文献选编》,西安政治学院训练部,2000 年 3 月。

怀疑。从道理上讲,法律规定如果没有执行效力,就不能称其为法律。今天,随着多个为惩治严重违反人道法行为的国际刑事法庭的成立,"有法不依"的情形已发生了根本的改变。中国就是这一改变的原动力之一。

1. 中国与国际刑事法庭的设立

1946 年,为了清算日本军国主义对世界其他国家尤其是对中国人民犯下的滔天罪行,同盟国成立了"远东国际军事法庭"。中国及其他十个国家为该法庭选派出自己的法官和检察官。

1993 年,安理会断定前南斯拉夫境内普遍发生的违反国际人道法的行为(主要是大规模屠杀和实行"种族清洗"的行为)对国际和平与安全构成威胁,通过第 808 号和第 827 号决议,设立了一个特设国际法庭来审理这些罪行。这是第一次通过安理会的决议将国际刑法的理论付诸实施。中国在成立该法庭的过程中都持非常积极的态度,对第 808 号和第 827 号决议都投了赞成票。

因为在卢旺达境内于 1994 年 4 月至 7 月所发生的种族灭绝罪及其他严重违反国际人道法行为的局势,安理会通过第 955 号决议成立了卢旺达国际刑事法庭。对此中国仍然没有予以否决。在其成立过程中发挥了中国作为安理会常任理事国之一应发挥的积极作用。

2. 中国与惩治国际罪犯

中国不仅支持国际刑事法庭的设立,而且还通过推荐法律专家去国际刑事法庭任职等形式,来表达要惩治那些犯有严重违反国际人道法行为的人的愿望和决心。

中国人民解放军建于 1927 年。中国军队的实践也具有相当的参考价值,如"三大纪律、八项注意"。它是中国人民解放军的光荣传统,而在国际刑事法庭成立后,又为在世界范围内惩治战争罪犯作出了贡献。

Tadic 案是前南国际刑事法庭成立后审理的第一个案例。他被指控战争罪和反人道罪。从法理上讲,只有国际法才能对这种国际罪行进行界定。即除条约外还可以通过习惯法来确定,通过国家的反复实践来证明。"法无明文不为罪"的原则要求证明被告所犯行为在行为发生时已被法律所禁止。因此,国际刑事法庭就需要引用大量国家的有关实践,以证明对这些罪行的惩治已构成习惯法。中国是一个大国,她的实践自然也相当重要。

在国际刑事法庭的机构设置当中,检察长办公室是一个单独的机构,负责调查和起诉。为了证明 Tadic 被指控的战争罪和反人道罪,已是全世界都必须要惩治的国际罪行,检察长自然要引用世界上主要国家的国内立法或实践。他引用的实践中就有毛泽东提出的"三大纪律、八项注意"原则。① 所以,"三大纪律、八项注意"为在国际上惩治战争罪和发展国际刑法发挥了积极的作用。

从实践上看,中国人民解放军确实继承和发展中国传统思想中的精华。在抗日战争和解放战争时期,八路军和解放军严格遵守纪律,对老百姓秋毫无犯,严格执行"三大纪律、八项注意"。

经过多年实践,"三大纪律、八项注意"已成为中国人民解放军的最高纪律规范,是整个部队的基本行为准则。其中,"不拿群众一针一线","不调戏妇女"以及"不虐待俘虏"等,都明显地反映了国际人道法的基本原则。

除了对严重破坏行为进行刑事制裁之外,日内瓦四公约和两项附加议定书都规定,缔约国还应采取必要的刑事或纪律措施对其他违法行为进行制裁。缔约国也可以对公约及其议定书还没有规定的违法行为进行惩治。

国际人道最基本原则之一,就是对战斗员与非战斗员要予以区分,即"区分原则"。"三大纪律、八项注意"中的"不拿群众一针一线"、"损坏东西要赔"以及"不损坏庄稼"等,都具体明确地体现了该原则。

从 Tadic 一案中可以清楚地看到:作为中国的治军理念和传统的"三大纪律、八项注意",不仅为我国军队在保护人民和宽待俘虏方面奠定了坚实的法律和政策基础,而且还为在国际上惩治战争罪作出了贡献。

三、结　论

综上所述,国际人道法的基本原理和原则,其实是以国际社会每一种文明所共享的人类基本价值为基石的。中国历史悠久,古代就已经有反映国际人道法基本哲学原则的思想和文化。

---

① *Decision on the Defence motion for Interlocutory Appeal on Jurisdiction*, Appeals Chamber Decision on the Tadic jurisdictional Motion, 2 October 1995, Case No. IT-94-1-AR72.

国际人道法的发展都是在以前公约的基础上,吸收历次战争的经验,修正补充而订成的。从某种意义上讲,国际人道法上的发展是国际社会对战争或武装冲突带来的灾难进行反思的结果。

　　新中国在1949年成立以后,也致力于推动国际人道法的发展。通过对国际人道法主要法律文件的批准加入和参与,表明了中国政府在国际人道法领域的积极态度。还通过国内立法,切切实实地在实践中落实国际人道法中的重要原则。

　　国际人道法的原则和规则在中国人民解放军的训练和实践中也有所体现,其中最著名的就是毛泽东提出的"三大纪律、八项注意"。它是中国军队的传统和治军法宝。前南国际刑事法庭 Tadic 一案中引用"三大纪律、八项注意"的事例又可以清楚地表明:中国人民解放军的光荣传统还可以在国际上为惩治战争罪作出贡献。

我军新时期武装冲突法教育训练

宋新平*

我军自诞生之时就非常重视具有武装冲突法价值的教育。"三大纪律、八项注意"及宽待俘虏的五项政策,体现了人道保护的基本规则,通过多种方式和途径广泛传播,得到普遍遵守和落实。新的历史时期,武装冲突法教育训练的法制、科研基础进一步充实、完善,组织实施的渠道进一步拓展、顺畅,教育训练的内容进一步全面、科学。

一、武装冲突法教育训练的意义

我军对武装冲突法教育训练的高度重视与显著成效,基于对其全面而深刻的认识。

(一)武装冲突法教育训练是军队履行国际法国内法义务的需要

在军队中开展武装冲突法教育训练,是国际法上的义务。日内瓦公约及其他相关条约都明确规定了缔约国在本国部队传播条约、使武装部队熟悉条约的义务。1977年制定的日内瓦公约第一附加议定书规定:缔约各方承诺,在平时及在武装冲突时,尽可能广泛地在各自国家内传播各公约和本议定书,特别是将各公约和本议定书的学习包括在其军事教育计划内,并鼓励平民居民对各公约和本议定书进行学习,以便这些文件为武装部队和平民居民所周知(第83

---

* 宋新平,中国人民解放军西安政治学院军事法学系武装冲突法教研室教授,博士生导师。

条)。1980年的特定常规武器公约也规定:各缔约国承诺无论在和平期间或武装冲突期间,均将尽量在其本国广泛传播本公约及该国受其约束的议定书,特别要在军事训练课程中包括这方面的内容,以便使武装部队都熟悉各该文书(第6条)。日内瓦第一公约第47条、第二公约第48条、第三公约第127条、第四公约第144条、第二附加议定书第19条等,也都作了相同或类似的规定。

我国法律法规也有相应规定。《国防法》第67条规定:"中华人民共和国在对外军事关系中遵守同外国编结或加入、接受的有关条约和协定。"这一规定确认了我国军队传播武装冲突法的义务。

《中华人民共和国红十会法》第12条规定了红十字会的职责,其中包括宣传日内瓦公约及其附加议定书。其宣传范围包括国家的军事组织,该法第15条还规定,"任何组织和个人不得拒绝阻碍红十字会人员依法履行职责"。

《中华人民共和国刑法》、《中国人民解放军纪律条令》及其他军事法规确认了武装冲突法中保护平民、保护战俘的相关规则。我国宪法规定,"国家维护社会主义法制的统一和尊严"。"一切国家机关和武装力量,各政党和各社会团体、各企业事业组织都必须遵守宪法和法律。"《国防法》第18条规定:"中华人民共和国的武装力量必须遵守宪法和法律,坚持依法治军。"这些规定构成军队开展武装冲突法教育训练的法制基础和义务规范。

(二)武装冲突法教育训练为实现我军宗旨与职能所要求

我国军队以全心全意为人民服务为宗旨,以保卫祖国的主权、统一、领土完整和维护人民的和平劳动为职能。这与武装冲突法及国际人道法具有内在一致性和相通性。武装冲突法对使用武力的禁止,对自卫作战合法性的肯定,对作战手段与方法的限制,以及对战争受难者的保护,均为我军的宗旨和职能所体现。[①]

(三)武装冲突法教育训练适应未来军事斗争的需要

冷战结束后,尤其是海湾战争以来,国际社会评判使用武力的正义与否、作战行为的合法与否以及对战争受害者的保护适当与否,多采用武装冲突法为依据和标准。对国际法及武装冲突法在国际关系与军事斗争中的重要作用,西方

---

① 俞正山主编:《武装冲突法》,军事科学出版社2001年版,第134—135页。

国家和军队的领导人有明确的论述。海湾战争结束后，美国国防部致国会的最后报告的第 15 个附录，强调战争法在决策过程中的作用是不可估量的。① 1997 年召开的第 14 次国际军事法和战争法学会大会上，西方某国代表甚至引用本国一位将军的话说：法律是原子弹，谁掌握了它，谁就最终赢得战争。②

邓小平、江泽民、胡锦涛对研究和运用国际法的重要作用与意义作了许多精辟论述，提出了很高要求。早在 1978 年年底，邓小平就指出："我们还要大力加强对国际法的研究。"③1996 年 12 月，江泽民指出："我们的领导干部特别是高级干部都要注意学习国际法知识，努力提高运用国际法的能力。在处理国家关系和国际事务中，在开展政治、经济、科技、文化领域的交流与合作中，在反对霸权主义和强权政治的斗争中，都要善于运用国际法这个武器，来维护我们的国家利益和民族尊严，伸张国际正义，牢牢掌握国际合作与斗争的主动权。"④胡锦涛特别强调我军要认真研究和运用国际法、海洋法。胡锦涛于 2005 年 9 月 15 日在联合国成立 60 周年首脑会议上的主题报告中明确指出，在机遇和挑战并存的重要历史时期，只有世界所有国家紧密团结起来，共同把握机遇、应对挑战，才能为人类社会发展创造光明的未来，才能真正建设一个持久和平、共同繁荣的和谐世界。⑤ 这些重要论述，对于武装冲突法的教育训练工作，起着重要的推动和促进作用。

二、武装冲突法教育训练的实施

（一）武装冲突法教育训练以科研为先导

近年来，我国武装冲突法研究领域取得了丰硕的成果⑥。

---

① 转引自《海湾战争》(中)，军事科学出版社 1992 年版，第 434 页。

② 转引自俞正山主编：《武装冲突法》，军事科学出版社 2001 年版，第 131 页。

③ 《邓小平文选》第二卷，人民出版社 1994 年版，第 147 页。

④ 中华人民共和国司法部、全国普法办公室编：《中共中央法制讲座汇编》，法律出版社 1998 年版，第 156 页。

⑤ 胡锦涛："努力建设持久和平、共同繁荣的和谐世界——在联合国成立 60 周年首脑会议上的讲话"，载《新华月报》2005 年第 10 号，第 69—71 页。

⑥ 本文相关科研成果统计截至 2010 年 3 月。

著作方面。国防大学顾德欣主编的《战争法概论》属军内相关领域的先河之作。盛红生等著述的《武力的边界——21世纪前期武装冲突中的国际法问题研究》系统论述了现代国际法上的武力使用规则。张召忠编著的《海战法概论》、任筱锋著写的《海上军事行动法手册》以及空军政治部组织编写的《战争法在空军军事斗争中的运用》，代表了海战法和空战法研究方面的著作性成果。肖凤城著的《中立法》填补了国内军内立法研究领域专著方面的空白。俞正山等撰写的《中美印日俄战争法理论与实践比较研究》及盛红生著的《联合国维持和平行动法律问题研究》将著作性研究的视野拓展到新的领域。20世纪90年代，军事科学院编写出版了武装冲突法方面的辞书；21世纪初，第二版《中国军事百科全书》则将《战争法》学科单列成册。

教材方面。俞正山主编的《武装冲突法》教材是我军也是我国第一本迄今唯一以"武装冲突法"命名的专业教材。该教材所建构的武装冲突法学科体系，被广泛认可，成为通说。总政办公厅司法局组织编写的《战争法知识讲座》、丛文胜著述的《战争法原理与实践》、宋云霞主编的《海军海上行动法教程》及《海洋法海战法应用研究》给这方面的成果锦上添花。由总政治部宣传部组织编写的中国人民解放军思想政治教材丛书之中，有的也包含相关内容。如，《法学概论》、《士兵读本》、《海军读本》、《"五五"普法学习读本》、《军人涉法问题解答》及供团以上干部理论学习的《法学学习提要和辅导讲座》。以视频形式出现的"电视教材"生动形象地展现了武装冲突法的内容。俞正山主持制作的《战争法》和笔者主持制作的《战争中人道保护标志的识别和运用》，均在军内电视教材评比中得到较高层级的认可。

参考书籍。1986年9月，解放军出版社出版了由北京大学、中国人民大学5位国际法教授翻译编辑的《战争法文献集》。沈阳军区军事法院1994年编印了《战争法资料选编》。2001年总政治部办公厅翻印了《日内瓦四公约及其附加议定书》，2003年海军军事学术研究所翻译了《圣雷莫海上武装冲突国际法手册》。西安政治学院编辑翻译印制了一系列参考用书：《武装冲突法教学纲要》、《军事斗争准备中的法律问题研究》、《武装冲突法教学研究资料》、《战争法条约集》、《世纪之交的战争法研究》、《战争法案例述评》、《伊拉克战争战争法资料汇编》、《战争中的法律保护》、《尊重国际人道法》、《空战和导弹战规则研究》。此外,还参与完成了《军队指挥员法律手册》①、《习惯国际人道法》②撰写与翻译工作。

学术论文。至 2009 年 7 月,以"国际人道法"为关键词,2000—2009 年中国期刊网可以检索到的论文为 42 篇;以"战争法"为关键词,1980 年至今的学术论文为 67 篇。除公开发表的学术论文之外,军事科学院、国防大学、西安政治学院、海军大连舰艇学院、南京政治学院等教学科研院所,出现了一批研究武装冲突法的博士、硕士学位论文。其中最为突出的是西安政治学院,毕业生撰写的研究该领域的博士学位论文 6 篇、硕士学位论文 51 篇。

军队内部还成立了一些专门研究武装冲突法的学术机构。西安政治学院于 2000 年 9 月成立的国际战争法研究所,是全国全军较早建立的武装冲突法研究机构之一,该院学报设置的武装冲突法专栏,承载了军内专家学者半数以上的相关论文成果。此外,中国军事科学院、国防大学、海军总部等单位都先后设立了专门的研究机构。

(二)武装冲突法教育训练以军队院校为重要阵地

我军各类院校在 20 世纪 90 年代普遍开设"法学概论"课程,所适用的两个版本统编教材中都包括武装冲突法内容。现该课程逐渐为"军人思想道德修养与法律基础"课程所代替,后者亦含有武装冲突法内容。有的文科类军队院校在"政治工作学"、"群众工作学"等课程中讲授有关武装冲突法的内容。国防大学每年都为师职以上学员举办武装冲突法专题讲座。海军大连舰艇学院结合其培训对象特点,在院内开设了《海军涉法问题专题》、《海军法律问题研究》、《海上临检拿捕舰上实务》、《海战法应用研究》等课程。

值得强调的是西安政治学院,该院于 1993 年为研究生开设了武装冲突法课程,确立了武装冲突法的研究方向;2000 年依托军队律师专业自学考试,将武装冲突法的教学推向全军;形成了本科、硕士、博士三个层次的培训体系;2001 年该院的训练任务转向以政治军官任职教育为主体后,除分期分批地

---

① 总政办公厅司法局,解放军出版社 2002 年版。
② 红十字国际委员会,法律出版社 2007 年版。

对全军司法办主任、编制律师和法律咨询员进行武装冲突法的专门培训外，还在所有任职教育班次开设武装冲突法专题课。西安政治学院与石家庄陆军指挥学院联合建设的"国际法网络课程"，独自建设的"武装冲突法网络课程"使武装冲突法教育训练走出校门，推向全军。教学方式方法方面，开发研制了武装冲突法模拟演练系统，成为全军开展武装冲突法教育训练的主要基地。

（三）武装冲突法教育训练以部队为基本平台

部队中的武装冲突法教育训练主要通过以下四种方式开展：

1. 通过"普法教育"进行武装冲突法教育训练

1985年10月，根据总政治部《关于在全军普及法律常识的意见》要求，对战士政治课本《法律常识》进行了修改和补充，其中的第五讲解释了军人违反职责罪（包括战争时期犯罪）的含义、种类和处罚原则。此后武装冲突法的内容也逐步得到充实和丰富。在《"五五"普法学习读本》中，第四编收录了《国防法》等军事法律法规，第五编对《联合国宪章》、日内瓦四公约及其附加议定书、《联合国海洋法公约》、《关于发生武装冲突时保护文化财产的公约》等进行了通俗性介绍。《军人涉法问题解答》则以问答形式，对相关规则加以介绍。《士兵读本》中载有"中国人民解放军士兵一般职责"、"三大纪律、八项注意"、"运用国际法维护国家利益"、"联合国宪章"和"武装冲突保护标志"。《海军读本》中有"海上行动的法律法规"介绍。供团以上干部理论学习的《法学学习提要和辅导讲座》中，设有国际法及战争法章节。

2. 依托经常性的政治思想教育进行武装冲突法教育训练

经常性的政治思想教育是我军教育的基本方式与重要特点，武装冲突法教育被贯穿其中。新兵入伍后首先进行的"三大纪律、八项注意"教育；新兵训练结束后随部队接受的进一步教育，群众工作、俘虏工作内容等，都越来越紧密地与武装冲突法联系在一起。

军队广大干部所接受的经常性政治思想教育中，也包含有武装冲突法的内容。有的部队定期组织武装冲突法方面的专题辅导或集中培训，邀请军内外专家学者前去授课。

3. 将武装冲突法教育训练纳入军事训练和重大军事任务之中

我军部队每年的教育训练大纲都列有保护平民、宽待俘虏等有关武装冲突法的内容。在一些较大规模的军事演习，包括国际性联合军事演习中，都安排相关演练内容。如在"和平使命——2005"中俄联合军事演习中，参演部队针对敌方违法作战、联军误伤误炸、区分打击目标、依法对待战俘等13种可能发生的情况设置相关演习内容，要求参演部队依法处置。

在履行重大的军事任务之前，我军注重进行武装冲突法相关内容的教育训练。在承担联合国维持和平行动任务时，也非常重视相关培训。2001年，我国在国防部正式成立维和办公室，并先后在南京市和廊坊市建设了两个维和培训基地。培训的内容包括联合国宪章、联合国维和行动的原则、维和任务、特派团或部队地位协议、交战规则以及道德规范等。被派遣至苏丹的维和特派团在出国之前，红十字国际委员会及国内专家为其讲授"维和部队培训讲座之人道援助"、"非政府组织与国际红会"以及联合国苏丹维和特派团"交战规则"等科目。

4. 自觉践行武装冲突法的基本原则与规则

我军依据《第一附加议定书》关于配备武装部队法律顾问的要求，自1990年以来，在总政治部设立了专门机构，管理全军的法律顾问和法律服务工作。目前，已在集团军、师、旅三级部队编制了军队律师，在师以下部队设立有基层法律咨询站①。

我军自成立到中华人民共和国成立，就能够自觉践行国际人道法。抗日战争时期优待日军战俘。解放战争期间为求得文化设施的保存而宁愿牺牲部分军事利益。抗美援朝战争中按时发给战俘冬衣及肉类、糖类等额外优待的食品，伤病战俘也都能得到有效的治疗。对印自卫反击战中给予印军战俘最好的照顾，而且停火后迅速、主动地释放和遣返了全部印军被俘人员。连前来接受印军的印度红十字会人员也一再对中国政府的负责态度表示满意和感激。② 在对越自卫反击战中，我参战部队连级以上设立专门负责保护平民和

---

① 沈秋朝：《中国军队与国际人道法》，转引自王可菊主编：《国际人道主义法及其实施》，社会科学文献出版社2004年版。

② 参见赵理海：《当代国际法问题》，中国法制出版社2000年版，第237—240、274—275页。

战俘待遇工作的部门和指挥员,对相关工作进行检查监督。师一级单位设战俘转运站,战区一级单位设战俘管理所。这些措施,使武装冲突法的相关规则得到有效履行。

此外,我军还通过媒体、知识竞赛等方式开展武装冲突法的教育训练。如我军权威报刊《解放军报》上常常载有武装冲突法方面的文章;中央电视台军事频道制作了《无声的战影》电视片,展现武装冲突法的基本规则;2004年我军负责地雷履约的专门机构,还在全军范围开展地雷议定书知识竞赛。

(四)武装冲突法教育训练以对外交流为补充

我军在武装冲突法教育训练方面与红十字国际委员会等国际组织进行了密切合作,形式包括联合举办培训班、组织参加学术研讨会、参加武装冲突法知识竞赛或培训等。

自1991年以来,我军与红十字国际委员会联合举办了7期武装冲突法讲习班。每期讲习班都有60至80名校官和尉官参加。2002年9月,总政治部还在解放军西安政治学院举办了全军首届军队律师武装冲突法培训班,邀请红十字国际委员会的代表前来授课,对全军60多名法律顾问和军队律师进行了为期12天的培训。

我们还参加国际上的教学活动。1987年以来,我军经常派军官参加在外国举办的武装冲突法讲习班,2000年西安政治学院首次派代表参加了意大利圣雷莫国际人道法学院举办的武装冲突法讲习班。近年来,此类教学活动形成常态化、机制化。2002年3月,西安政治学院派代表参加了意大利圣雷莫国际人道法学院举办的武装冲突法知识竞赛。

我军频繁派代表参加武装冲突法国际研讨会。2004年6月,红十字国际委员会和西安政治学院共同举办了"亚太地区西安论坛:当代武装冲突法——现状、展望与训练"。来自亚太地区19个国家武装部队的34名正式代表参加了本次研讨会,10名特邀专家学者到会作了主题发言。总政办公厅秘书长和西安政治学院院长也到会发言并致辞。

此外,地方高校和科研的相关研究工作也有效促进了军队武装冲突法教育训练的开展与深入。

三、武装冲突法教育训练的成效

（一）增强了武装冲突法意识

中国人民解放军通过广泛、多种形式、多种渠道的武装冲突法教育训练，使广大官兵增强了武装冲突法意识，懂得了学习掌握武装冲突法原则与规则的意义和价值。

（二）掌握了与其职责相适应的战争法知识

中国人民解放军战争法教育训练的主要内容是战争法的主旨、原则和规则，涉及武力使用法、作战行为法、中立法和惩治战争犯罪法，既包括中国缔结、加入的武装冲突法条约的有关规定，又包括与武装冲突法相关的国内法，还包括与执行武装冲突法有关的军事法规。

在教育训练具体内容的选择上，区别对象、分层施训，根据受训者职级、任务的不同确定不同的教育训练内容。对于各级政治、军事指挥员，在熟悉武装冲突法基本原则、规则的基础上，明确其依法所负的指挥职责；对于各级军队律师或法律顾问，要求全面系统掌握武装冲突法，侧重研究本部队作战可能遇到的武装冲突法问题，能够及时向指挥员提供法律咨询意见；对于普通士兵，需熟知最基本的作战规则，识别战争中的各种保护性标志，能够处理战场上常见的涉及法律的作战问题。

（三）造就培养了武装冲突法方面的专门人才

形成了一支由中央军委法制局、中国军事科学院、国防大学、西安政治学院、海军大连舰艇学院、海军学术研究所、南京国际关系学院、长沙国防科技大学、南京政治学院等科研院所构成的专家队伍。武装冲突法研究方向的硕士、博士研究生的教学活动，为部队培养了一批研究型人才。

（四）加深增强了国际间的了解与合作

通过武装冲突法的教育训练，使国际社会进一步了解和认识中国及中国军队,良好地展现了我军文明之师、威武之师的光辉形象,同时为进一步的国际合作与交流奠定了良好的基础。

中国人民解放军的战争法教育与训练

孙　雯*

鉴于武装部队是战争法最主要的执行者,武装部队自然成为战争法实施的主阵地,在武装部队中进行战争法的传播与训练也成为战争法实施机制中不可或缺的重要环节。当前,战争法在中国人民解放军中的教育与训练规模初具然体系未成,我军已经较为完整地拥有了开展这项工作的各项要素,却尚未建立起进行教育与训练的工作机制。因此,为我军设计出一套进行战争法教育与训练的机制势在必行。本文以为我军设计出一套战争法教育训练的机制为宗旨,对外军经验进行整理,抽象出在武装部队中进行战争法的传播与训练必须具备的因素,在我军当前编制体制的框架内,不同程度地移植外军"要素"建设的经验,重新整合我军进行这项工作的各股力量,最终形成覆盖全军的完整体系。

一、在武装部队中进行战争法的传播与训练的必要性

徒法不足以自行。作为国际法分支的战争法更是如此,因为它主要适用于战争这一非常时期。等到冲突爆发以后再去进行战争法的传播与训练[1]为

---

　*　孙雯,福建省宁德市中级人民法院法官,法学硕士。

　①　本文在第一到第三部分使用"战争法的传播与训练"的表述方式,在标题、第四、第五部分和结论中则改用"战争法的教育与训练"来表达,主要是出于以下考虑:由于将这项工作作为一项义务赋予各缔约国的 1949 年日内瓦四公约及 1977 年两个附加议定书的相关规定(第一公约第 47 条,第二公约第 48 条,第三公约第 127 条第一款,第四公约第 144 条第一款,第一附加议定书第 83 条、第二附加

时晚矣。武装部队在执行战争法的各项规则时负首要责任。用战争法武装部队是各国实施战争法的核心内容。武装部队的每一个成员都是战争法传播与训练的对象,而重点应放在各级军事指挥人员、各级司令部的法律顾问以及作战(保障)部队的士兵身上。

出于以上的法理考虑,1949 年日内瓦四公约及 1977 年两个附加议定书规定对武装部队成员进行战争法的传播与训练是缔约国的一项义务,①第一附加议定书则对武装部队中的法律顾问问题作了规定。② 红十字国际委员会的研究报告《习惯国际人道法》就此项内容归纳出了五项习惯国际人道法规则:第一,冲突各方须遵守国际人道法并确保其武装部队以及其他事实上接受其指令或受其指挥或控制的人员或团体遵守国际人道法;第二,遵守与确保遵守国际人道法之义务不以相互性为前提;第三,各国须保证于必要时有法律顾问就国际人道法适用问题向相当等级的军事指挥官提供咨询意见;第四,各国与冲突各方须向其武装部队发出符合国际人道法的指示;第五,各国须鼓励向平民居民传播国际人道法。③ 由于日内瓦四公约已被全世界所有国家批准加入,在武装部队中进行战争法传播与训练也成为世界各国的共同义务,具有普遍性和强制性。

总之,在武装部队中进行战争法的传播与训练是国家履行国际法义

议定书第 19 条)中都使用了"to disseminate/be disseminated"这一语词,"传播与训练"成为国际社会的通行用法,为了更好地与其他国家沟通,向世界展现我国和我军的良好形象,笔者认为,在把本文当成对外宣传材料时,最好使用"传播与训练"的提法;我军实行院校教育和部队训练相结合的教育训练体制,院校教育(educating)以课堂讲授为主要形式,部队训练(training)则主要采用实兵演练的方式进行,二者都是为了传播(to disseminate)或传授(to teach)战争法规则,笔者认为,在把本文看做对内的改革参考建议时,采用"教育与训练"的表达法更为恰当。

① 见 1949 年日内瓦四公约共同条款(第一公约第 47 条,第二公约第 48 条,第三公约第 127 条第一款和第四公约第 144 条第一款的措辞与下文略有不同,在此不作赘述):"各缔约国在平时及战时应在各该国尽量广泛传播本公约之约文,尤应在其军事,并如可能时在公民教育计划中,包括本公约之学习,俾本公约之原则为全体人民,尤其武装战斗部队、医务人员及随军牧师所周知。"1977 年第一附加议定书第 83 条、第二附加议定书第 19 条表达了大致相同的意思,在此亦不作赘述。

② 见 1977 年第一附加议定书第 82 条:"缔约各方无论何时,以及冲突各方在武装冲突时,应保证于必要时有法律顾问,对各公约和本议定书的适用以及就此问题发给武装部队的适当指示,向相当等级的军事司令官提供意见。"

③ Jean-Marie Henckaerts & Louise Doswald-Beck,eds.,*Customary International Humanitarian Law*,Volume Ⅰ:Rules,Cambridge University Press,2005,pp.495-509.

务的表现,也是贯彻执行战争法的基础工作和核心内容,平时的传播与训练归根到底是为战时的遵守和运用作准备,这项工作意义重大,是极有必要的。

二、在武装部队中进行战争法的传播与训练必须具备的因素

在武装部队中进行战争法的传播与训练,是由若干要素组成的。

(一)要素一:文化传统和思想意识

战争法的基本理念存在于形形色色的文化传统之中,要通过一些转化机制转化为进行实际传播的自觉性:

首先,国家最高当局和军事领导人必须对这项工作的必要性有着充分和深刻的认识,使他们的决策不仅是出于履行义务,更是源自内心的道德驱动。

其次,要让武装部队的成员明白,战争法产生于战地,并通过战争本身的经历得以形成和发展演变,把战争法与军事训练紧密结合是完全可行的。

第三,必须强调军事必要与人道要求两种价值之间的可调和性,因为战争法并没有要求军事指挥员去执行一些不可能做到的规定,战争法具有很强的军事性和可行性。

此外,必须打消各国武装部队之间的不信任感,战争中敌对双方之间在人道主义工作中将形成一种协作关系,国际社会的共同努力和自觉行动对战争法的普遍传播与训练的意义之大是不可估量的。

(二)要素二:法律和政策

国际法与国内法是两个不同的法律体系,进行战争法的传播与训练之前,必须首先解决战争法在一国之内适用的法律问题。对此大多数国家采用了"转化"的法律技术,制定专门的军事法规(规章)来规范战争法在武装部队中的传播与训练,笔者将部分国家的这类国内立法(National Legislation)和"军事手册"(Military Manual,有的有法律效力,有的则无)罗列如下(表1):

**表 1　2008 年 3 月前部分国家规范各武装部队进行战争法
传播与训练的主要国内立法和军事手册①**

国别	规范传播(训练)的国内军事立法	军事手册
美国	国防部于 2006 年 5 月 9 日颁布的第 2311.01E 号国防部指令《国防部战争法计划》;参谋长联席会议于 2002 年 3 月 25 日颁布的第 5810.01B 号参谋长联席会议主席条令《国防部战争法计划的实施》	陆军部于 1956 年 7 月颁布的第 27—10 号战场手册《陆战法》;海军部于 1995 年 10 月颁布的第 1—14M 号海战出版物《海上军事行动法指挥官手册》;空军部于 1976 年 11 月 19 日颁布的第 110—31 号空军出版物《国际法:武装冲突的行为与空战》;陆军部于 2000 年 3 月 1 日颁布的第 27—100 号战场手册《对军事行动的法律支持》;参谋长联席会议于 2007 年 3 月 1 日颁布的第 1—04 号联合出版物《对军事行动的法律支持》;美国陆军军法署长法律中心和学校发布的年度《军事行动法手册》;等等
俄罗斯(前苏联)		苏联国防部于 1990 年发布的第 75 号命令的附件:苏联武装部队适用国际人道法指南
英国	《武装冲突法单兵训练指令(陆军)》	战争部文书局于 1958 年颁布的《军事法手册》第三分册《陆战法》;《武装冲突法士兵指南》;在总参谋长指挥下国防部于 1981 年颁布的第 71130 号《陆军法典》"武装冲突法"部分
法国		1979 年 12 月 10 日开始实施、1982 年 7 月 12 日修改的《纪律条例》;1992 年颁布的《武装冲突法概要说明》;国防部于 2000 年 1 月 4 日颁布的第 147 号指令的附件:《武装冲突法教学说明》;2001 年颁布的《武装冲突法》手册
德国	《国家军事法》第 33 节	1991 年 6 月颁布的《士兵手册》;1992 年 8 月颁布的《军事手册》;1996 年 6 月颁布的《国际人道法手册》

①　See Laurie R. Blank & Gregory P. Noone, eds. , *Law of War Training-Resources for Military and Civilian Leaders*, United States Institute of Peace, 2008, pp. 17 – 18, 28 – 29; Jean-Marie Henckaerts & Louise Doswald-Beck, eds. , *Customary International Humanitarian Law*, Volume Ⅱ: Practice, Cambridge University Press, 2005, pp. 4199 – 4200, p. 4204, pp. 4206 – 4207.

国别	规范传播(训练)的国内军事立法	军事手册
日本		陆上自卫队于 1965 年 10 月 1 日发布的第 92—11 号关于医务人员的红十字标志和身份证待遇的《自卫队通告》

例如,美军大致是从程序和实体两个层面分别制定一系列军事法规(规章):程序法主要是美国国防部和参谋长联席会议颁布的"指令"(Directive)、"条令"(Instruction),多从宏观上把握战争法传播的政策、机制等战略性问题,相当于组织法,最重要的法律文件一是国防部于 2006 年 5 月 9 日颁布的第 2311.01E 号国防部指令《国防部战争法计划》(Department of Defense Directive 2311.01E:DoD Law of War Program),一是参谋长联席会议于 2002 年 3 月 25 日颁布的第 5810.01B 号参谋长联席会议主席条令《国防部战争法计划的实施》(Chairman of the Joint Chiefs of Staff Instruction 5810.01B:Implementation of the DoD Law of War Program);实体法主要是参谋长联席会议、各军种部、各军种参谋部(作战部、司令部)以及相关职能部门(主要是各级军法部门)制定颁布的"军事手册"(Military Manual),技术性和可操作性较强,既可以是军事法规(规章),又可作为进行战争法传播与训练的核心教材。

在法制不够健全、法治水平相对较低的国家,在武装部队中进行战争法传播与训练的相关政策往往被当作从事该项事业的权威依据,其作用同样不可忽视。

(三)要素三:人员和机构

这里的"人员"专指武装部队的成员。根据他们在战争法的传播与训练中所处的不同地位,可以将他们划分为两大类:传播(训练)者和接受传播(训练)者。这里的"机构"专指武装部队的机构。战争法的传播与训练应当立足于现有的编制体制,而没有必要专门为这项工作设置全新的机构。

仍以美军为例。美国国防部第 2311.01E 号指令《国防部战争法计划》以"职责"一章分别对国防部总法律顾问、负责政策、情报、立法事务等不同事项的副部长和助理部长、国防部组成部分的各首长、各军种部长、参谋长联席会议主席、各联合作战司令部司令实施战争法的职责作了详细的规定,基本上将和平时期战争法的传播与训练纳入了美军的"军政"系统,将战时战争法的执行和监督纳入了美军的"军令"系统,从而充分地挖掘出美军现行指挥体制的潜力并趋利避害。① 在基本的指挥体制之外,美军还设立了一整套完备的军法机构,"美国防部一级专门设立了负责战争法工作的小组,并设立了负责立法事务的助理国防部长,同时还设有一名国防部总法律顾问,向部长及其他高级官员提供包括战争法问题的咨询,下设国防部司法局。参谋长联席会议主席下设有一个法律顾问办公室。美陆军部设有一名副部长级的文职法律总顾问,此外还设有监察长、立法联络主任、军法总监、司法局。同样,海军部和空军部也都设置或配备有相应的军法机构和人员"。②

根据美国军法规定,军法官负有"审查作战计划与命令,确保其符合武装冲突法的规定;为部队进行武装冲突法训练提供法律咨询;观察和评估训练成效"的职责。③ 在编制上,美军在其武装部队中配备专职的法律顾问和律师。美军律师编制有7000多人,占全军人数的5.8‰,他们的军衔与同级别军官的军衔是一样的,④也承担了战争法传播的部分工作。

(四)要素四:传播与训练的方法和手段

应当根据不同的传播(训练)对象设计出不同的传播训练方法,"任务—能力—方法"⑤不失为一条捷径。

---

① 美国采用"军政军令分离型"的军队指挥体制,将"行政领导"和"作战指挥"分成两大系统:"军政"系统由总统/国防部长—各军种部长、参谋长—军种部队构成,平时负责人事管理、教育训练、军事科研、武器装备、后勤保障等,战时向作战司令部提供合格的部队及后勤支援;"军令"系统由"总统/国防部长(通过参联会)—联合战区司令—下属联合司令部司令"构成,平时负责制定作战预案,进行战场建设,组织联合作战训练,战时组织部队作战。参见任海泉主编:《军队指挥学》,国防大学出版社2007年版,第118—119页。

② 李国强:《美军战争法教育训练评析》,《西安政治学院学报》2006年第4期。

③ 周健、于恩志著:《比较军事法:美国军事法》,海潮出版社2002年版,第180页。

④ 总政治部办公厅司法局:《战争法知识讲座》,解放军出版社2002年版,第212页。转引自李国强:《美军战争法教育训练评析》,《西安政治学院学报》2006年第4期。

⑤ 所谓"任务—能力—方法",是指依据不同的传播(训练)对象所承担的不同任务,确定不同类型的人员需要具备的能力的性质和水平差异,在明确能力的基础上,设计出适用于不同人员的传播(训练)方法,从而提高传播(训练)工作的效能。

法律顾问是专业的传播(训练)者,在平时要向武装部队系统地讲授战争法知识;战时他们应对作战计划中的或已在进行的军事行动发表意见,提醒指挥员注意战争法所规定的义务,在武装部队中传播并宣讲战争法知识,还必须参与作战计划的拟制和协助指挥员定下决心。对法律顾问所进行的传播和训练必须是专业的和高层次的,应在各类院校中作为一种学历教育来完成,律师和具有法学专业知识(尤其是战争法知识)的参谋人员应成为法律顾问的主体。

军事指挥人员的任务是制定作战方案,把部队投入战斗。向部属下达命令时,他们就得为贯彻和尊重战争法负责。对军事指挥人员的培养也应当主要放在军事院校中配合学历教育完成,通过军事院校的战术演习使其取得一些初步的经验;通过在部队的日常训练使其取得一些实际经验。在武装部队的成员中,军事指挥官在这项工作中的"双重身份"是最为显著的:对士兵来说,他们是最为亲近的战争法传播(训练)者;作为接受传播(训练)者,他们的知识面应当是最广的,站在时代前沿的军事指挥官应当具备指挥、技术、法律三大领域的知识和技能,并能融会贯通,熟练运用。

在战争中,士兵所面对的是最真实的敌对环境,所做的也是最为具体的工作。战场上的身心压力会降低思考和反应能力,士兵必须本能地适应所处的环境。在战斗中,他们并不需要按照某些指南或小册子采取行动,他们所需要的是一种在训练中建立起来并成为本能的反应。因此,对士兵所进行的传播和训练应当与部队日常的军事训练相结合,以确保士兵从入伍之日起就对战争法给予必要的关注,经过强化训练和不断的战术演练使他们能够从战争法的角度正确地作出条件反射。

教材是进行战争法传播与训练的基本手段,应根据传播与训练的对象来选择教材。对于应当全面掌握战争法规则的法律顾问来说,战争法文献是最好的教材,尤其是日内瓦四公约以及两个附加议定书;军事手册因其可操作性强可以作为军事指挥人员的第一手教材;士兵的教材应当尽可能地口语化和言简意赅,最好是军事手册的简编版或通俗版,以"士兵守则"等小册子或连环画的形式出现。

三、当前在中国人民解放军中进行战争法
传播与训练的可行性

我军战争法传播与训练已初具规模,但尚未形成体系。近年来,由于国际国内形势的变化,我国面临着传统安全威胁和非传统安全威胁的双重挑战,我军的职能有所拓展:既可能采取高技术条件下的传统作战行动,又可能参与国际维和、军事合作、军事力量显示、人道主义救援、反恐斗争等非作战行动或准作战行动。① 当前我军必须为完善战争法传播与训练的机制作出努力,而且我们有条件进行这项工作。

(一)文化传统和思想意识

中国人道主义有深厚的历史传统,如孔子的仁爱、墨子的兼爱、孟子的仁政等。② 而且中国古代朴素的人道主义思想深刻影响了军事领域,《左传·宣公十二年》中的"止戈为武"、《孙子兵法·谋攻》中的"不战而屈人之兵"、《龙鱼河图》中的"诛杀无道,不仁不慈"无不是"慎战"、"仁爱"思想的体现。

中国人民解放军继承和发展了这些思想,并将战争法的传播与训练自觉纳入军队建设工作中。如三大纪律八项注意是我军中人人必须牢记的首要纪律,其中保护人民和宽待俘虏的规定都体现了战争法的人道主义关切。③

因此,当前完善战争法传播与训练的机制可以从调动军人内心的道德感和继承我军优良传统两方面入手。同时,应注意澄清"法律万能论"、"法律无用论"、"束缚手脚论"、"不适用战争法论"等几种常见的模糊认识。④

---

① 参见王建伟、潘日轩主编:《新世纪新阶段我军历史使命》,国防大学出版社 2007 年版,第 31 页。

② 参见陈明主编:《中国传统文化中的人道主义》,华夏出版社 1995 年版,第 305 页。

③ 参见何小东:《中国的人道传统与中国人民解放军武装冲突法的传播与训练》,朱文奇主编:《国际人道法文选》(2001—2002),商务印书馆 2004 年版,第 127—129 页。

④ 参见苟恒栋:《现代战争中的法律战》,解放军出版社 2005 年版,第 326—330 页。

（二）法律和政策

中国是大多数战争法条约的缔约国，并通过法律和政策两个渠道表明了切实履行承诺的诚意。

《中华人民共和国国防法》第67条规定，中华人民共和国在对外军事关系中遵守同外国缔结或者加入、接受的有关条约和协定。

《中华人民共和国刑法》在第十章"军人违反职责罪"下设立了"战时残害居民、掠夺居民财物罪"（第446条）和"虐待俘虏罪"（第448条）。

《中国人民解放军纪律条令》第3条把执行三大纪律、八项注意①作为中国人民解放军纪律的基本内容。

胡锦涛总书记在中共十七大报告中提出要坚持依法治军，②这与《国防法》第18条的内容相呼应。③ 在贯彻军委依法治军方针时，不能忽视国际法，尤其是战争法。进行战争法方面的教育训练应当是部队教育训练的一项内容。④

中共中央、中央军委于2003年12月批准颁布的新修订的《中国人民解放军政治工作条例》把"法律战"同"舆论战"、"心理战"一道作为"政治工作的一项重要内容"。雷渊深少将认为，"法律战是中国人民解放军根据国家战略意图，为取得军事斗争的法理优势，在统一组织和指挥下，围绕军事行动的合法性、正义性，遵守法律基本准则和规范，综合运用法律威慑、打击、反击、约束、制裁、防护等战法所进行的一系列法律对抗活动"。⑤ "法律战"概念的提出极大地促进了我军进行战争法传播与训练的积极性和主动性。

我军进行战争法传播与训练的法律和政策准备有以下三个不足之处：

第一，规范性文件为数较少，级别较高，除中央军委的"顶层设计"之外，缺乏纵向贯穿"总部—战区—军团—兵团—部队—分队"层次结构，横向覆盖"陆军—海军—空军—第二炮兵"军（兵）种结构、"领导指挥系统—战斗部队

---

① 三大纪律：一切行动听指挥；不拿群众一针一线；一切缴获要归公。八项注意：说话要有礼貌；买卖公平；借东西要还；损坏东西要赔；不打人骂人；不损坏庄稼；不调戏妇女；不虐待俘虏。

② 参见胡锦涛：《高举中国特色社会主义伟大旗帜　为夺取全面建设小康社会新胜利而奋斗——在中国共产党第十七次全国代表大会上的报告》，2007年10月15日。

③ 《国防法》第18条规定，中华人民共和国的武装力量必须遵守宪法和法律，坚持依法治军。

④ 参见肖凤城：《从国际法角度看依法治军》，《解放军报》2000年10月8日，第3版。

⑤ 倪正茂主编：《法律战导论》，上海社会科学院出版社2006年版，第55页。

系统—战斗保障部队系统—后勤和装备保障系统—院校和科研系统"职能结构的规范性文件网络。专门规定只有 2003 年颁布的《政工条例》和 2005 年颁布的《中国人民解放军法律战纲要》两个文件,难以实现"有法可依"和"集中统一"。

第二,规范性文件规定得过于笼统,权责不明,不利于工作机制的形成。《政工条例》和《法律战纲要》并未明确机关、人员的具体职责,容易在工作中造成机关、人员互相扯皮或是相互掣肘。

第三,规范性文件所做的安排法律与军事的衔接度差,缺乏可操作性。对于法律顾问来说,《政工条例》和《法律战纲要》的规定难以体现运用法律时的精确性要求;对军事指挥人员来说,将这两个文件规定的内容纳入部队的日常军事训练比较困难;对士兵来说,这两个文件又显得理论性过强,难以操作。

(三)人员和机构

我军政法部门应成为承担这项工作的主要业务机构和工作团队。至 1997 年底,我军中的法律顾问处达到 240 多个,律师 1360 多人,基层法律咨询站达到 4250 多个,法律咨询员 65700 多人。2000 年,我军首次在集团军、师、旅三级部队编制军队律师,截至当年,我军共拥有法律顾问处 272 个、专职和兼职律师 1688 人。近年来,第二炮兵旅级以上部队也开始编设军队律师,在总装备部和海军设置国防专利、海事等专业性法律顾问处。①

然而,对于建立完善的战争法传播训练机制来说,我军当前的人员和机构状况是远不能胜任的:

首先,我军尚未将战争法的传播与训练机制完整纳入我军的指挥体系。目前,这项工作仅被认为是政治工作的一部分,归口政治部门运作,法律顾问在编制上也隶属于政治部门,向军队首长和机关提供战争法传播与训练的建

---

① 以上关于我军法律顾问制度的介绍参见:Legal Adviser System in People's Liberation Army of China—Answers to the inquiry of International Society for Military Law and the Law of War for implementing article 82 of the first protocol(10-06-77)of the Geneva Convention;中华人民共和国国务院新闻办公室:《中国的国防》,1998 年 7 月;中华人民共和国国务院新闻办公室:《2000 年中国的国防》,2000 年 10 月;中华人民共和国国务院新闻办公室:《2006 年中国的国防》,2006 年 12 月;李晓峰、丛文胜主编:《法律战讲座》,解放军出版社 2006 年版,第 156 页。

议,体现为一种横向的传播。而各级军事指挥人员对其所属部队进行的纵向传播就略显不足,极大地影响了这项政策落实到基层。

其次,我军的政法工作体制不健全,军队律师编制不完善。军事执法机关、军事司法机关、军事法制机构、法律服务组织的组织规范没有建立起来,各自的任务不够清晰,尤其是法律服务组织并没有在战争法的传播与训练工作中发挥出其应有的作用。军队律师主要编设在陆军,近年来,除在总装备部和海军设置某些专业性法律顾问处、在第二炮兵旅级以上部队开始编设律师之外,①海军、空军、第二炮兵至今仍享受着"差别待遇"。②

第三,我军军队律师业务的军事色彩不浓厚,法律顾问的军事素质不高,军队律师的主要精力放在国内法方面。能够胜任战争法的传播与训练工作的法律顾问并不多,能够运用战争法为军事行动提供法律建议的参谋人员更属凤毛麟角。

(四)传播与训练的方法和手段

我军进行战争法传播与训练的方法比较笼统,没有按照"任务—能力—方法"来设置不同的传播与训练方法,基本上是套用我军"院校教育"和"部队教育"二分制的教育训练体制。

目前,战争法已被纳入我军各级军事院校的法律课程,并列入部队的训练大纲。我军的政治院校汇集了一批战争法专家,设有国际法教研室,专门研究和讲授战争法。我军的最高学府国防大学,每年都要为军师级干部举办几期学习班,专门讲授战争法。在中国人民解放军军事科学院培养的博士生中,也有以战争法作为专门研究方向的。部队的战争法教育,主要是与政治教育和军事训练结合进行的。③

我国已翻译整理了一批以战争法条约为主的战争法文献,军事法学界也编辑出版了一系列战争法教材,这些都可作为战争法传播与训练的基本手段。

---

① 参见中华人民共和国国务院新闻办公室:《2006年中国的国防》。
② 参见李青林:《军队律师编制须尽快完善》,《中国律师》2001年第8期。
③ 参见中华人民共和国国务院新闻办公室:《2002年中国的国防》;何小东:《中国的人道传统与中国人民解放军武装冲突法的传播与训练》,朱文奇主编:《国际人道法文选》(2001—2002),商务印书馆2004年版,第131—132页。

当前我军极有必要出台一套分别适用于各军(兵)种的军事手册,既充当战争法传播与训练的基本教材,又作为从事这项工作的规范性文件。

四、我军进行战争法教育与训练的编制

编制是指组织机构的设置及其人员数量的定额和职务的分配。要在我军建立起战争法教育机制,必须从"定编"二字入手,设置机构、编配人员、确定职责,并在时机成熟时将其以军事立法的形式确定下来。

(一)人员

我军从事战争法教育与训练工作的人员,主要包括法律顾问与军事指挥人员。

法律顾问的职责是综合性的,①其任务包括向各自的指挥官和司令部提供咨询、处理由诉讼或仲裁引发的国内法律事务等,②其中也涉及战争法的教育与训练。然而,也正是这项工作是我军法律顾问群体最无法胜任的。

需要澄清的是,我军的"法律顾问"与战争法文本中以及某些外军编制的"法律顾问"有不同的内涵。第一附加议定书第 82 条规定:"缔约各方无论何时,以及冲突各方在武装冲突时,应保证于必要时有法律顾问,对各公约和本议定书的适用以及就此问题发给武装部队的适当指示,向相当等级的军事司令官提供意见。"这里的"法律顾问"相当于指挥机关的参谋人员。美军陆军部于 2000 年 3 月 1 日颁布的第 27—100 号战场手册《对军事行动的法律支

---

① 例如,我军的军队律师,是指依法取得律师资格,为其所在部队提供法律服务,维护国家和军队合法利益的现役军人。参见冯纯良:《军队律师若干问题研究》,《武警学院学报》2006 年第 4 期。美军陆军部第 27—100 号战场手册《对军事行动的法律支持》规定:军法署长工作班子的使命,是在所有军事行动中为各级司令部提供专业的法律支持,包括支持指挥、控制、维持以及人事勤务支援的军事行动法和六项核心法律规制。

② See Legal Adviser System in People's Liberation Army of China—Answers to the inquiry of International Society for Military Law and the Law of War for implementing article 82 of the first protocol (10-06-77) of the Geneva Convention.

持》则规定:担负顾问(counselor)职责的军法顾问(judge advocate)①"作为军事参谋,必须在了解军队、军队的历史以及指挥艺术的前提下进行计划、训练和协调。他们必须经常不断地、孜孜不倦地凭直觉和理性把握司令部的利益和目标。作为律师,必须研究、分析、谈判、调解。通过把法律和军事两大领域的知识和技能相结合,提高决策进程并促成有效的、合乎道德的、合法的作战任务的达成。"这里的"法律顾问"是指具有律师身份的军事参谋。而我军的法律顾问从事的工作属于我军政治工作的一部分,他们的身份或是政治军官,或是文职干部。

战争法的教育与训练本应属于军事训练的一部分。根据《中国人民解放军军事训练条例》的规定,军政首长是军事训练的领导者和组织者,司令机关是训练工作的落实者,政治、后勤、装备机关则协助司令机关保障军事训练任务的完成。由于我军实行"军政军令合一型"的指挥体制,司令机关即指挥机关,其人员主要由参谋长和参谋人员构成,参谋人员的作用主要表现在辅助决策,计划组织,协调控制。② 平时的战争法教育与训练和战时战争法的运用均属于军事参谋人员的职责范围。再者,法律顾问作为穿着军服的法律人,"不断提高现代作战的指挥能力,坚决完成作战任务"是法律顾问第一要务,法律只不过是其履行特殊职责的特殊武器。法律顾问首先应当是懂战争法的军事参谋,其次才是懂指挥艺术的律师。但当前我军法律顾问不懂指挥,指挥人员不懂法律,法律知识与指挥艺术无法实现对接。

综上所述,我军进行战争法教育与训练的人员身上存在着两大缺陷:一是军队律师普遍军事素质不高,二是绝大多数军事指挥人员不了解战争法。对此,笔者提出"四步走"改革方案:

第一步,鼓励军队律师和指挥人员研习战争法,目的是在我军内部普及战争法的基本知识,激发各级人员对战争法的兴趣和提高学习自觉性,夯实基础。

第二步,从军队律师中遴选战争法素质过硬者挂职同级司令部任参谋;选

---

① 依据《统一军事司法法典》(Uniform Code of Military Justice)第 1 条第十三项,"军法顾问"是指下列人员:陆军或海军军法总署的军官;空军、海军陆战队、海岸警卫队指定为军事法律顾问的军官。军法总署设在各军种的参谋部或部长办公厅。

② 参见任海泉主编:《军队指挥学》,国防大学出版社 2007 年版,第 105 页。

拔军事素质较高的指挥人员参加战争法的高级培训班以系统学习战争法的知识和技能,实现"交流"。

第三步,在师(旅)以上部队实现战争法顾问的专业化和专职化,在其军队律师中选拔既懂战争法又懂军事的人员作为专业的战争法顾问和专职律师,兼行政治工作和参谋工作,或定期让他们轮流到司令机关代职。考虑到"我军现有的军队律师中,大多数是兼职人员,正式纳编的还不到200人,陆军集团军和二炮部队旅以上政治机关也只编配1名军队律师,而海、空军部队目前还没有编配",①必须完善军队律师编制:首先,适当扩充军队律师的编制数量;其次,在战区的法律顾问办公室内设立专职的战争法顾问小组,必要时还可派出战争法顾问小分队,在战时配属战役方向联合作战军团、在和平时期则不定期地下到军团、兵团乃至部队一级进行业务指导。

第四步,维持在团以下部队不编设军队律师的现状,但考虑到高技术条件下的局部战争指挥层次逐渐减少,要对团、营、连、排作训参谋进行强制性的战争法培训,使其具备进行战争法的教育与训练、为作战计划的制定提供战争法咨询的能力。

(二)机构

我军进行战争法教育与训练的机构一直很不明确,因此,应当整合现有机构,明确职责,理顺关系,形成合力。开展这项工作的机构可划分为四个层次:

1. 中央军事委员会

中央军委领导和统一指挥全国武装力量,领导和管理人民解放军的建设,决定人民解放军的体制和编制,②对战争法的教育与训练负有领导和指挥职责。中央军委法制局可编制《中国人民解放军战争法教育训练纲要》(以下简称《战争法纲要》)等相关军事立法的规划、计划,组织总参谋部、总政治部等有关部门实施;审查各有关部门向中央军委呈报的有关战争法教育与训练的法规草案;检查监督这类法规的执行情况;协助总政治部拟制军队律师的培训计划,培

---

① 焦志亮:《揭开军队律师的神秘面纱》,《法律与生活》2007年第6期。
② 参见中华人民共和国国务院新闻办公室:《2006年中国的国防》。

训法律顾问;研究战争法理论,开展战争法教育与训练的学术交流;等等。[1]

2. 总参谋部和总政治部

总参谋部的主要职权包括拟制军事工作规划和法规,组织领导军事训练;总政治部的主要职责涵盖保证党的路线方针政策和国家的宪法、法律在军队的贯彻执行,拟制政治工作法规。[2] 总参谋部和总政治部可以共同作为战争法教育工作的主管机关。两部可提请中央军委制定《战争法纲要》,或共同拟制适用于全军的该条例;也可以共同制定适用于全军的与战争法教育与训练相关的军事规章(例如《战争法纲要实施细则》),或者就属于各自职权范围的事项分别制定适用于全军的相关军事规章(例如《司令机关组织领导战争法教育训练的规定》、《军队律师承担战争法教育训练工作规则》)。总后勤部和总装备部应保障《战争法纲要》在各职能系统内的贯彻执行。

3. 各军(兵)种、各大军区

各军(兵)种和各大军区可依据《战争法纲要》,分别制定发布以各军(兵)种和各大军区战争法教育训练"规定"、"规则"、"办法"、"细则"、"标准"等命名的军事规章。各军(兵)种和战区领导机关的司令部和政治部负责战争法教育与训练工作的实施,隶属于政治部的法律顾问处(办公室)以及司令部的作训参谋联合开展具体业务,后(联)勤部和装备部配合工作。

4. 军团、兵团、部队[3]

军团、兵团、部队是战争法教育训练任务的最终执行者和实现者。它们没有军事立法权,但都设有司令机关、政治机关、后勤机关、装备机关。司令机关和政治机关可以共同安排战争法的教育与训练任务,后勤机关和装备机关则负责后勤保障工作和装备保障工作,安排后勤系统和装备系统的教育训练。司令机关主要采取实兵演练即军事训练的方式,政治机关主要采用课堂讲授即教育的方式。

---

[1] 参见杨福坤、朱阳明主编:《军事法学词典》,国防大学出版社1993年版,第35页。

[2] 参见孙志清:《新时期军校教育应注重武装冲突法教学》,曾庆洋、姚文怀主编:《新时期军事斗争与法制建设》,军事科学出版社2004年版,第205页。

[3] 人民解放军的分队(营、连、排、班)不设机关。

五、我军进行战争法教育与训练的对象和内容

笼统地来说,中国人民解放军的全体成员都是战争法教育与训练的对象,战争法的所有内容①都应纳入我军战争法教育训练体系。然而现实中,进行战争法的教育与训练应立足于现行编制体制,区分军(兵)种、层次和职能,分别编制战争法教育与训练的大纲、教令、教程,采用不同的教学法,分目标、分阶段、分重点、分类组织实施。

我军进行战争法教育与训练的对象主要包括:法律顾问、指挥人员、作战(保障)部队的士兵。笔者将从目标、内容、教学法等方面分别对这三类人员的战争法教育与训练的组织实施作一简要论述。

(一)法律顾问

法律顾问的身份和职责可以概括为三个词:律师、宣传、参谋。其培养目标可以表述如下:

1. 熟练掌握战争法的知识体系以及与军事行动相关的其他部门法规则,并能融会贯通、运用于实践;

2. 根据战争法教育与训练的任务、要求和官兵的思想实际,对他们进行战争法教育,提高他们遵守和运用战争法的自觉性;

3. 了解相应的军事知识和业务技能,掌握本级部队的指挥训练内容,在训练和作战中,以提供法律咨询的方式,协助司令机关拟制训练计划和安排施训,帮助指挥员定下决心、实施作训方案。

当前,我军法律顾问主要来源于军队指挥院校培养的拥有法学学位或具有法学专业知识的政治军官(文职干部),以及从拥有法学学位或具有法学专业知识的地方院校的国防生中选拔。笔者试着为他们提出一套通用的

---

① 对我军而言,战争法的所有内容,是指规范武装敌对行动的那一部分国际法,它经常被称为"武装冲突法"。战争法涵盖所有约束我国我军或其公民和军人个体的敌对行动的国际法,它包括我国作为一方当事国的条约和国际协定,以及可适用的习惯国际法。

课程设置①：

1. 学位公共课

军事法学概论、军事学基础理论

2. 学位专业课

战争法、军制学、军队政治工作学、军队指挥学

3. 选修课

国际法、军事行政法、外国军事法、律师学、战争史、战略学、战役学、战术学、军事训练学

这套课程体系可以直接用于我军政治院校军事法学专业的本科层次学员，学员毕业后可被分配到陆军序列各级政治部门任法律顾问；在研究生教育层次，要以培养应用型人才为主，可有意识地向"专"或"泛"②两个方向发展，毕业后或可被分配到中央军委、总参谋部、总政治部、各军(兵)种、各大军区从事与战争法教育训练有关的立法工作，或进入各大军区法律顾问办公室，或成为军事院校的教员。各军(兵)种指挥院校军事法学专业可结合军(兵)种特色，对该课程设置进行修改，毕业后可充任所在军(兵)种各级政治部门的法律顾问。国防生可根据其所在的军(兵)种，比照军校学员进行培养和分配。

在讲授战争法课程的过程中，从一开始就应让学员(国防生)接触战争法条约(中英/法文)，在入门阶段，以基础教材的学习为主，辅之以重点条约的阅读；之后建议学员(国防生)选修战争史课程，或阅读军事知识普及读物，了解战争形态的演变对战争法发展的影响以及战争法的实际运用价值；第三阶段，应引导学员(国防生)重新研习战争法条约和相关文献，并辅之以经典战争法教材(推荐夏尔·卢梭的《武装冲突法》)，同时学习军队指挥学、军事训练学等参谋课程，研究具体作训计划，为将战争法应用于实战做准备。

---

① 需要强调的是，该课程设置仅构成军校学员或国防生本专业课程体系的一部分，起到补充现有课程、加强培养从事战争法教育与训练的法律顾问的针对性的作用。

② 这里的"专"是指具有从事战争法教育与训练的专家顾问型业务素质，也就是拥有其他人员所没有的能力，比如出具战争法意见书、战争法预案等文书；侦查、搜集和报告我军和敌军违反战争法的证据材料；向战争犯罪嫌疑人提供法律服务，等等。这里的"泛"是指拥有广泛的知识和技能，掌握各部门法的知识体系，熟悉各军事学学科的基本内容，了解各军(兵)种的作训方式，懂得武装斗争的三个层次的指挥常识，等等。

（二）指挥人员

指挥人员由指挥员（各级军政首长）、指挥机关（各级司令部）、人员（参谋长和参谋人员）和各种指挥保障人员组成。① 在战争法的教育与训练中，指挥员和指挥机关所处的地位举足轻重：第一，军政首长是军事训练的领导者和组织者，在作战决策中占据主导地位；第二，司令部起着保障首长正确定下决心和保障实现首长决心的重要作用；第三，指挥人员同士兵直接接触，直接影响着士兵对战争法的态度。对指挥人员的培养目标可以表述为两项：

1. 具有在日常的军事训练中进行战争法教育与训练的意识，能熟练地编制以熟悉战争法规则为目的的想定作业并组织实施；

2. 在实施作战行动的各个环节遵守或确保遵守战争法，综合运用战争法的诸种战法进行一系列对抗活动。

我军的指挥人员主要来源于从军队指挥院校毕业的学员和从地方高等院校毕业的国防生。应当为他们编写一套简明扼要、操作性强的教材。由总参谋部牵头，各军（兵）种负责具体实施，组织相关军事科研机构和军队院校编制以战争法基本规则为内容的军（兵）种"军事手册"（应当包括《陆战法》、《海上军事行动法》、《空战法》三大基本手册），经过一段时间的试用、修订、定型后，可以将其上升为具有强制性的各军（兵）种贯彻执行中央军委《战争法纲要》的军事规章。这种"军事手册"应当将战争法的基本规则与实战中的各种作战样式相结合、将院校教育与部队训练相融通。第二炮兵可以准用《陆战法》手册；后勤指挥学员和装备指挥学员则可以按照所在军（兵）种分别遵守相应的"军事手册"。

对指挥院校学员的战争法教育同样适用于专业技术院校学员，只是侧重点有所不同。目前，军队院校在战争法教育上普遍存在着重指挥学员轻专业技术学员的倾向。但是，在军事科技领域，"军事必要"和"人道要求"这一对矛盾的协调处理已具体化为"既放手发展符合我国国情和军情的高新武器装备和技术，又防止把有限的资源投向已为战争法所不允许、为战争法的精神不

---

① 参见任海泉主编：《军队指挥学》，国防大学出版社2007年版，第104页。

容、或由于战争法的发展将很快被禁止的武器装备或技术上"①,这要求专业技术人员在发展规划与计划和预研阶段就心中有数,加强监督和检查。对专业技术人员进行战争法教育,重点应放在战争法关于限制作战手段、规定军控和裁军以及确定军队医务人员、战地记者地位等部分。

《陆战法》手册可以包括以下几方面内容:陆战法的基本规则和原则;作战行动;伤者病者;战俘;平民;占领;交战国的非敌对关系;对违反国际法的行为的救济和战争犯罪;中立。

《海上军事行动法》手册可以分为海上平时行动法和海战法两部分:前者包括海洋和空气空间的法律划分、军舰和军用航空器的国际地位和航行规则、海上人员和财产的保护以及海事法的执行、中国海上环境利益的保护措施;后者涵盖海战法的基本规则和原则、海战中立、海上作战区域、海战武器(常规武器和大规模毁灭性武器)、海战目标选择、海战中的欺骗、海上封锁、海战中的非攻击性措施、海战中非战斗人员(伤者病者遇船难者、战俘、平民)的保护、海战中的战争犯罪。

与陆战法和海战法相比,空战法的发展和编纂水平较低,目前唯一可以称得上集大成者的于1922年12月至1923年2月由法学家委员会起草于海牙的《空战规则草案》又尚不具备法律效力,因此,《空战法》手册的编制要困难许多。笔者认为,可以借鉴陆战法和海战法的结构体系,参考《空战规则草案》,来编写《空战法》手册:空战法的适用对象和基本原则;空战中的中立;作战行动(空中轰炸和对空攻击等);空战中的非攻击性措施(拦截、临检、搜查和拿捕);空战中非战斗人员的保护;空战中的战争犯罪。②

当学员毕业成为正式的指挥人员之后,在日常的部队训练(尤其是演习)中,建议指挥人员人手一册作为各军(兵)种"军事手册"简编本和通用本的

---

① 参见孙志清:《新时期军校教育应注重武装冲突法教学》,曾庆洋、姚文怀主编:《新时期军事斗争与法制建设》,军事科学出版社2004年版,第205页。

② 以上关于我军"军事手册"的编写建议参考了以下资料:美军陆军部第27—10号战场手册《陆战法》;美军海军部第1—14M号海战出版物《海上军事行动法指挥官手册》;吕北安、宋云霞编著:《海军海上行动法教程》,解放军出版社2003年版;阎振远:《〈空战规则草案〉与空战法初探》,《法学杂志》1999年第4期。

《战争法指挥官手册》。① 在部队训练和演习行动中,主要训练指挥人员实际运用战争法的能力。随着我军加快军队院校教育由学历教育为主向岗位任职教育为主转型,②岗位任职教育院校可以为指挥人员提供在职战争法培训,帮助指挥人员及时总结实际工作经验并提出建议。

(三)作战(保障)部队的士兵

作战(保障)部队的士兵③构成参与军事行动的人员主体,他们对战争法的态度和践行程度决定了其所属的武装部队的整体形象,特别是那些参加联合国维持和平行动和多国联合军事演习的士兵。他们是我军进行战争法教育与训练的又一个重要对象,对"蓝盔"部队和参演部队的士兵还要进行专门的强化培训。其教育(训练)目标可以概括为:使士兵形成符合战争法规则的主动反应,并使他们确信对战争法的尊重构成我军纪律的一部分。

在士兵中开展的战争法教育与训练工作,应避免太过抽象,应当让士兵直接接触同他们将来作战时可能遭遇的具体情况尽可能相似的场景。具体原则有如下述:

1. 要让士兵坚信开展战争法教育与训练确有必要

必须尽可能地唤起士兵心中的人道情感和仁爱之心,并让他们懂得战争法也能够成为军人的特殊武器。

2. 对士兵的教育与训练必须由直接上级来实施

最适合于灌输战争法规则并能取得最好效果的人员是同士兵直接接触的分队指挥人员(营、连、排、班的指挥人员,包括军官和军士长)。

3. 战争法的教育与训练必须构成军事训练的一部分

---

① 由红十字国际委员会编写的《指挥官概则》就可以作为《战争法指挥官手册》的蓝本。《指挥官概则》包括110个条目,分别属于十个方面的内容:相关术语;武装冲突的控制;指挥职责;指挥的实施;作战的实施;战斗中的行为;运输;后方地域;占领;中立。红十字国际委员会:《战争法精粹》。

② 参见中华人民共和国国务院新闻办公室:《2006年中国的国防》。

③ 作战部队的士兵包括各军(兵)种的战斗兵种和火力支援兵种的部队、分队的士兵;作战保障部队的士兵包括军队中直接保障作战指挥机构和战斗部队遂行作战任务的侦察、通信、电子对抗、工程、防化、测绘、气象等部队、分队的士兵。参见沈雪哉主编:《军制学》,军事科学出版社2000年版,第302—303页。

战争法的教育与训练应当同日常军事训练相一致。这也有助于士兵将执行战争法和遵守分队纪律结合起来。

4. 战争法的教育与训练必须做到分类指导、勤俭练兵

在让作战(保障)部队的全体士兵都完成战争法教育与训练的共同科目的前提下,应根据受训单位和受训人员的级别和职责对传授的战争法内容有所选择,使各类参训人员能在同一时间里采取不同的过程和相应的方法手段分级施训。①

5. 战争法的教育与训练必须有简明性和持久性

这项工作的目标是使士兵获得正确的反应行为,而不是把他们培养成精通战争法的专家,因此,有必要为他们编制一本叫做《士兵守则》的简明扼要的战争法指南,以帮助他们在紧张的训练过程中和危险的作战环境下仍能保持相对清醒的头脑。我军可以将红十字国际委员会编制的用于指导连或其他类似级别部队训练的《战斗中的行为准则》②作为作战(保障)部队士兵人手一册的《士兵守则》。士兵为养成在军事行动中出于本能地遵守战争法的习惯,必须反复进行演练,不能一曝十寒,徒具形式。

6. 战争法的教育与训练必须有实践性和真实性

必须遵循精讲多练的原则,应抓住重点、难点,并把战争法知识的讲解与运用战争法进行实兵演练结合起来,边讲边练,以练为主,使士兵在反复的训练中,学有所得,知有所用。实兵演练应同严酷和真实的战斗场景密切结合,使受训者身临其境,进入角色。这里推荐使用一种基本上可以反映战争法实

---

① 举例说明:在一次营规模的战斗演习中,某工兵连在1个摩步连(辖3个摩步排和1个重机枪排)的掩护下,在某地雷布设区进行排雷作业。突然,一名士兵踩发了一枚饵雷,当场死亡,另外三名士兵受重伤,这枚饵雷是连接在一具山羊尸体底下的。同时,重机枪排又在附近的树林里发现了一名受伤的敌方士兵,于是,愤怒的士兵们要求排长让这名俘虏在饵雷布设区开辟通路。这次战斗演习中,工兵连和重机枪排的士兵分别获得了不同的战争法知识:工兵连连长应告诉士兵,禁止使用以任何方式附着或连接在下列人员或物体上的饵雷……10.动物及其尸体;重机枪排排长则应告诉士兵,被俘获的敌方战斗员不应再受到攻击,在战俘等候自战斗地带撤退时,不得强迫其从事具有军事性质或目的的任何行动,应给予其必要照顾(如包扎)。

② 《战斗中的行为准则》的具体内容如下:作战规则:1.只能作战人员进行战斗;2.只能攻击军事目标;3.不能伤害和损害平民和民用物体;4.根据作战任务需要对破坏程度和范围加以限制。投降的敌方作战人员:1.不伤害他们;2.解除其武装;3.给他们以人道的待遇并加以保护;4.向上级移交。敌军伤者:1.收容他们;2.照顾他们;3.向上级移交;4.……或交给距离最近的医务人员。平民:1.尊重他们;2.在权力范围内给其以人道的待遇,禁止进行报复和扣为人质;3.尊重其财产,禁止毁坏和盗窃。转引自红十字国际委员会:《战争法精粹》。

兵演练全貌的计划表(表2)①。

　　士兵从入伍之日起,就要开始在其心中树立"战争法"的概念,在共同科目中穿插战争法入门课。在两年服役期间,战争法的教育与训练应在广度和深度两个维度全面铺开,不仅要让士兵掌握战争法的一般知识和所在军(兵)种的特殊要求,而且应当尽可能地让他们理解这些规定的意义。可以组织官兵共同讨论,再通过战术演练,强化士兵对战争法基本规则的熟悉度和对现实环境作出正确主动反应的灵敏度。有条件的部(分)队还可以采用仿真模拟式教学法,如把战争法的保护性标志做成仿真器材供士兵在军事训练中反复辨识等。② 对士官(尤其是担任班长或编制职务相当于班长的士官)的教育(训练)目标应超过对士兵的要求,可以参照指挥人员的标准低一层次进行。

六、结　论

　　目前我军的教育与训练现状可以概括为"规模初具、体系未成"。笔者试图用一张为我军设计的战争法教育与训练计划表来结束本篇论文。

---

① 这是一张填好的以一个步兵排攻击敌方目标的训练计划表(表2):

表2　某步兵排攻击敌方目标的训练计划表

项目	内容
1. 参训人员	步兵排
2. 训练目的	掌握如何正确对待被俘获的敌方战斗员
3. 一般训练计划	
(1)训练负责人	连长
(2)方式	实兵演练
(3)地点	野外,不同地形
(4)时间	该排的各次战术活动和战术演练
4. 训练的详细说明	——步兵排攻击敌方目标(简要地叙述该过程)——俘获一名敌方战斗员——解除武装——人道待遇和必要时的保护——如受伤则给予治疗——后运的组织

② 参见李晓峰、丛文胜主编:《法律战讲座》,解放军出版社2006年版,第156页。

中国人民解放军战争法教育与训练计划表

项目	内容
1. 法律与政策	《中华人民共和国国防法》、《中华人民共和国刑法》、《中国人民解放军纪律条令》、《中国人民解放军政治工作条例》、《中国人民解放军法律战纲要》
2. 规范教育(训练)的军事法规(规章)	《中国人民解放军战争法教育训练纲要》(待拟);总部、各军(兵)种、军区《战争法纲要实施细则》(待拟)
3. 实施教育(训练)的机构与人员	主要是各级部队的法律顾问和军事指挥人员
(1)领导机关	中央军事委员会
(2)主管机关	总参谋部、总政治部
(3)实施机关	各军(兵)种、大军区、军团、兵团、部队的司令机关和政治机关
4. 教育(训练)对象	全体军人,主要是各级部队的法律顾问、军事指挥人员、作战(保障)部队的士兵、军队院校学员
5. 教材	以战争法条约(最重要的是 1949 年日内瓦四公约及 1977 年两个附加议定书)为主的战争法文献;军事法学界编辑出版的各类战争法教材;各军(兵)种的"军事手册"(待编);《战争法指挥官手册》(待编);《士兵守则》(待编)
6. 教学法	坚持区分层次、分类分阶段组织实施,课堂讲授和实兵演练相结合
(1)对法律顾问、军事指挥人员的教育(训练)	在军队院校完成基础知识的学历教育,任职期间主要培养应用技能
(2)对作战(保障)部队的士兵的教育(训练)	在军事训练和实兵演练中养成依照战争法做出主动反应的习惯

The Current Arms Trade Treaty Initiative and China

Liu Yiqiang[*]

It has been an undeniable truth for the international community that with no legally-binding international agreement on the transfer of arms, weapons can move easily across the world to regions of conflict and to countries known for human rights abuses, fuel and sustain conflict, destroy lives and undermine development. [①] Therefore, to introduce a comprehensive treaty aiming to regulate the transfer of all conventional arms-the Arms Trade Treaty ("ATT") has long undergone discussions and was introduced into the agenda of the United Nations. [②]

1. Background of the ATT Initiative

A global, legally-binding Arms Trade Treaty was first proposed in mid-1990s by a few international non-governmental organisations ("NGO"). It remained an NGO initiative until it was picked up by Oscar Arias, the current President of Costa

---

[*] The author is a qualified lawyer in China and now working with International Committee of Red Cross East Asia Delegation as a legal officer. The author would like to thank Bernardo Mariani from Safer World for his helpful comment.

① See European Union's position paper in 2008, available at : http://www. europa-eu-un. org/articles/en/article_6363_en. htm.

② See UNGA resolutions 46/36 L (1991),51/45 N (1996),51/47 B (1996) and 56/24 V (2001), 60/69 (2005), and 60/82 (2005).

Rica and a few other Nobel Peace Laureates. Through Oscar Arias, Costa Rica became the first state to sign up to the idea of a treaty to regulate conventional arms transfers.

What is now referred to as the ATT initiative has been through various stages of formulations since it was first proposed. It went through several years of slowly gaining some private, theoretical support from a variety of states. Later in March 2005, Jack Straw, the then UK Foreign Secretary, announced that the UK was throwing its weight behind an ATT. This proved to be the catalyst to take the idea to a new level. In 2006 the UN General Assembly, recognizing the devastating consequences of the absence of common international standards on the transfer of conventional arms and acknowledging the growing support for a legally-binding instrument to establish such common international standards, adopted the Resolution 61/89. This resolution called on states to submit to the UN Secretary General their views on the feasibility, scope and draft parameters of an ATT and the UN Secretary General will later submit a report ("Secretary-General Report") on this subject at its 62nd session (2007) and for a Group of Governmental Experts ("GGE") to study the same questions and submit its own report ("GGEReport") at its 63rd session (2008). [1]

The vastmajority of states-153-voted in favor of this resolution. 24 countries abstained, including some very important players, such as China, Russia, India, and Pakistan. [2] Only one state-the United States of America voted against the resolution. [3] Starting from 2006, efforts towards an arms trade treaty have been a fixed item on the agenda of the United Nations.

---

① *See* UNGA resolution A/RES/61/89 (2006).

② Other states abstaining including Iran, Iraq, Israel, Libya, Nepal, Qatar, Saudi Arabia, Sudan and Zimbabwe.

③ http://daccess - dds - ny. un. org/doc/UNDOC/GEN/N06/644/33/PDF/N0664433. pdf? OpenElement.

Secretary–General Report (2007) and GGE Report (2008)

In total, 101 states submitted their views to the Secretary-General, with by far the majority being very positive. The Secretary-General Report later came out on 17 August 2007 which included submissions from 94 states and the European Union who had submitted their views in time. ①A 28–strong GGE including experts from all the permanent members of the Security Council was chaired by Ambassador Roberto García Moritán of Argentina, met three times in 2008 and later delivered a consensus report to the Secretary-General.

The GGE Report concluded that in view of the complexity of the issues of conventional arms, "further consideration of efforts within the United Nations to address the international trade in conventional arms is required on a step–by–step basis in an open and transparent manner to achieve, on the basis of consensus, a balance that will provide benefit to all". ② Discussions in the GGE were sometimes challenging, however it was agreed that discussion should continue. They further agreed that this discussion should continue in the UN, with a wider participation than the GGE states.

Resolution A/RES/63/240 and Open-ended Working Group (2008)

After the GGE report was completed in 2008, the chairperson of the group transmitted the report to the UN Secretary-General who in turn submitted the report to General Assembly in the same year. The General Assembly recognized the efforts that needed to be attached in this regard and in December 2008 passed Resolution 63/240, which established an Open–ended Working Group to make further progress towards an ATT. In 2009, the Open–Ended Working Group held two meetings which allowed all States to further contribute to the debate.

---

① This number later continued to increase to 101 after this report, *See* para. 2 of the GGE Report, available at http://daccess-ods. un. org/TMP/1116254. 62770462. html.

② GGE Report *supra* note 6, para. 27.

Resolution A/RES/64/48 and the ATT PrepCom (**2009**)

At the end of 2009, after several rounds of discussions and debates, the UN General Assembly passed the resolution 64/48 to negotiate a "strong and robust" ATT and agreed a timetable to achieve an ATT. This resolution was endorsed with a final vote of 151 in favour, 20 abstaining and one (Zimbabwe) against. Significantly, for the first time the USA voted in favour of the treaty initiative. According to the resolution, the ultimate goal was to elaborate an ATT, which should be "legally-binding instrument on the highest possible common international standards for the transfer of conventional arms" at a UN negotiating conference in 2012. Prior to that, four preparatory meetings of the Preparatory Committee ("PrepCom") were scheduled to take place during 2010 and 2011 to make recommendations to the United Nations Conference on the Arms Trade Treaty on the elements that would be needed to attain an effective and balanced legally binding instrument. At the time of this writing, three PrepCom meetings have already been convened, the first PrepCom meeting from 28 February to 4 March 2010, the second PrepCom meeting from 11 to 15 July 2010, and the third PrepCom meeting from 11 to 15 July 2011. The last PrepCommeeting, on procedural matters, is scheduled in 2012, before the 2012 UN Arms Trade Treaty conference.

At the first two weeks of PrepCom, the concept of an ATT received almost universal acclaim, with delegates all over the world discussing the possible principles, goals and objectives of an ATT, as well as specific elements that an ATT would need to include. Delegates' ideas were collected by the Chair of the negotiation process, Ambassador Moritán, and presented at the end in a Chairman's Draft Paper. [1]

Separate facilitated sessions were devoted to consideration of the scope, the parameters (i. e. the issues that would determine whether arms transfers should or should not be authoriyed), and the implementation of an ATT. Three "friends of

---

[1]   Available at: http://www.adh-geneva. ch/RULAC/pdf/ChairmanDraft22. 07. 2010. pdf.

the chair " facilitators provided facilitator's summary of the scope,① the parameters② and the implementation③ to summarize the results of these sessions.

Shift in the US Position

Another important development of this ATT process has been the shift in the position of the USA. The position of the USA , the world's largest arms exporter (40 percent of the global conventional weapons) , is a very important factor when negotiating an ATT. When the ATT resolution was first introduced at the UN , the USA voted against such resolution on the grounds it believed that because of the need of reaching a compromise with countries having poor norms and policies , the norm agreed through an ATT would be of a lower standard than existing US legislation on arms transfer controls. Therefore , it believed national controls , in essence its own domestic control , were better fit to regulate than an international treaty. Later , the Obama Administration decided to overturn such position in a statement released by Secretary of State Hillary Clinton and the State Department on 14 October 2009. Secretary Clinton announced that the USA would support the negotiation process on condition they are " under the rule of consensus decision-making needed to ensure that all countries can be held to standards that will actually improve the global situation. " Clinton said the consensus was needed "to avoid loopholes in the treaty that can be exploited by those wishing to export arms irresponsibly". ④

This shift of the US position is a major breakthrough for the formal negotiations taking place at the United Nations. However , a strict interpretation of the consensus rule , in which every nation , no matter how small , has an effective

---

① Available at : http ://www. adh-geneva. ch/RULAC/pdf/Scope-22. 07. 2010. pdf.

② Available at : http ://www. adh-geneva. ch/RULAC/pdf/Prameters-22. 07. 2010. pdf.

③ Available at : http ://www. adh - geneva. ch/RULAC/pdf/Implement - and - applica - 22. 07. 2010. pdf.

④ *See* USA's position paper on ATT " U. S. Support for the Arms Trade Treaty ", available at : http ://www. state. gov/secretary/rm/2009a/10/130573. htm.

veto on the final agreement may prove to be problematic in the final stages of negotiation of the treaty.

2. Current Status of ATT Process

When the first UN ATT resolution was passed in 2006, Member States were asked to comment on the feasibility, scope and draft parameters of a possible comprehensive and legally binding instrument. With the deepening of the discussions, the focus had shifted towards the actual content and implementation of a future treaty. The following section will briefly discuss some of the key elements of the text of a future ATT that have been discussed amongst states.

Feasibility–Is an ATT Possible or Desirable?

An overwhelming majority of the states is in favour of developing an ATT and believes such a treaty is feasible. As stated above, 153 states voted in favour of the ATT resolution in 2006 while 24 states abstained.

At the time of the Secretary-General Report in 2007, 101 states submitted their views on a possible ATT, including seven countries that without rejecting in principle the idea of an ATT, expressed various forms of skepticism. They are China[1], Russia[2],

---

[1] China submitted that the necessity to negotiate a specific treaty to re-establish common guidelines for arms trade, and the relation between the treaty and the existing conventional arms transfer principles and mechanisms at the international, regional, subregional and national levels, need to be further discussed in a comprehensive and cautious way by the international community on the basis of universal participation. See more in the section below.

[2] Russia pointed out that "disagreements between States have made it impossible to achieve appreciable results" in the context of efforts to combat the illicit trade in small arms and light weapons, citing the outcome of the 2006 Review Conference as an illustration of this. Russia went on to conclude that "it is obvious that it is still more difficult to agree on global rules for legal transfers of all types of conventional weapons without jeopardizing legal trade and the right of States to self-defense."

India①, Pakistan②, Egypt③, Venezuela④ and Israel⑤. Although their considerations and concerns vary, those seven states remained general skeptical.

With the time passing, especially after the 2009 ATT resolution was adopted, the feasibility of a treaty is no longer the key issue under discussion in most of ATT related forums. ⑥ It seems that most states accept that a future ATT is eventually coming despite the different approaches states may have. It is against this background, China's position on ATT started to shift from skepticism to being more pragmatic, limitedly supporting the Arms Trade Treaty initiative and the future Arms Trade Treaty.

Scope of an ATT

There are several ongoing debates on the exact scope of an ATT would cover, in particular on the definition of the exact weapons the treaty would include (categories of weapons that should be addressed); the transactions and activities it

---

① India stated that "it is premature to begin work on a comprehensive, legally binding instrument establishing common international standards for the import, export and transfer of conventional arms", and emphasized the need to implement existing obligations, in particular those under the UN Program of Action, and to enhance transparency in transfers of conventional weapons.

② Pakistan stated that "an Arms Treaty which addresses the transfer of arms but not their development, production and deployment will be internationally inequitable against countries which do not themselves produce conventional armaments. It will, therefore, prove difficult to conclude or implement."

③ Egypt, noting the success of the UN Programme of Action to combat the illicit trade in small arms, suggested "regulating trade in conventional arms through a politically binding document, but not necessarily a legally binding convention".

④ Venezuela stated that it "does not support this initiative" in part because the Programme of Action "already provides a platform for harmonizing international cooperation efforts in this area" and they therefore doubt that "the negotiation of an arms trade agreement can provide a genuinely effective means of addressing this issue". In addition, Venezuela noted that "the introduction of controversial initiatives such as this one, on which there is, as yet, no consensus and whose effectiveness is open to doubt, might be counterproductive to consolidation of the ongoing efforts at this level" in the form of existing regional instruments.

⑤ Israel expressed concern that an ATT might be too ambitious, and that it "may prove very difficult to adopt an agreed legally binding standard which would, on the one hand, reflect responsible and robust norms and on the other hand, be agreeable to states with varying levels of control of arms. An agreement that would reflect a very low common denominator may be counter productive to the goals set out in the ATT initiative".

⑥ Chairman's Draft Letter, *supra* note 8.

would regulate; and the restrictions or exceptions that would apply to it.

With regard to what weapons a future ATT should cover, there are some fundamental differences amongst states. While some states consider the need for clear definitions of arms and related items and there are, some others express a preference of a definition of broad and general nature. ① Nevertheless, some insightful suggestions have been made in this regard:

• reference could be made to the existing definition of arms and related items as well as transactions and activities, e. g. amended Protocol II of the Convention on Certain Conventional Weapons;

• the scope should remain adaptable and be able to accommodate regular reviews and updates and hence an annex of arms and related items as well as transactions and activities as it would allow the flexibility;

• a large number of states supports the inclusion of seven categories of the UN Register of Conventional Arms (Battle tanks; Armored combat vehicles; Large-caliber artillery systems; Combat aircraft; Attack helicopters; Warships; Missiles and missile launchers); in addition, some states voiced for the inclusion of small arms and light weapons (the so-called 7+1 configuration). ②

Defining the type of transfer activities to which an ATT should apply is another crucial element of its scope. ③ In addition to imports and exports, the international movement of arms includes a series of activities that have been identified during UN discussions on the ATT: re-export, temporary re-export, transshipment, transit, brokering, artisanal manufacture, technology transfer, manufacture under license, leases, loans, gifts, technical assistance, promotion, research, financing, and training. While there would be significant benefit in including all these activities within the scope of a future ATT, it remains to be seen what activities countries will eventually agree to include in an ATT.

---

① Facilitator's Summary for Scope, p. 1, *supra* note 9.

② Facilitator's Summary for Scope, pp. 2–5, *supra* note 9.

③ The definition of transactions and activities could include the physical movement of an item to/from national territory as well as the transfer of title to or control over the covered items.

The list of exceptions is probably the least disputed. Internal transfers, national ownership of weapons and antique weapons were among this list. ①

Parameters of an ATT

The term parameter is used to refer to the criteria used for authoriying arms transfers. The criteria suggested so far by states could be divided into five thematic clusters② :

- considerations based on existing obligations and commitments including whether the proposed transfer would be contrary to existing obligations and commitments including the UN Charter, Security Council resolutions—especially embargoes—and other regional and international commitments.

- considerations based on likely user including whether the arms might be transferred to criminal groups, terrorists or unauthorized non-state actors, or might be diverted to such end-users.

- considerations based on likely use including whether the arms to be transferred were likely to be used to violate human rights or international humanitarian law, ③ or to commit acts of genocide or crimes against humanity. ④

- considerations based on likely impact including whether the proposed transfer is likely to contribute to internal or regional stability, exacerbate an existing conflict or hinder sustainable development.

- considerations based on recipient including whether there are factors

---

① Facilitator's Summary for Scope, p. 1. 6, *supra* note 9.

② Sarah Analys is of the States' Views on an Arms Trade Treaty (2007), United Nation Institute for Disarmament Research, p. 1. 9–10, available at http://www. unidir. org/pdf/activites/pdf2-act349. pdf.

③ *See* the Statement of the International Committee of Red Cross on International Humanitarian Law criteria in an Arms Trade Treaty, available at http://www. icrc. org/eng/resources/documents/statement/ arms-trade-treaty-standards-statement-200710. htm.

④ Even though some have argued that, the reference of international human rights law and international humanitarian law could be too subjective and politicised and hence should not be included in the ATT. However, this argument misses an important point, which is that all states are already bound by international legal commitments to respect international human rights law and international humanitarian law. The international human rights law and international humanitarian law criteria of the ATT should reflect the universal standards that states have already adopted through the UN Charter and global treaties and conventions.

specific to the recipient state that should be taken into consideration, such as whether the recipient state has a record of human rights violations or other behavior that may make the proposed transfer inappropriate, whether the proposed transfer is likely to have an adverse impact on the socio-economic conditions of the recipient country, whether the proposed transfer exceeds the recipient state's legitimate defense needs, or whether corrupt practices are likely to affect the proposed transfer.

These parameters involve an assessment of the risk of an adverse impact because of the potential transfer, including the degree of that risk and the extent of its impact. In this regard, proposals on what is an unacceptable level of risk, which should result in denying an arms transfer, have made references to a "substantial risk" or a "clear risk" of violation of the future established criteria.

National Implementation and Application

The concept of an ATT is a pre-determined issue before addressing the issue of its national implementation. The states have to first decide whether they would desire a treaty model, which should be implemented solely at the national discretion or a treaty model that while acknowledging that decisions are to be taken at the national level, would also mandate an international secretarial body to assist in its implementation, enforcement, verification or even supervising and monitoring the treaty application.

Principles of an ATT

Principles are perhaps the least disputed part of a future ATT. There are at least two principles firstly seems will enjoy universal recognition among the states: that the inherent right to self-defense enshrined by Article 51 of the UN Charter shall be respected; and the second the states Parties enjoy the right to manufacture, import, export, transfer and possess conventional weapons for self-defense, security or participation in peacekeeping operations. ①

As the states are not vigorously debating on the non-binding principles, the Chairman of the PrepCom already composed a list of principles that possibly will be used:

  • the treaty should respond to adverse effects caused by the unregulated and illicit arms trade, including the human suffering resulting from armed violence, particularly for vulnerable populations;

  • the treaty should prevent international transfer of conventional arms that contribute to or facilitate: human suffering, serious violations of international human rights laws and international humanitarian laws, the displacement of people, translational organiyed crimes, terrorism and the illicit trade in narcotics thereby undermining peace, reconciliation, safety, security, stability and sustainable social and economic development. ②

3. China's Position Regarding ATT

China's Domestic Regulatory Regime of Arms Trade

The Chinese arms transfer control regime has been developed rather recently, but still predates the current ATT initiatives. The *Regulations of the People's Republic of China on Administration of Arms Export* jointly promulgated by the State Council (the Central government of China) and Central Military Commission of China in 1997 and amended in 2002 ("Arms Export Regulation") is the cornerstone of the Chinese arms export controls regime.

Article 2 of the Arms Export Regulation defines arms exports as:

"trade, export of equipment, special production facilities and other materials, technology and related services which are used for military purposes."

---

① Sarah Rarker, Analys is of the States' Views on an Arms Trade Treaty, p. 14, *supra* note 25.
② Chairman's Draft Paper, p. 2, *supra* note 8.

Arms export shall be included in the *Arms Export Administration List* formulated by "the competent arms export department of the State"① who shall "under the leadership of the State Council and the Central Military Commission, take charge of the arms export work throughout the country and exercise supervision and administration of arms export throughout the country".② The competent arms export department of the state are the State Administration for Science, Technology, and Industry for National Defense (SASTIND) and the People's Liberation Army's General Armament Department (PLA GAD). These two authorities later jointly issued the *Arms Export Administration List* in 2002 in which all the arms were categorized into 14 items.

According to these laws, arms exports shall be intensely regulated in law. Arms trading company are established on a license basis.③ They must have their proposals for arms export approved before they can enter into negotiations for arms export contracts.④ A contract of arms export shall be submitted for examination and approval⑤and the contract shall become effective only after it is approved.⑥ Arms trading company, before exporting arms, shall then apply an arms export license with the approval document for the contract. The customs shall accept declarations with the arms export license.⑦

One of the most valuable parts of the *Arms Export Regulation* is the principles it set for exporting arms. Article 5 of the *Arms Export Regulation* provides that the following principles shall be observed when exporting arms:

" (1) conduciveness to thecapability for just self-defense of the recipient country;

---

① Arms Export Regulation, Art. 2.
② Arms Export Regulation, Art. 3.
③ The establishment are licence based also. Also individuals are not allowed to engage in arms export business.
④ Arms Export Regulation, Art. 15.
⑤ Arms Export Regulation, Art. 13.
⑥ Article 15, Arms Export Regulation.
⑦ Arms Export Regulation, Art. 17.

(2) no injury to the peace, security and stability of the region concerned and the world as a whole;

(3) no interference in the internal affairs of the recipient country. "

In addition, as a matter of policy, China does not export arms to non-state actors; an end-user/usage certificate from the recipient state is required. China also does not allow arms to be re-sold to any third parties without its consent. ①

However, there has been little information on the implementation of such regulation not to say any reported cases that could shield some light on how the regulations, especially the above listed principles have been applied in reality. It is worth noticing for the sake of this article that under the *Arms Export Regulation*, the provisions of international treaties shall prevail. ②

The Initial Position of China on ATT

In its position paper on the ATT initiative, China has stated:

"China attaches great importance to the issue of regional instability and humanitarian crisis fuelled by illicit trafficking and the misuse of conventional arms as well assupports the international community in taking the necessary measures to regulate international arms trade and combat the illicit transfer and trafficking of arms.

China believes that legitimate arms trade plays a part in national security, defense needs and economic interests of each country. China hopes relevant countries could pay attention to the concerns of the parties concerned especially major arms trade countries. "③

Judging from the statements made so far, the position of China appears to be rather in favour of ATT despite some of the concerns that have been expressed.

---

① China's statement in the PrepCom, p. 2, available at: http://www. un. org/disarmament/convarms/ATTPrepCom/Documents/Statements-MS/2010-07-12/12072010-China-C. PDF.

② Arms Export Regulation, Arti. 6.

③ China Ministry of Foreign Affairs' position paper on ATT initiative, available at: http://www. mfa. gov. cn/chn/gxh/zlb/zcwj/t410717. htm.

However, its consistent abstaining during votes on ATT at the UN indicates that this "necessary measures position" does not translate into China being in favour of an ATT. This is evidenced by China's explanation statements and speeches after it abstained during votes on key ATT resolutions at the UN.

When the ATT topic was first introduced into the agenda of the UN General Assembly in 2006, China stated that "the parties concerned should take a pragmatic attitude, engage in broad and in-depth discussion and to make arrangement of the next step works on the basis of consensus."

This position turned tougher when the General Assembly voted on an ATT resolution later that year. China found it difficult to support this resolution as it would be "prejudging the outcome of the GGE" and further explained:

"How to carry out arms trade should beprimarily decided by the importing countries and exporting countries. Whether it is necessary to draft the common standards or international legal documents to regulate the arms trade is very complicated and sensitive issue."[1]

Until then, it is clear China was skeptical about the ATT initiative. The same attitude could be found in China's submission to the UN Secretary-General.[2] The above positions were reiterated again in 2007[3] and remained the same until another key ATT resolution was introduced in 2008.[4] During that time, a division chief of the Ministry of Foreign Affairs was invited to join the GGE and took part in drafting the Report of the GGE.

The Report of GGE came out in August 2008 and concluded that "further consideration of efforts" was required. A number of states interpreted this

---

[1] The Explanation Statement of the Chinese Delegation after the Vote on Resolution "Towards an Arms Trade Treaty" in the First Committee of the 61st UN General Assembly, available at: http://www. mfa. gov. cn/chn/gxh/zlb/ldzyjh/t309158. htm.

[2] Secretary General's Report, p. 8, UN Doc. A/62/278 (Part I).

[3] The Speech of Chinese Delegation regarding Conventional Weapons in the First Committee of the 62nd UN General Assembly, available at: http://www. mfa. gov. cn/chn/gxh/mtb/sjhd/t380426. htm.

[4] The Speech of Chinese Delegate Kang Yong regarding Conventional Weapons in the First Committee of the 63rd UN General Assembly available at: http://www. mfa. gov. cn/chn/gxh/zlb/ldzyjh/t521629. htm.

conclusion as an invitation to consolidate and enhance the related work and drafted a resolution, which envisaged a future ATT and established an Open – ended Working Group to make further progress towards an ATT. China, which was not yet fully convinced that an ATT was necessary, abstained again in the following UN vote and argued that this practice \[fixing the schedule for a UN ATT conference and therefore assuming an ATT as desirable\ ] had deviated from the Report of GGE that had come out in August that year. In addition, it raised concerns that this would undermine the authority and function of the Conference of Disarmament as the only multilateral arms control negotiation forum that be considered by all parties. ①

As a consequence, China did not take part very actively in the works of the Open-ended Working Group or the later PrepComs, which were established by the 2008 ATT resolution. Instead, China only made very broad observations in the first PrepCom meeting in 2010 that there were still some differences amongst states and that some countries' concerns over the ATT had not been properly addressed. ②

Comment on China's Initial Position

Because of the very general character istics of China's official statements on the ATT, it is hard to analyse accurately China's position on this UN initiative. Reading from the various official statements issued in the past a few years, there are possibly several specific reasons why China is not supporting an ATT:

- how to regulate arms transfers should primarily be decided by the importing countries and exporting countries, i. e. bilateral undertakings rather than multilateral agreements;

- ATT could undermine the authority and function of the Conference on Disarmament;

---

① The Explanation Statement of Chinese Delegation regarding Arms Trade Treaty in the First Committee of the 63rd UN General Assembly available at: http://www. mfa. gov. cn/chn/pds/wjb/zzjg/jks/fywj/t521632. htm.

② China's statement in the PrepCom, *supra* note 36.

• the fact that there are several significant disagreements on major aspects of a future ATT.

The first and the second reasons are not legally sound. Even though China would like to handle the arms transfer bilaterally, an ATT would not jeopardize this practice but contribute to providing guiding standard for directing such transfer. This is particularly true for the current situation of China, where other than the rather general principles, there is yet sophisticated criteria in its law on how to handle the arms export e. g. the parameters of a future ATT could be used to fill this legal vacuum. And such criteria could be introduced into the Chinese law through promulgating the implementing rules of the current *Arms Export Regulations*. [1]

The Conference of Disarmament is not at all the only forum for all arms control negotiations. [2] In addition, the Conference of Disarmament itself has been actively promoting the current United Nations process towards an ATT. [3]

Although the last reason is quite ambiguous without making any specific reference, it is perhaps the one of some legal merit—this could be clothed under the argument that ATT cannot be reached through the censuses vote if such decision-making process is adopted. Indeed, during negotiation of the ATT, there are several noticeable disagreements among the states on various aspects. China's no consensus skepticism could be amplified by the position of another important player—the USA, who has placed the consensus decision process of an ATT as a priority for its support. [4]And precisely, consensus was introduced into international law making mechanism to protect the interests of a small minority of important and

---

[1] In Chinese legal system, it is very common that implementing rules will come after a law was promulgated to provide more specific regulations on certain issue.

[2] For example, the land mine treaty and cluster munitions treaty are all negotiated outside the Conference of Disarmament.

[3] The list of Activities of Conference of Disarmament, available at: http://www. unidir. org/bdd/focus-search. php? onglet=4.

[4] US position paper on ATT, "U. S. Support for the Arms Trade Treaty", http://www. state. gov/secretary/rm/2009a/10/130573. htm.

influential states from the majority vote rule (e. g. like USA and China in this con-text). ① Nevertheless, consensus is not another word for unanimous and a state can join a consensus process even if it could not vote in favour. ②Therefore, an ATT could be agreed despite China's skepticism, as China has so far only abstained at UN votes and did not state an outright objection to this initiative.

Some have suspected that China's skeptical attitude on the ATT may be a fear that a future ATT would reinforce the ground for the constant US and EU arms export embargos against China. Nevertheless, there are also several other understandable reasons for China's inactive position on ATT. China, unlike most of the sponsors of the ATT, is geologically situated far away from most of the atrocities caused by the illicit arms transfer and in a lot of ways China traditionally does not share the concern of the ex-colonial European states in this regard. Domestically, even though it has a strict arms control regime in law, China is generally not very experienced in regulating the international movement of arms, especially through its legal system. Given China's lack of desire and inexperience in regulating international arms transfers, it is not so hard to understand China's unwillingness to engage in a global arms trade controls initiative.

China undertakes a more pragmatic approach to the Arms Trade Treaty initia-tive

With the approaching of the 2012 UN conference on ATT, more and more countries in the world chose to agree with the feasibility of this Treaty. This, in together with the shift of US's position makes a future Arms Trade Treaty more and more likely to become a reality. Against this background, it wouldn't make sense for China to adhere to its skepticd attitude. On the contrary, taking a more pragmatic approach becomes a more rational choice. The statement made by Chinese Delegation in the second PrepCom in 2011 well elaborated this evolvement.

The second PrepCom was convened from 28 February to 4 March in New

---

① Anthony. Aust, Modern Treaty Law and Practice, Cambridge University Press, p. 86.

② *Ibid*, p. 87.

York, in which the Chinese delegation made two statements respectively on 28 February and on 1 March. Reading from the content, the first was a general introduction of the Chinese position and the second statement was more a comment to the Chairman's paper on scope and the transfer criteria than a statement. In the 28 February statement, China reiterated its general position on Arms Trade Treaty: Arms Trade Treaty should be designed to fight against illegal arms trade and itself is not a disarmament or non-proliferation; Arms Trade Treaty should not and cannot be expected for resolving the sustainable and human rights issues; the legitimate defense need of states should be satisfied; consensus should be sought on the basis of open and transparent manner. Obviously, China's position is not to argue whether an Arms Trade Treaty is necessary but what kind of Arms Trade Treaty is necessary.

Nevertheless, China still hopes to see a rather limited Arms Trade Treaty, so it adopted the most limited version of the proposed scope and transfer criteria. In the 28 February statement, China for the first time expressed that it would want the "seven categories of conventional weapons registered with the UN" to be the scope of the Arms Trade Treaty, because "seven categories of conventional weapons registered with the UN was reached based on political, security and defense need and had received the general support of the international community. Any expansion or amendment should be taken cautiously". On the trade mode, it should cover "import, export and transfer".

In the 1 March statement, China expressed its position on the transfer criteria by giving four comments on Chairman's paper on transfer criteria. First, China does not agree to include the regional arms embargo into this Arms Trade Treaty; Second, the term "other international obligation or commitment" should be deleted because its content is so vague; Third, on the criteria of international human rights law and humanitarian law obligations, even China understands the rational of their inclusion, China hopes "to which it is a party" should be added into this criteria. This is because this criteria is "politically sensitive and hard to judge objectively" and "so far not every country has acceded all the international human rights and humanitarian law treaties"; Lastly, China does not support to include the sustainable development into the Arms Trade Treaty.

Compare with the reasons given by China on its earlier skepticism, China's current position is no doubt more reasonable and persuasive: in the name of being cautious and realistic, to support limited categories of weapons into the scope of Arms Trade Treaty, and to exclude or restrict the inclusion of transfer criteria. Meanwhile, the legal basis of these comments are still worth examining, expect the last one, which is more a choice of value.

First, neither regional embargo or "other international obligation or commitment" is new obligations established by Arms Trade Treaty and the later merely confirms the existing obligations and agrees upon one more means to implement these obligations.

Second, the international human rights law and humanitarian law obligations are not merely stemmed from international agreements or conventions. Customary international law could have set out these obligations. Even these obligations, just like China has observed, are hard to objectively evaluate, the existence of these obligations is undeniable and China's conclusion might come too hastily. Moreover, if states agree to limit these obligations within "to which it is a party", they will be circumventing their obligations under the current international human rights law and humanitarian law. In addition, as far as international humanitarian law is concerned, 194 countries have acceded the four 1949 Geneva Conventions and the term "to which it is a party" has lost its significance in this regard.

4. Conclusion

No doubt, the Arms Trade Treaty initiative is getting serious. With the broad and vigorous support from 153 states, it is more and more likely that some achievement will be made at the United Nations ATT conference in 2012. A nutshell of the treaty, including its scope, parameters, principles, rules regarding national implementation and application, has been widely discussed and formulated. Unfortunately, China was not and is still not an active player in the ATT process. Nevertheless, this will not be a significant difficulty for states reaching an agreement on text of an ATT. It will be up to those states committed to establishing an ATT to decide whether to push issues forward that may even cause a deadlock or accept, as a compromise, a less stringent mechanism that commands the participation and agreement of most states. [①] No doubt, China is one of these states and starting to exert its influence so as to achieve a desirable outcome for itself.

---

① Sarah Parker Implication of the States' Views on an Arms Trade Treaty, United Nation Institute for Disarmament Research (2008), p. 56, available at http://www. unidir. org/pdf/activites/pdf3-act350. pdf.

利比亚战争和国际法

——基于以国际人道法为中心的综合视角

冷新宇[*]

利比亚战争带来了一系列复杂的政治和法律后果,本文以国际人道法的视角为中心分析之。在此视角下,笔者发现战争合法性问题与国际人道法这两个原本在国际法上分立的问题的关联度在增加,同时战争进程的复杂性给国际人道法适用带来的复杂性也在不断增加;卡扎菲集团核心领导人的刑事责任问题,体现了国际刑事法院实践的最新发展;中国海外投资在冲突环境下的保护走进了世人的视线,而国际人道法却在投资保护问题上充满了不确定性和不足。本文拟从上述方面详细分析之。

一、安理会决议和使用武力合法性问题

1. 禁飞区(1973 号决议第 6 段)与使用武力合法性

法、英、美等国部队展开针对利比亚空袭的理由或许在于禁飞区的建立。直接涉及在利比亚使用武力的法律文件是联合国安理会 1973 号决议。该决议首先肯定了在一定程度上针对利比亚使用武力的问题,决议第 4 段的规定摘录如下:

"授权已通知秘书长以本国名义或通过区域组织或安排和与秘书长合作采取行动的会员国,采取一切必要措施,尽管有第 1970(2011)号决议第 9 段

---

* 冷新宇,中国政法大学法学院副教授,法学博士。

的规定,以便保护阿拉伯利比亚民众国境内可能遭受袭击的平民和平民居住区,包括班加西,同时不在利比亚领土的任何地方派驻任何形式的外国占领军,请有关会员国立即通知秘书长它们根据本段的授权采取的措施,并应立即向安全理事会通报这些措施。"

同时,决议第6段给出了建立禁飞区的授权:

"决定在阿拉伯利比亚民众国领空禁止一切飞行,以帮助保护平民。"

战争进行20多天来,法、美、英及执行决议的其他国家的联军对利比亚的攻击不仅涵盖了进入利比亚领空的军用航空器,同时也涵盖了有可能升空的航空器的机场,以及利比亚空军的防空设施,甚至还包括了利比亚政府军的地面部队和其他民用物体。因此,安理会决议的两个关键段落是否构成对利比亚境内的任何武装部队或军事目标进行攻击的授权,实际上面临着合法性疑问。禁飞区毫无疑问具有军事上的意义,但是在法律上到底如何定位,面临着攻击范围、允许攻击程度的标准模糊不清的尴尬。因此,在法律上找到相关的标准无疑对于界定本次空袭行动的合法性具有重要意义。但遗憾的是,迄今为止禁飞区这一概念尚未被写入任何一个得到广泛接受的多边条约之中。

历史上相关国家曾宣称联合国安理会通过决议授权在伊拉克和波黑建立禁飞区,但是上述实践在数量上的有限性以及安理会有关成员国对禁飞区的反对态度,均表明禁飞区的实践不仅远未达到习惯法的程度,而且还充满了合法性质疑。

伊拉克禁飞区的由来是1991年安理会关于保护伊拉克境内平民(主要是库尔德少数民族)的688号决议。688号决议纯粹出于人道主义目的,主要旨在应对萨达姆政府对伊拉克境内的平民的镇压以及由此造成的大量难民涌向伊拉克北部与土耳其边境接壤山区的情况。[1] 安理会688号决议正文非常简短,包括六方面的内容:(1)谴责伊拉克政府镇压平民的行为;(2)要求伊拉克政府立即停止对平民的镇压,并对旨在保证伊拉克平民人权和政治权利的对话的展开表示关切;(3)要求伊拉克政府允许国际人道组织提供人道主义援助;(4)要求联合国秘书长采取行动执行人道主义援助事务;(5)提请所有联

---

① Security Council Resolution 688, S/RES/688(1991), Preamble para. 3.

合国成员国为人道主义事务作出贡献;(6)要求伊拉克政府配合联合国秘书长工作。决议全文并没有提及为执行人道主义事务而建立禁飞区的问题。但是美国政府与其他国家对安理会 688 号决议的认识存在重大分歧。美国政府的方法是将 688 号决议与此前的 660 号、678 号、687 号决议联系起来看①:安理会针对海湾战争中伊拉克对科威特的入侵,通过 660 号决议要求伊拉克立即从科威特撤军,②而 678 号决议是对 660 号决议中撤军要求的重申和强制执行,授权成员国采取"一切必要措施"③以重建和平与安全。此后的 687 号决议是关于促使伊拉克与科威特签署停火协议,并且就恢复两国边界、促使伊拉克销毁化学武器、大规模杀伤性武器、返还劫掠科威特财产、外债处置等方面的内容进行具体的规定。美国政府认为由于直至 688 号决议通过之时,678 号决议仍然有效,因此 678 号决议针对伊拉克授权使用武力的情况也就依然有效,其效力及于伊拉克政府军镇压国内平民起义的行为,而建立禁飞区作为使用武力的一种形式,自然也就包括在其中。但事实上 688 号决议与此前的 660 号、678 号、687 号决议应对的事态完全不同,一者是关于伊拉克非法使用武力的应对与处置的问题,另一者是保护平民免受攻击的问题,风马牛不相及。2001 年在安理会的一次会议上,就伊拉克北纬 36 度以北以及北纬 32 度以南地区的禁飞区问题,俄罗斯代表曾直接质问:"我特别感兴趣地想知道,安理会的哪一个决议使用了'禁飞区'这一术语? 在哪个决议中安理会说过针对伊拉克 60% 的领土可以使用空中力量?"④而当时中国政府代表干脆直接回应:中国政府从来没有承认过所谓 688 号决议下建立的禁飞区。⑤ 由此可见,伊拉克禁飞区的合法性问题实际上还是如何解释安理会相关决议的问题。有论者指出,因为 688 号决议处置的问题完全不同于此前伊拉克入侵科威特的法律问题,又考虑到安理会在涉及使用武力的措辞方面一贯谨慎,因此如果安理会有意建立禁飞区,应当在 688 号决议中直接采用类似"采取一切必要

---

① Michael N. Schmitt, *Clipped Wings: Effective and Legal No-fly Zone Rules of Engagement*, 20 Loyla of Los Angles Journal of International & Comparative Law 727, December 1998, p. 737.

② Security Council Resolution 660, S/RES/660(1990), Operative para. 2.

③ Security Council Resolution 660, S/RES/678(1991), Operative para. 2.

④ Statement of Russian Representative, included in Provisional Transcripts of 4152nd Meeting of Security Council, 8 June 2000, S/PV. 4152, p. 5.

⑤ Statement of Chinese Representative, ibid, p. 6.

措施"的措辞。① 由此可见,美国政府拼命把这一问题说成与伊拉克入侵科威特具备法律上的连续性,是明显牵强附会的。在这样的背景之下,实际上根本不可能就禁飞区建立中的一系列问题达成进一步的认识。与此形成鲜明对比的是,在建立波黑禁飞区的安理会 836 号决议中,"采取一切必要措施,通过使用空中力量"的措辞被明确采纳,构成使用武力的授权。② 另外需要指出的是,即便对伊拉克南北禁飞区的合法性存在质疑,当年执行禁飞区任务的国家也承认,禁飞区中联军的权限仅包括攻击空中目标,而不包括其他地面武装部队,攻击地面军事目标的可能性仅在伊方首先开火处于自卫的情况下存在。③这一点与利比亚禁飞区行动中的超范围轰炸形成明显的区别。

在伊拉克南北禁飞区建立的合法性问题上,有关国家针锋相对的态度揭示了,禁飞区和使用武力的合法性被捆绑在一起实际上是争夺安理会决议解释权的问题。因此,禁飞区的建立以及执行过程中对可攻击目标的界定,实际上只能在个案的基础上解决。从 1973 号决议段落的通常含义来解释,可以肯定的是,决议构成了对利比亚使用武力的有限的授权:(1)使用武力仅限于保护平民以及平民聚集区域的目的;(2)对违反决议进入利比亚领空的航空器实施攻击毫无疑问在决议的范围之内;(3)为禁飞区的目的而发动攻击,其合法性的基础在于保护平民的人道主义目的,这一点在 1973 号决议的序言④、相关段落⑤以及有关安理会成员国的表态⑥中都得到了反复的强调。而防止任何形式的外国军事占领在决议中被明确提及,这暗示着执行决议的行动是出于纯粹的人道主义的动机,而非有意介入、支持利比亚内战中的任何一方。

由此可见,执行禁飞区而发动空袭,其目标范围是极其有限的,仅构成对利比亚动用武力的有条件的授权。但执行的效果是,联军轰炸了地面军事目

---

① Alain E. Boileau, *To the Suburbs of Baghdad: Clinton's Extension of the Southern Iraqi No-fly Zone*, 3 ILSA Journal of International & Comparative Law 875, Spring 1997, p. 883.

② Security Council Resolution 836, S/RES/836(1993), Operative para. 10.

③ Statement of UK Representative, included in Provisional Transcripts of 4152nd Meeting of Security Council, 8 June 2000, S/PV. 4152, p. 4.

④ Security Council Resolution 1973, S/RES/1973(2001), preamble, para. 9.

⑤ Security Council Resolution 1973, S/RES/1973(2001), operative para. 4 and 6.

⑥ See Statements of Representatives of United Kingdom, United States, Columbia, Protugual, China, included in Provisional Transcript of 6498 Meeting of Security Council, 17 March 2011, S/PV. 6489.

标,甚至是与利比亚防空力量毫不相关的目标,由此也造成了一定程度的平民人口的伤亡①。由此产生的疑问是,对于明显超出 1973 号决议字面含义范围的攻击,是否得到法律层面理由的支撑。这一问题本质上还是对决议的解释问题。1973 号决议本身对建立和执行禁飞区计划过程中的超范围攻击本身不置可否,但安理会讨论的记录表明,超范围攻击的主张得到了一些国家的支持,但同时也有一些国家反对。法国外长在 1973 号决议草案付诸表决前的发言中声称:"决议草案让安理会拥有了保护利比亚平民的手段,首先是通过设立禁飞区,授权阿拉伯联盟成员和愿意采取必要措施来执行决议规定的会员国开展这项工作。此外,它授权同样是这些国家采取除禁飞区之外的一切必要措施,保护平民和包括班加西在内的领土,这些领土正面临卡扎菲上校部队进攻的威胁。"②这一措辞与后来通过的决议的目的存在重大差别——法国认为行动的目的旨在保护平民和包括班加西在内的领土,而后来通过的决议第4 段提示,保护班加西在内的领土的前提是这些区域为平民聚集区域且受到利比亚政府军进攻的威胁。很明显,按照法国政府的理解,决议的授权将可能涉及那些并非出于人道主义目的的攻击——为保护利比亚反政府武装力量的目的而攻击利比亚政府军。首先推动安理会通过措辞模棱两可的决议,而后以打擦边球的方法发动超出决议授权范围的攻击,一方面减少了安理会通过决议时的外交阻力,另一方面实际上为以执行决议之名进行逼迫卡扎菲下台之实的武力攻击预留了空间。但这一策略即便在推动决议的阵营内部也没有取得完全一致的理解。美国政府代表在决议通过后表示,决议构成了针对利比亚使用武力的授权,但目的在于保护"成为卡扎菲上校、他的情报和安全部队及他的雇佣军袭击目标的平民和平民居住的地区"。③ 俄罗斯外交代表在通过决议后表示:"令人遗憾的是,文件制订工作不符合安全理事会的常规做法。基本上,俄罗斯和安理会其他成员提出的一系列问题仍然没有得到回答。这些问题是具体和合理的,涉及如何实施禁飞区、接战原则(应翻译成交战规

---

① 见联合早报网报道:http://www.zaobao.com/special/hotspot/pages/hotspot110404b.shtml,访问于 2011 年 4 月 8 日。

② Statement of Foreign Minister of France.

③ Ibid, Statement of Representative of United States.

则,笔者注)是什么以及在利比亚使用武力的限度等问题。"①俄罗斯代表的关切实际上说明了两方面的问题:(1)超范围的攻击是否可以模糊地包括进决议之中,受到了安理会成员国的质疑;(2)执行决议过程中发动攻击是否超出范围,这一攻击本身是否应当受到比例原则的制约,也存有疑问。

综上所述,安理会辩论的细节提示,成员国并没有对超范围攻击达成一致意见,因此第6段的含义不能做出扩张性的解释。

2. 保护责任(1973号决议第4段)和使用武力合法性

解释超出安理会1973号决议授权范围的使用武力的合法性问题,或许还存在一种解释,即保护责任理论及其实现机制。对于国家间使用武力的合法性问题,根据《联合国宪章》的规定,安理会毫无疑问拥有排他性的决定权力。但现代国际关系中往往产生的状况是,对于发生在一国国内武装冲突或其他紧张态势中的战争罪、反人道罪、种族灭绝罪、种族清洗等问题,《联合国宪章》没有明确赋予安理会对此积极干预的权利。科索沃战争之后这一问题显得尤为突出,出于人道主义目的而架空安理会、单方面进行军事干预的做法受到了广泛的批评。但问题是,如果需要在安理会机制框架下进行应对,需要在法律上确立明确的标准。此次利比亚境内可能存在的反人道罪,以及内战爆发之后可能存在的战争罪,实际上恰好符合上述情形。

2005年联合国千年大会后续会议以最后文件的形式确认了在一国当局未能就保护其境内平民免于战争罪、种族灭绝罪、反人道罪、种族清洗迫害之时,且当其他和平手段不足以应对的情况下,国际社会通过以符合《联合国宪章》第七章、第八章规定的形式采取集体干预措施以便促使国家履行保护责任的必要性。② 但是对于操作层面的规则,即何种情况下可以积极干预以及干预的限度等问题,文件未能明确规定。上述决议实际上是对联合国秘书长向联大提交报告的积极回应,而秘书长报告中对于保护责任机制下积极干预的条件,源自对加拿大政府资助的干涉和国家主权国际委员会(Intervention and State Sovereignty International Commission)作出的国家保护责任的报告。

---

① Statement of Representative of Russian Federation, Provisional Transcript of 6498 Meeting of Security Council, 17 March 2011, S/PV. 6489.

② Resolution adopted by the General Assembly, 60/1. 2005 World Summit Outcome, A/RES/60/1, para. 139.

这份报告认为,保护责任机制下,安理会在严格满足如下条件时应决定采取积极军事干预的措施:(1)威胁的严重性:存在种族灭绝罪、战争罪、反人道罪、种族清洗的情况;(2)目的的正当性;(3)决定采取军事干预是万不得已的最后方法;(4)手段的对称性:拟议的军事行动的范围、时间和强烈程度与应对威胁的相称性;(5)权衡后果:有相当的把握认为拟议的军事行动可成功消除相关威胁。[1] 有论者认为,关于保护责任机制下的军事干预行动规则,是正在形成中的国际习惯法规则,其效力有待于安理会实践的不断加强。[2] 为应对苏丹局势,安理会1674号决议以正文的形式重申国家保护其公民免于种族灭绝罪、战争罪、反人道罪和种族清洗的责任。[3] 同样,在应对本次利比亚的危机方面,安理会决议首先强调保护平民的人权是利比亚本国的首要义务[4],其次才是促使利比亚履行保护平民人权义务的强制性措施。上述决议内容可以看作是保护责任的理念正在付诸国家实践的证据。

即便假定保护责任机制下的军事干预是国际法上毫无疑问的确定规则,用保护责任机制来解释联军在利比亚超授权范围攻击的问题,也会面临进退两难的困境。主要有两方面的原因:

其一,《联合国宪章》下通过军事干预的方式实现保护责任,必须通过安理会,但安理会是一个政治机构而非司法机构,其作出决断往往不是严格依靠法律设定的条件,而是较多的受到成员国外交政策的影响。因此,安理会因为政治原因未能对有关情势作出回应或回应中未明确授权的可能性永远都存在。在干涉和国家主权国际委员会关于保护责任的最初报告中,建议两条途

① International Commission on Intervention and State Sovereignty, *The Responsibility To Protect*, International Development Research Centre, Ottawa（2011）, para. 4. 18; A More Secure World: Our Shared Responsibility, Report of the High-level Panel on Threats, Challenges and Change, presented to General Assembly Fifty-ninth Session, Agenda Item 55, Follow-up to the Outcome of the Millennium Summit, A/59/565, para. 207.

② A More Secure World: Our Shared Responsibility, Report of the High-level Panel on Threats, Challenges and Change, para. 203.

③ UN Security Council Resolution 1674（2006）, S/RES/1674（2006）, para. 4.

④ Security Council Resolution 1970, S/RES/1970（2011）, para. 2（a）; Security Council Resolution 1973, S/RES/1973（2011）, para. 3.

径来解决这一问题:一是召开联大紧急特别会议由成员国投票决定,①这一方法实际上也是将决定权交予政治机构的主观判断,但因为联大比安理会行动更缺乏效率,实际上不具备可操作性;二是依赖区域性组织实现干预,但正如委员会自己承认的那样,单方面依靠区域性组织的军事干预难以解释组织对非组织成员进行干预(如北约对南联盟科索沃问题的干预,而事实上只有北约有能力对非成员国家进行大规模的军事干涉)的合理性,②更有甚者,在联合国秘书长后来的建议③以及2005年峰会形成的联大决议中,安理会未能就紧张局势作出应对的情况并没有被收入最后的决议内容之中。④ 这一事实反映了在安理会未进行明确授权的情况下,国家能否以保护责任为法律上的理由对相关国家进行军事干预,是保护责任机制下悬而未决的问题。安理会针对利比亚情况的授权目前仅仅是授权建立禁飞区而非更大规模的干预。

其二,即便我们姑且认为保护责任机制是法、英、美等国超出1973号决议授权动用武力的正当理由,根据联大设定的条件,当前针对利比亚政府军的干预行动也存在疑问:(1)在目的正当性方面,干涉和国家主权国际委员会特别指出,实施军事干预必须是为了避免或停止人类遭受的痛苦,虽然实施干预的结果通常导致一国当局客观上丧失侵害其国民能力的效果,但从干预的一开始推翻有关政权并非是一个合法的目的。⑤ 而在这一点上,某些推翻卡扎菲政权的意图在1973号决议通过之时就已经表露无遗。⑥ (2)从判断军事干预后利比亚是否具有更为光明的安全环境的角度看,推翻卡扎菲政权后利比亚是否会陷入伊拉克式的安全困局,主张利用武力推翻卡扎菲的力量一直没有正面回答过。干涉和国家主权国际委员会认为,如果军事干预后并不能真正

① International Commission on Intervention and State Sovereignty, *The Responsibility To Protect*, International Development Research Centre, Ottawa (2011), para. 6. 30.

② Ibid, para. 6. 34.

③ A More Secure World: Our Shared Responsibility, Report of the High-level Panel on Threats, Challenges and Change, presented to General Assembly Fifty-ninth Session, Agenda Item 55, Follow-up to the Outcome of the Millennium Summit, A/59/565, paras. 199-209.

④ Resolution adopted by the General Assembly, 60/1. 2005 World Summit Outcome, A/RES/60/1, para. 138, 139.

⑤ ICISS, The Responsibility To Protect, para. 4. 33.

⑥ See the Statement of Foreign Minister of France, Provisional Transcript of 6498th Meeting of Security Council, 17 March 2011, S/PV. 6489.

带来对平民的保护,或者平民的境遇比干涉之前来得更为糟糕,那么干涉就不存在合法性基础。① 特别是以造成规模更大的冲突的方式去保护数量有限的平民,也不存在合法性基础。② 事实上这一忧虑始终没有被进行空袭的国家澄清过,但德国、巴西、印度却有所顾虑,这是其对 1973 号决议投弃权票的原因。③ (3)在采取行动的手段的对称性方面,对于保护平民免受肆意攻击的目的而言,存在两方面的疑问:一是目前联军对利比亚政府军的攻击是否已经远超出保护平民的需要;二是联军的攻击本身是否违反国际人道法的比例原则,造成了平民不成比例的伤害。上述问题都没有得到确定的回答。

3. 其他解释问题

国际法院曾肯定《维也纳条约法公约》中解释规则具备了习惯法的地位,④因此条约解释规则中的实效原则可能被一些国家主张可以在此类比适用。所谓实效原则(预期使事物无效不如使它发生最大效力的原则)意即“对于一些个别规定的解释,应使其具有与词语的通常意义和约文的其他部分相一致的最完全的力量和效果,并能使约文的每一部分具有理由和意义”⑤。在运用实效原则的解释中,可能存在的主张是,1973 号决议第 4 段中“一切必要措施”如解释为没有授权各国对利比亚政府军动用武力,那么在此出现就丧失了它的意义;因此实效原则下,这一措辞应当解释为包括了采取行动国家可以任意针对利比亚政府军使用武力的授权。但实效原则运用中更为重要的一点是,实效解释也必须受到条约目的和宗旨的制约。⑥ 而在 1973 号决议处理的情形之中,保护平民免受攻击的人道主义目的已经为决议阐明和强调,除此

① ICISS, The Responsibility To Protect, para. 441.

② Ibid.

③ Statements of Representatives of Germany, Brazil, India, included in Provisional Transcript of 6498th Meeting of Security Council, 17 March 2011, S/PV. 6489th.

④ Arbitral Award of 31 July 1989 (Guinea-Bissau v. Senegal), Judgment, ICJ Report 1991, para. 48; Oil Platform Case, Judgment, ICJ Report 2003, para. 41.

⑤ 菲茨莫里斯:《国际法院的法律和程序:条约的解释和某些其他条约问题》,《英国国际法年刊》1951 年卷,第 1—28 页;1957 年卷,第 203—293 页,转引自李浩培:《条约法概论》,法律出版社 2002 年版,第 349 页。

⑥ Vienna Convention on Law of Treaties 1969, Art. 31 (1); Year Book of International Law Commission 1966, Vol. II, p. 219; Malcolm D. Evans(ed), *International Law*, Oxford University Press 2006, p. 202; Antonio Cassese, *International Law*, Oxford University Press 2005, p. 179.

之外支持反对派或逼迫卡扎菲政府的目的并不在此范围之内。

主张超授权范围攻击合法性的国家的另一个辩解理由可能是荷花号案的原理——因为决议没有明确提及,所以国家是否可以对利比亚政府军发动超出决议授权范围的攻击,实际上是一个法律真空,既然不存在明确的限制,采取何种行动以及行动的限制就应当由国家自由裁量。荷花号案的原理认为:除非国际法存在禁止性或者限制性规则,否则任何对国家主权的限制不得被假设。① 鉴于这一脚注,有关国家辩解的理由可能是:因为安理会决议没有对超出范围的攻击明确的禁止或限制,所以执行决议的国家可以依其自由裁量扩大攻击范围。这种观点显然是错误的,正是运用荷花号案的原理判断才能得出以下结论。现代国际法确认的一般规则是禁止国家使用武力,而安理会决议的授权则是在承认这一禁止性规则的大前提下的一个例外,因此在涉及使用武力的范围和程度方面,国家实际上不存在自由裁量的空间。

此外需要指出,关于超范围攻击是否合法,安理会决议仅仅涉及使用武力合法性层面的问题,如前南国际刑事法庭沙哈布丁法官所言,使用武力合法性与国际人道法是两个问题,存在使用武力合法性的前提下违反国际人道法是完全可能的。② 因此,对利比亚空袭中造成的平民伤亡,以及攻击民用物体,是否合法须由国际人道法的具体规则来判断。

4. 使用武力合法性与人道法的关联性

使用武力的合法性问题和国际人道法是国际法中的两个问题,主流学说是国际人道法背后的哲学一贯强调其维护的正义与使用武力正义与否是完全分立的。③ 因此,在现代国际刑法体系中,战争罪自从纽伦堡和远东国际军事法庭审判的时代,就独立于反和平罪(侵略罪)。但安理会1973号决议却体现了一定的反常规的变化,即多国联军使用武力的合法性的判断,很大程度上需要用人道法的规则来判断。决议第4段对"授权采取一切必要措施"增加了一个目的性要求——"保护可能遭受攻击的平民或平民居住区"。按照这一措辞的通常含义判断,外界军事干预乃至发动武力攻击,其合法性判断完全

---

① PCIJ, SS Lotus Case, judgment, p. 18.

② Prosecutor v. Tadic, Appeals Chamber Judgment, Separate Opinion of Judge Shahabuddeen, para. 20.

③ 参见朱文奇:《国际人道法概论》,中国人民大学出版社2007年版,第10—12页。

受限于是否符合保护平民这一目的。但"平民"本是源自于国际人道法的术语,以共同第三条和第二附加议定书为代表的条约规范并不在非国际性武装冲突的层面区分战斗员和平民的界限,但晚近以来条约编纂成果的发展强调,除武装部队外的所有人均为平民[1](国际性武装冲突中为实施军事占领情况下敌人迫近时临时拿起武器抵抗且遵守战争法规者传统上仍被识为战斗员[2])。由此可见,使用武力的合法性问题与国际人道法产生了一定程度的关联。

1973 号决议第 4 段下使用武力的合法性根植于其旨在保护的对象。也许有人会提出,决议第 4 段中"平民"的措辞仅仅是一个宽泛的措辞,可以用来指代卡扎菲政府的反对者及其武装力量,从而使使用武力合法性问题与人道法脱离关联。但这一解释方法实际上行不通,因为如此解释之下 1973 号决议第 4 段就会沦落为支持利比亚国内的一派政治势力推翻另一派政治势力的工具。丧失中立性的解释将严重动摇安理会的权威地位。因此,关于决议第4 段仅存的合理解释方法是,用人道法规范中纯"技术"范畴的平民概念来界定。

决议第 4 段中的这一解释方法必然产生一个问题:多国联军使用武力的合法性,必须依赖于每一次具体的敌对行动是否出于保护利比亚平民的目的来具体判断。国际人道法的一个最新的发展是:平民直接参加敌对行动在规则层面得到了明确,即法律并不禁止平民参加敌对行动,但平民直接参加敌对行动期间丧失其免受攻击的保护。[3] 我们发现整个战争进程是典型的反对派平民直接参加敌对行动随后又脱离敌对行动的不断反复的过程。反对派的平民,其身份在直接参与敌对行动和脱离敌对行动的状态间频繁的切换。这一过程表明,通过观察每一次具体的敌对行动是否出于保护利比亚平民的目的来评估多国联军使用武力的合法性,技术上是不可行的。

---

[1]　Jean-Marie Henckaerts and Louise Doswald-Beck (ed), *Customary International Humanitarian Law*, Vol. 1, Cambridge University Press (2009), pp.17-19.

[2]　见《利伯法典》,第49、51条;1949年日内瓦第三公约,第4条A款第6项;1907年海牙《陆战法规和惯例章程》,第2条。

[3]　Jean-Marie Henckaerts and Louise Doswald-Beck (ed), *Customary International Humanitarian Law*, Vol. 1, Cambridge University Press (2009), pp.19-24;尼尔斯·梅泽尔:《国际人道法中直接参加敌对行动定义的解释性指南》(中文版),国际红十字委员会出版物2009年版,第68—72页。

二、外国政府向利比亚反政府武装力量提供武器的合法性

利比亚反对派领导的武装力量有可能获得来自北约国家的武器支持。英国政府日前表示不排除向利比亚反政府武装人员提供武器的可能。英国政府引用了安理会1973号决议第4段作为其观点的合法性注脚,认为向反政府武装人员提供武器应当包括在保护平民免受威胁的"一切必要措施"之内。①

提供武器的合法性,本质上还是对安理会1973号决议如何善意解释的问题。1973号决议没有条款明确这一点。将第4段中"采取一切必要措施"解释为可以为利比亚反政府武装不加限制的提供武器,将面临两方面的严重问题:其一,安理会的两个决议的通过仅出于人道主义目的,而非代替利比亚人民做出选择政治形态和领导人的决定,更加谈不上扶植反政府武装来推翻现任政府的问题,1973号决议过于扩张的解释实际上可能损害安理会的政治权威。其二,从国际人道法的角度看,向利反政府武装提供武器意味着有更多平民将具备"直接参加敌对行动"的身份,而处于这一地位的平民并不享有战争法提供的免受攻击的保护,因而此举一方面增强了反对派保卫自身的能力,但另一方面也在客观上造成了鼓励更多平民卷入战争的风险。此举是否违背了保护平民的人道主义目的值得质疑。其三,利比亚反政府武装是临时地、松散地组织起来的,缺乏系统的军事训练和战争法知识的传播,因此如果利政府军在发动攻击时有违法攻击平民的可能性,那么这种可能性对反政府武装来说也同样存在,将导致更多的站在政府军一方但没有直接参加敌对行动的平民陷入被攻击的危险之中。

国际法院尼加拉瓜案的法理可以用来佐证1973号决议第4段中不能被解释为包含了向利反政府武装提供武器的意思。国际法院认为,一国对另一国使用武力的行为包括最为严重的行为——武力攻击以及严重性较轻的使用

---

① 见新华网报道:http://news.xinhuanet.com/world/2011-03-30/c_121250192.htm,访问于2011年4月6日。

武力的形式。① 尼加拉瓜案中美国政府武装和训练尼加拉瓜反政府武装的行为本身构成对禁止使用武力规则的违反，②而提供资金支持等行为并不认为直接违反禁止使用武力原则，但构成违反不干涉内政原则。③ 虽然严重性较轻的使用武力形式与干涉内政行为如何划分的法律标准没有被国际法院明确界定，但依照该案的逻辑判断，外国政府向利比亚反政府武装提供武器，在缺乏安理会明确授权的前提下，至少构成了对不干涉内政原则的违反。由此可见，将 1973 号决议中的"一切必要措施"过度扩张性的解释，实际上带来了安理会决议内容与公认的国际法原则（不干涉内政和禁止使用武力原则）的冲突，从而损害安理会决议的中立性和公正性。

三、国际人道法的适用问题

（一）内战爆发前

人道主义危机通常用以指代一国境内发生的大规模且系统性的严重侵犯人权的行为。利比亚境内危机，到目前为止可以分为三个阶段。其一是利比亚政府军与反对派武装冲突爆发之前，利比亚政府对反对派示威者大规模使用暴力的行为，此为安理会 1970 号决议通过的背景。习惯法上判断国内武装冲突的标准是在政府当局与有组织团体间是否存在持续的并且达到一定程度的武装暴力的行为。④ 根据国际红十字会的解释，一定程度的使用暴力，但仅仅属于骚乱、内乱的程度，并非属于武装冲突的范畴。⑤ 在此条件下国际人道法的适用无从谈起，无论是 1949 年日内瓦公约的共同第三条还是第二附加议

① Case Concerning Military and Paramilitary Activities In And Against Nicaragua, Nicaragua v. US, judgment of merits (1986), para. 195.

② Ibid, para. 228.

③ Ibid.

④ Decision on the Defence Motion for interlocutory appeal on jurisdiction, The Prosecutor v. Dusko Tadic, No. IT-94-1-AR72, para. 72.

⑤ Yves Sandoz, Christophe Swinarski, and Bruno Zimmermann (ed), Commentary on the Additional Protocols of 1977 to Geneva Conventions 1949, International Committee of the Red Cross, Martinus Nijhoff Publisher (1987), paras. 4471-4478, pp. 1354-1356.

定书的适用均应当排除。在此境地之下应当适用国际人权法的规则来判断。安理会 1970 号决议意识到了这一点,在序言中强调利比亚政府对反对派的镇压可能构成了反人道罪而非战争罪。①

(二)内战

第二阶段是利比亚内战爆发至今。因为武装冲突的存在,国际人道法规则的适用提上了议事日程。战争法对平民的保护是毫无疑问的,关于平民应当受到保护免受攻击的问题②,墨西哥代表在 1977 年附加议定书的缔约大会上曾强调此项义务具有绝对性。③ 但此中的关键是,战争法仅仅保护国内武装冲突中直接参加敌对行动者,这一点在共同第三条揭示的适用范围中得到了明确的体现。平民直接参加敌对行动的概念,晚近以来得到了重申和发展,即平民直接参加敌对行动构成了免受攻击保护的例外。④ 讨论第一附加议定书和第二附加议定书之时,没有任何国家表示反对。⑤ 在利比亚内战中,如果在政府军攻击反对派的过程中,忠于反对派的平民拿起武器参加敌对行动,将不能得到法律的保护,简言之,政府军对其攻击并造成伤亡的行为,本身并不违法。

平民伤亡被法律允许的第二种例外是,平民伤亡属于合理的附带损害的范畴。附带损害是战争法上比例原则适用中的专用术语。对比例原则的解释是,攻击造成的人身伤亡和财产损害与发动攻击的一方所预期达到的直接的、具体的军事利益相比较,不过分的不成比例。因此,相反的理解是,在引起附带损害远小于或相当于直接、具体的军事利益的情况下,对军事目标发动攻击引起平民的伤亡,是被法律允许的。适用于国际性武装冲突的第一附加议定

---

① Security Council Resolution 1970, Preamble, para. 5.

② St. Petersburg Declaration, Preamble; Additional Protocol I 1977, Art. 48, Art. 51(2).

③ Mexico, Statement at the Diplomatic Conference leading to the adoption of the Additional Protocols.

④ Recommendations of the ICRC Concerning the Interpretation of International Humanitarian Law Relating to the Notion of Direct Participation in Hostilities, Art. 8; Additional Protocol I, Article 51(3) (adopted by 77 votes in favour, one against and 16 abstentions); Additional Protocol II, Article 13(3) (adopted by consensus); IACiHR, Case 11. 137 (Argentina), Report, 18 November 1997, paras. 177–178, 189 and 328, referred from Jean-Marie Henckaerts and Louise Doswald-Beck (ed), Customary International Humanitarian Law, Vol. 2, Cambridge University Press(2005), p. 113, para. 810.

⑤ CDDH, Official Records, Vol. VI, CDDH/SR. 41, 26 May 1977, p. 16; CDDH, Official Records, Vol. VII, CDDH/SR. 52, 6 June 1977, p. 134.

书第57条第二款直接吸纳了比例原则,对此没有国家提出反对和保留;①第二附加议定书的条款没有直接肯定比例原则在判断平民附带伤亡对于攻击的合法性的意义,但《常规武器公约第二议定书》(第3条第八款c项)直接肯定了这一点,同时晚近以来的国际性的审判实践趋向于肯定在国内武装冲突中比例原则的适用性。②

在对作战方式的约束方面,人道法则禁止对军事目标和民用物体、战斗员和平民不加区分的攻击。③ 但利比亚的局势颇为特别,为适用此规则带来了一定程度的困难:因为内战爆发的仓促性和反政府武装组织的松散性,反政府武装人员与平民间并不存在明显的差别,可能唯一的差别在于是否携带武器。这一特殊情况实际上为禁止不加区分攻击规则的实施带来了难度,尤其是当反政府武装人员与未直接参加敌对行动的平民混杂在一起的时候更是如此。人道法规则一般要求,发动攻击前预先警告以及审慎的选择武器和作战方式。

安理会1973号决议的目的在于保护平民免受攻击,但1973号决议所指"平民"如何解释却是个问题,是仅仅包括未直接参加敌对行动的平民呢,还是也包括直接参加敌对行动的平民即利比亚的反政府武装人员在内呢? 1973号决议的序言第4段已经肯定了利比亚境内武装冲突的存在,并强调冲突各方对采取可行措施保护平民负有首要的责任,由此推断,1973号决议中的平民只能作狭义的理解,即仅包括没有参加敌对行动的平民。支持狭义理解的另一根据是,如果直接参加敌对行动的平民也包括进来,将意味着安理会以通过决议的方式支持一国内战的一方,从而丧失了中立性,如此解释的危险是安理会无论如何也不能接受的。

3. 安理会1973号决议后(国际性与国内武装冲突并存阶段)

第三阶段自多国联军为建立禁飞区而展开军事打击开始至今。法律上承认运用一国调动正规军对另一国发动攻击的情形,实际上属于使用武力情形

① CDDH, Official Records, Vol. VI, CDDH/SR. 42, 27 May 1977, p. 211.

② ICTY, Prosecutor v. Kupreskic, Judgment of 14 January 2000, para. 524; IACiHR, Third Report on the Human Rights Situation in Colombia, Doc. OEA/Ser. L/V/II. 102 Doc. 9 rev. 1, 26 February 1999, para. 79.

③ 第一附加议定书第51条第4款;前南国际刑事法庭的审判也确认了禁止不加区分的攻击违反习惯法规则,见:ICTY, Prosecutor v. Tadic, Decision on Interlocutory Appeal, para. 134; Prosecutor v. Kordic and Cerkez, Decision on the Joint Defence Motion, para. 136; Prosecutor v. Kupreskic, Judgment, para. 133.

中的发动武力攻击。① 根据前南国际刑事法庭确立的标准,国家之间使用武力意味着国际性武装冲突的存在。② 目前利比亚的局势与当初南斯拉夫境内的情形类似,即一方面反政府武装与本国政府军之间存在国内武装冲突,另一方面外国军事力量的直接介入导致了政府军与外国之间的国际性武装冲突的存在,同一区域内(例如波黑)国内武装冲突和国际性武装冲突并存。由此可见,实施空袭国家作为共同作战方与利比亚政府军之间处于国际性武装冲突的状态,包括1949年日内瓦公约在内的规则将得到适用。明确这一点后在法律上引起的后果是:(1)即便认为空袭行动得到了安理会1973号决议的完全授权,联军的行为也应当受到战争法规则的约束;(2)联军违反战争法规则的行为,执行国负担相应的国家责任,尽管某些国家可能不愿意承认这一点;(3)联军中严重违反战争法规则的人员,应当承担战争罪的个人刑事责任。安理会1970号决议中存在颇为吊诡的一点是,舆论可能认为安理会将利比亚情势提交国际刑事法院是针对卡扎菲以及利比亚的相关领导人,并且该决议序言中也明确了决议做出的背景是为了应对利比亚政府大规模侵犯人权的情况,但序言并不具备直接的法律效力,真正具备直接约束力的决议第4段的措辞是"将2011年2月15日以来利比亚的情势提交国际刑事法院检察官"。这一措辞没有对国际刑事法院管辖何种罪行、对管辖哪国国民的罪行以及犯罪的时间做出任何限制,因此假如国际刑事法院的检察官敢于将调查的范围扩大到上述范围,那么从理论上讲多国联军空袭行动中可能存在的违法行为也面临在国际刑事法院被诉的可能性。

四、卡扎菲领导集团面临的国际刑事法院诉讼

(一)管辖权问题

战争进行过程中,曾有一种观点认为解决利比亚危机的办法是,通过安排

---

① ICJ, Case Concerning Military and Paramilitary Activities In and Against Nicaragua, Judgment of Merits(1986), para. 195.

② Decision on the Defence Motion for interlocutory appeal on jurisdiction, The Prosecutor v. Dusko Tadic, No. IT-94-1-AR72, para. 72.

卡扎菲流亡并承诺保证其免于起诉的方式推动卡扎菲交出权力,从而实现多国部队在利比亚军事行动的结束和利比亚内战的终结。这一方法并不可行。安理会1970号决议认为利比亚境内的大规模、系统性危害人权的行为可能构成国际刑事法院管辖下的犯罪,因而决定将利比亚的情势提交国际刑事法院调查。① 这一决定本身就预示安排卡扎菲政治流亡作为解决利比亚危机选项的破产。如今卡扎菲已在内战中被击毙,讨论卡扎菲本人的诉讼并没有现实意义,但类似情形的本质是安理会决议提交情势能否构成国际刑事法院对一个非缔约国的管辖权,这一情形自国际刑事法院起诉苏丹现任总统巴希尔以来就产生了。着眼于未来的发展,这个问题在理论上存在着探讨的意义。目前可以明确的一点是,即便某些国家并非国际刑事法院成员国,也同样承担不得庇护犯罪嫌疑人及与国际刑事法院合作的义务。原因在于安理会1970号决议明确要求了这一点。② 冒着违背安理会决议的风险安排卡扎菲政治流亡,并拒不与国际刑事法院合作,不仅面临道德风险,同样面临《联合国宪章》下的法律风险。

利比亚的情形与安理会将苏丹情势提交国际刑事法院并最终导致苏丹现任总统巴希尔被起诉的情形存在较大程度的相似性。联合国安理会1593号决议将苏丹达尔富尔地区的情势提交国际刑事法院调查,由此产生的调查结果致使国际刑事法院检察官签发逮捕令要求逮捕苏丹现任总统。巴希尔案件的关键问题是现任的、非成员国的元首能否援引外交豁免对抗国际刑事法院的管辖权。③ 此案提出了一个难题:国际刑事法院基于安理会的要求建立了对非成员国公民的管辖权,在国际刑事法院独立于联合国的情况下如何让其管辖权在非成员国不愿意起诉的情况下具备强制执行的效力,实际上有赖于我们对两者之间微妙关系的界定。利比亚的情况远没有巴希尔案复杂。从形式上看卡扎菲虽然事实上控制了利比亚的国家机关,但正如他所言,卡扎菲本人并不担任利比亚国家元首的职务。豁免规则的适用无从谈起。即便承认对于这位事实上的国家领导人可以适用豁免规则,但豁免本身并不构成实质上

① Security Council Resolution 1970, operative para. 4.

② Ibid, operative para. 4, 5.

③ 冯洁菡:《浅析罗马规约中的豁免规则——以巴希尔案为视角》,凌岩主编:《匡扶正义、共享和平国际刑法新发展论文集》,世界知识出版社2009年版,第205—216页。

免除责任的规则,而只是暂时阻碍了诉讼的进行。[①] 事实证明,障碍诉讼的力量来自卡扎菲控制的利比亚政府本身。安理会 1970 号决议甚至明确要求包括利比亚当局在内的所有国际刑事法院的非成员国政府予以合作。在这一背景之下,恐怕没有国家敢于挑战安理会的权威地位。但无论如何,起诉决定一经作出,主动权就掌握在国际刑事法院的手里,因为犯罪嫌疑人总有交出权力的那一天,但国际刑事法院作为一个常设审判机构将永久存在下去,因此时间上的优势在国际刑事法院。

综上所述,安理会决议为国际刑事法院起诉卡扎菲领导集团提供了强有力的背书,这一进程很难由单一国家的力量打破。

(二)可受理性问题

卡扎菲集团的重要成员赛义夫·伊斯兰·卡扎菲系国际刑事法院起诉的犯罪嫌疑人之一,现已被逮捕。理论上,国际刑事法院管辖权的建立并不意味着诉讼就会进行下去,因为可受理性方面的要求是,国际刑事法院仅在对案件有管辖权的国家不愿意或不能够[②]起诉的情况下可以受理案件。卡扎菲掌控利比亚政府的时代,这一可受理性要件自然是满足的,但在利比亚全国过渡委员会以及未来利比亚新政府掌权的时代,可受理性问题就需要重新审视。过渡委员会希望被告人之一赛义夫·卡扎菲在利比亚本国接受审判,并与国际刑事法院进行交涉。国际政治层面的博弈自不待言,但这一带有强烈政治色彩的争议本身也是法律问题。具体可以拆解为两个方面:一则目前过渡委员会掌握的司法系统之状况是否满足国际刑事法院的可受理性要件;二则是国际刑事法院仅能起诉战争罪、反人道罪等罪行,但赛义夫本人可能还面临利比亚国内法上的犯罪起诉,国际刑事法院不接受死刑,但利比亚国内刑法宣判死刑是完全有可能的。

对于上述第一个问题,从目前笔者查阅的资料看,赛义夫·卡扎菲接受国际刑事法院审判似乎已经不可逆转,因为过渡委员会及将来的新政府似乎无法在短时间内组织有效的司法系统保障审判的正常进行,这一因素是国际刑

---

① ICJ Case Concerning Arrest Warrant, Judgment, para. 60.
② 见《国际刑事法院规约》第 17 条。

事法院判断"不能够"是否存在的重要因素。① 更重要的问题,赛义夫·卡扎菲被国际刑事法院检察官以反人道罪起诉并批准逮捕,②但利比亚国内法中仅存在有限的追究战争罪责任的规定,③除此之外,笔者尚未查阅到利比亚国内刑法存在反人道罪的规定。除非利比亚新政府临行通过一个可以惩治反人道罪的国内立法,否则对于国际社会尤其是极力推动推翻卡扎菲政府的北约国家而言,以国际刑事法院管辖权之外的罪名在判处赛义夫死刑,具有十足的讽刺意味。以反人道罪以外的罪行处死赛义夫乃至情报部门负责人阿卜杜拉·赛努希,北约如何为安理会1973号决议以来的一切军事行动正名? 如果上述两人果真遇此结局,那么除了能说明北约国家的政治虚伪之外,恐怕不能说明什么。

第二个问题可能会引起貌似难以解释的窘境——为何被圈定为国际法上核心罪行的战争罪、反人道罪等,其刑事处罚要来的比国内法意义上的其他犯罪要轻? 笔者认为合理的解释存在于学界对国际刑法作为刑事法律功能的理解。如将国际刑法恢复社会秩序的功能置于高位,而非简单地定位于威慑、报复的功能,那么一切便不难解释。

(三)实质问题:共同正犯问题

卡扎菲本人、其子赛义夫·卡扎菲反人道罪被起诉。但他们并没有亲自实施被指控的犯罪,而是通过其支配下的部队来实施。国际刑事法院检察官指控其承担刑事责任的基础是,他们的角色构成了间接共同正犯(indirect co-perpetrator)。④ 间接共同正犯,"间接正犯"和"共同正犯"两个刑法概念的交集。最原始意义上的正犯,是指通过自身或利用他人行为完成犯罪实行行

---

① 《国际刑事法院规约》,第17条第1款d项;Markus Benzing,The Complementarity Regime of the International Criminal Court: International Criminal Justice between State Sovereignty and the Fight against Impunity,Max Plack Yearbook of United Nations Law,Vol. 7,Koninklijke Brill N. V.,Netherlands,2003,p. 614.

② Decision on the Prosecutor's Application Pursuant to Article 58 as to Muammar Mohammed Abu Minyar Gaddafi,Saif Al-Islam Gaddafi and Abdullah AL-SENUSSI,ICC-01/11,27 June 2011,para. 4,p. 3.

③ 《利比亚军事刑法典》第55条(杀害或伤害伤员)、第56条(抛弃伤员),见红十字国际委员会各国执行国际人道法在线数据库,http://www.icrc.org/ihl-nat.nsf,访问于2011年11月22日。

④ Decision on the Prosecutor's Application Pursuant to Article 58 as to Muammar Mohammed Abu Minyar Gaddafi,Saif Al-Islam Gaddafi and Abdullah AL-SENUSSI,ICC-01/11,27 June 2011,para. 69,p. 27.

为的人。利用他人行为实施犯罪的情况即间接正犯,在大陆法系刑法经典理论中存在着六种情况之多;①英美法系中,通过无罪代理人(innocent agent)制度来解决这一问题。而共同正犯的概念得到国际刑事法庭的接受并普遍化,来自于前南国际刑事法庭审判实践对共同犯罪团体(Joint Criminal Enterprise)②理论的发展。前南法庭早期的判例仅仅涉及较小规模的团体、团体中发号施令者与具体实施犯罪者相互知悉的情况,在这一模型中,由于犯罪人相互知悉,因此不太可能存在间接正犯的状况;突破来自于布尔达宁案,上诉庭明确承认:完全可能存在共同犯罪团体的成员将团体之外的人员当作犯罪工具来利用的情形,并且法律不要求犯罪实行者与共同团体成员之间达成某种犯罪协议或安排。③ 共同正犯的概念在国际刑事法院的法理中也得到了支持。国际刑事法院认为:正犯不仅包括实施符合构成要件的行为者,而且还包括不在犯罪现场但实际上控制或策划了犯罪的人,因为这些人决定了犯罪是否实施以及如何实施。④ 国际刑事法院对正犯的解读构筑在支配理论之上,罗马规约语境下的正犯包括:直接正犯、间接正犯和共同正犯(即与其他正犯根据被分配的任务控制犯罪的人)。支配理论是德国刑法思考正犯与共犯关系的核心方法⑤,支配理论集大成者洛克新认为:犯罪的核心角色是支配犯罪实施过程的人,共犯虽然对犯罪事实存在影响,但却不是能够决定性地支

---

① 这六种情况包括:(1)利用未达刑事责任年龄的人实施犯罪;(2)利用精神病人实施犯罪;(3)利用他人合法行为实施犯罪;(4)利用他人无罪过行为;(5)利用他人过失行为实施犯罪;(6)利用有故意的工具实施犯罪(包括目的犯情况下利用有故意无目的的工具和身份犯情况下有故意无身份的工具),详见陈兴良:《共同犯罪论》,《现代法学》2001年第3期,第55—56页;陈兴良:《共同犯罪论》,中国人民大学出版社2006年版,第450—457页。

② 卢旺达国际刑事法庭官方中文翻译为"共同犯罪企图",并不贴切;北京大学王世洲教授译为"共同犯罪行业"(《国际刑法学原理》,商务印书馆2009年版)。中国政法大学凌岩教授翻译为"团伙共同犯罪",并将前南法庭判决用语"co-perpetration"译为"合作共同犯罪"(《卢旺达国际刑事法庭的理论与实践》,世界知识出版社2010年版)。但考虑到"团伙犯罪"在我国刑法学中具有特殊含义,是指"犯罪集团和结伙犯罪的合称"(见陈兴良:《共同犯罪论》,中国人民大学出版社2006年版,第146—148页),因此JCE翻译成"共同犯罪团体"或"共同犯罪组织"显得更为妥当。为撰写本文目的,"共同犯罪团体"与"JCE"的含义相同。

③ Prosecutor v. Brdanin, IT-99-36-A, Appeals Chamber Judgment, paras. 410-414.

④ Prosecutor v. Thomas Lubanga Dyilo, ICC - 01/04 - 01/06, Pre - Trial Chamber Decision on Confirmation of Charges, para. 330.

⑤ Michael Bohlander, *Principles of German Criminal Law*, Hart Publishing, 2009, p. 159.

配实施过程的人。① 在此方法论指导下,对于控制共同犯罪但没有实行行为的人,只能视为正犯,在此基础上采纳"正犯背后的正犯"的概念来解读罗马规约第 25 条第三款 a 项,见诸欧陆学者的论述②,便不是奇怪的事。国际刑事法院对正犯的理解是建立在支配理论的基础之上的,③因此特别强调,共同正犯的要素之一就是对实现犯罪构成要件的协调性的、关键性的贡献。④

需要指出的是,我国法律对共同正犯的理解与国际刑事法院基于德国刑法理论的实践大相径庭。在中国刑法中,正犯即实行犯,仅仅指以自身或他人行为实施了犯罪实行行为的人。与支配理论下"正犯背后的正犯"概念相对应,我国刑法中的概念是继承自苏俄刑法的"组织犯"概念。中国刑法通说认为组织犯的行为可以包括组织行为、指挥行为、策划行为、领导行为,⑤由此实现了对大陆法系刑法理论中已经过于"臃肿"的正犯概念的简化。

五、对中国投资的保护——呼唤国际人道法和 国际投资法结合的综合视野

尽管战争前夕撤回国民行动中我国政府取得了巨大的成功,但我国投资遭受了巨大的损失,已经成为不争的事实。我国商务部官方口径,涉及中国中央国有企业的损失,合同金额为 188 亿美元,但实际损失远比合同金额大。⑥这更像是一次对我国长期以来国际政治、国际人道法和国际投资法的研究与实践缺乏融合发展的警告。事实证明,仅仅依靠人道法或投资法领域内的单一法律工具,并不能有效地保护我国海外投资的安全性。

---

① 张明楷:《外国刑法学纲要》,清华大学出版社 2007 年版,第 303—304 页。

② Kai Ambos, Joint Criminal Enterprise and Command Responsibility, in Journal of International Criminal Justice, Oxford University Press 2007, Vol. 51, p. 169.

③ Prosecutor v. Thomas Lubanga Dyilo, para. 340.

④ Ibid, paras. 346–348.

⑤ 马克昌:《犯罪通论》,武汉大学出版社 2006 年版,第 542—543 页。

⑥ 笔者认为,全面计算损失至少应包括如下几个方面:(1)188 亿美元央企合同本金中资银行为此提供的融资;(2)项目搁浅导致的预期收益损失;(3)已投入固定资产损毁和折旧;(4)撤离雇员薪酬和撤离成本。

（一）适用人道法规则保护投资的缺陷

国际人道法规则对发生武装冲突地域的来自第三方投资的保护，是极其微弱的。投资可以表现为现金、公司股份、工程特许权等多种多样的形式，这一多样性已经得到了主流投资输出大国的认可，并作出尽可能宽泛的解释。①但人道法规则所关注的"投资"，只能归结为有形物。民用物体和军事目标之间的区分，是国际人道法的基础性规则，但这一理念纯粹构架于有形物体这一前提之上。可见，即便适用国际人道法来保护我国海外投资，其保护范围是相当有限的。人道法规则中民用物体免于攻击②和禁止掠夺、抢劫平民财产③以及仅仅在急迫的必要的前提下才允许征收④的规则，大概可以概括人道法投资的保护方式和手段。但毫无疑问，对于全面保护交战双方之外的第三方的利益来说，人道法规则能够起到的作用是极其有限的，理由在于：（1）条约义务在对等性（reciprocity）为理论原型的设计之下，投资的主体——平民的界定，并非指除战斗员之外的所有人，平民的含义本身在1949年日内瓦第四公约下被严格限定，⑤实际上并不包括第三国国民；（2）交战规则中对属于投资范畴的民用物体的损毁，在比例原则的视野下，附带伤害只要不是大到与预期攻击效果不成比例，是被法律允许的。

1907年海牙第四公约附件《陆战法规和惯例章程》（以下简称《陆战章程》）第43条规定，"合法政府的权力实际上既已落入占领者手中，占领者应尽力采取一切措施，在可能范围内恢复、确保公共秩序和安全并除非万不得已，应尊重当地现行的法律。"这一规则在新近的国际司法实践中，曾被国际法院用于判断乌干达军队对其占领刚果民主共和国境内部分地区时放纵对其

---

① See US Model Bilateral Investment Treaty, released by State Department of United State, available at http://www.state.gov/documents/organization/117601.pdf, Art. 1.

② 《第一附加议定书》，第48条、第52条第二款；《第二附加议定书》，第13条第一款；Michael Bothe, Karl Joseph Partsch, Waldemar A. Solf (eds.), *New Rules for Victims of Armed Conflicts*, Martinus Nijhoff, The Hague, 1982, p. 677.

③ 《利伯法典》第44条；《海牙陆战章程》第28条、42条；1949年《日内瓦第四公约》第33条；《第二附加议定书》第4条第二款g项。

④ 《利伯法典》第15、16条。

⑤ 1949年《日内瓦第四公约》第4条。

掌控下的矿山的掠夺是否承担责任,①国际法院明确提及了占领军须承担谨慎注意义务。② 以交战国的谨慎注意义务为切入点,或许是确认武装冲突环境下保护投资的一种思路。但不可否认的是,国际法院的这一论断,实际上与科孚海峡案中在一般国际法层面强调的谨慎注意是一脉相承的——需要谨慎注意的前提是国家对义务所涉的领土可以完全地掌控。而事实上,这一"掌控"的因素,在《陆战章程》第43条的适用前提中,便体现为军事占领的存在。另一方面,适用于军事占领的人道法规则存在一个隐含的前提,即冲突属性仅为国际性武装冲突。但是,利比亚战争中,多国联军一方实施占领的可能性已经被安理会1973号决议明确排除。③

(二)利比亚主权债务和安理会决议

姑且不论其他投资损失,仅商务部公布的188亿美元的合同债权,已经构成了利比亚的一笔外债。其中合同一方为中国公司,另一方为利比亚政府,构成了利比亚的主权债务。在战争环境下,主权债务能否延续并得到履行,需要经受两方面的考验:一者,卡扎菲领导下的利比亚政府是否继续履行,比如以不可抗力、情势变更为理由拒绝履行;二者,卡扎菲政府被推翻,非正常的政府更迭发生政府继承问题,新政府是否愿意继承这一笔外债成为未知之数。此前我国商务部官员曾敦促利比亚全国过渡委员会保护中国权益,④此举反映了对第二种可能性的担忧。

上述情况反映了,在利比亚战争中,中国公司以及政府作为一个整体,缺乏锁定既有债权的法律工具,即缺乏一种方法用以保证不论利比亚战后政府如何更迭,其主权债务都必须对中国债权人履行。思考这一主权债务锁定的策略,是一个棘手的新问题,因为:一者,参与打击行动国家不需要考虑这一问题,因为战后利比亚国内局势一定会朝着有利于法、英等国的方向重新洗牌,

---

① ICJ, Case Concerning Armed Activities on the Territory of the Congo, Judgment, 2005, paras. 178-180.

② Ibid, para. 246.

③ Security Council Resolution, operative para. 4.

④ 见中国新闻网站报道:《利比亚局势变动,中国投资受到一些影响》, http://www. chinanews. com/cj/2011/08-23/3277125. shtml, 访问于2011年9月3日。

他们对利比亚政府的债权不存在被削弱的可能性;二者,在利比亚战争之前,中国均以投资输入国的身份出现,此次战争恰恰发生在中国正在从一个投资输入国向投资输出国转变的过程之中,这一情况此前我国政府从未遇到。

第一种补救方法是与利比亚反对派展开政府层面的谈判,并以协议的形式把将来利比亚新政府继续偿还债务的义务固定下来。国家责任法中关于叛乱运动发展为新政府情况下须为其行为负责的规则[1],提供了继续履约的保证。第二种策略是在安理会决议的层面将利比亚的主权债务固化。在1970、1973号决议中,仅涉及对卡扎菲政府的国外资产的冻结,并不涉及外债问题。但固化外债的做法,早在海湾战争中已经被采用。当时伊拉克政府曾试图否认1990年8月2日以前的外债,但安理会严厉地要求伊拉克必须偿还1990年8月2日之前的所有外债,[2]甚至还要求伊拉克为偿还这些主权债务建立赔偿基金,并将该基金交由国际社会监管。[3] 毫无疑问,讨论第二种策略,已经为时过晚了,但鉴于中国海外投资普遍集中在非洲、拉美、东南亚等政局不稳、战争风险挥之不去的国家的现状,在战争之初就作外交、贸易、投资的通盘考虑,显然应当是国家的理性选择。

(三)国际投资法视野

国际投资法下,外国投资在内国的保护是常规性的问题。国家通常在双边的基础上通过条约方式规定保护投资的义务,双边投资条约(Bilateral Investment Treaty,以下简称"BIT")成为常态。中国政府与利比亚并没有签订投资保护条约,故我国政府缺乏有效的双边法律工具应对此次战争中的损失。但如果两国之间存在一个双边投资条约,至少可以通过双边投资条约对武装冲突环境下的海外投资进行较为充分的保护。从一般意义上看,保护策略应当遵循如下路径:(1)尽可能扩大解释BIT中"投资"的定义,将中国公司债权解释为BIT意义上的投资;(2)尽可能扩大解释BIT中间接征收的范围,即主

---

① International Law Commission Draft Articles on State Responsibility for Interantionally Wrongful Acts 2001, Art. 10(1), (2).

② Security Council Resolution 687, S/RES/687(1990), operative para. 16, 17.

③ Ibid, operative para. 18.

张因为外国政府行为导致中国公司债权无法实现的状况,也属于间接征收的范畴,只有在满足法定程序、为公共利益目的且提供充分、及时、有效赔偿的情况下才能征收;(3)主张武装冲突不影响外国与中国政府签订的 BIT 的效力。

理论上似乎存在两个难题:一是合同债权如何被界定为投资;二是武装冲突不影响 BIT 执行的主张能否站得住脚。前者的实质是,"投资"这一概念的外延到底有多大。事实上,不论是公认的投资输出大国的实践①还是我国的做法②中,"投资"概念扩大化、多样化到可以包括债权的做法,已经被明确接受,理论上并不存在难点。武装冲突是否导致 BIT 中止或终止,从而暂停保护投资,涉及复杂的条约法问题。从技术手段上观察,缔约策略可以保证 BIT 不受冲突的影响,例如中英两国间的投资保护条约就已肯定了武装冲突期间东道国对投资给予最惠国待遇,③这实际上暗示了 BIT 在武装冲突期间继续有效。一般层面上,国际公法的发展趋势是,国际法委员会的编纂成果明确宣示:条约并不因为武装冲突而必然中止或终止;相反,多数条约在武装冲突期间应当继续履行。④ 中国政府对国际法委员会的方法持赞同态度。⑤

---

① See US Model Bilateral Investment Treaty, released by State Department of United State, available at http://www. state. gov/documents/organization/117601. pdf, Art. 1.

② eg. See Agreement Between the Government of The Republic of Chile and the Government of People's Republic of China Concerning the Enforcement and the Reciprocal Protection of Invesment, Art. 1(1)(c); Agreement Between the Government of United Kingdom and the Government of People's Republic of China Concerning thePromotion and the Reciprocal Protection of Invesment, Art. 1(1)(a)(iii); Agreement Between the Government of People's Republic of China and the Federal Republic of GermanyConcerning the Enforcement and the Reciprocal Protection of Invesment, Art. 1(c), all availalbe at the online database of United Nations Conference of Trade and Development, http://www. unctadxi. org/templates/DocSearch— 779. aspx, visited at 11 December 2011.

③ See Agreement Between the Government of United Kingdom and the Government of People's Republic of China Concerning thePromotion and the Reciprocal Protection of Invesment, Art. 1(1)(a).

④ International Law Commission Draft for Effects of Armed Conflicts on Treaties 2011, Art. 3; H. Lauterpacht (ed.), *Oppenheim's International Law*, vol. II, *Disputes, War and Neutrality*, London, Longman, 1948, p. 302; A. D. McNair, *The Law of Treaties*, Oxford, Clarendon, 1961, p. 697.

⑤ International Law Commission, Effects of armed conflicts on treaties, Comments and information received from Governments, 15 March 2010, A/CN. 4/622, p. 10.

六、结语和展望

利比亚战争带来了众多错综复杂的国际法问题。不论在使用武力合法性方面还是在国际人道法方面，不论是关于卡扎菲集团成员的个人刑事责任问题，还是外国提供武器引起的不干涉内政原则适用的问题，均反映了国际法的最新发展和挑战。最为重要的是，我国外交政策历来奉"韬光养晦"、"绝不当头"为圭臬，以此为基调的外交、军事观念下，中国政府历来缺乏介入全球安全争端的冲动。国人因而认为发生在中东、北非的战事离以经济建设为中心的中国过于遥远。但在中国社会的经济、政治越来越融入世界的大背景下，利比亚战争将中国国家利益与一次武装冲突如此紧密地联系在一起，以至于我们不得不对长期以来形成的、海外投资问题的单一化研究思路进行痛苦的反思。事实证明，随着战争进程的深入，我国公司、国民在利比亚的财产损害处于难以救济的困境之中，国际人道法的规则对于保护投资存在先天性的缺陷；此外，不论在安理会政治博弈的层面，还是在投资双边保护的层面，我们都面临缺乏战略规划、风险控制以及策略灵活选择的问题。利比亚战争仅仅是一次不算太严厉的警告，目前中国国家利益在金融危机挥之不去的背景之下反而在外海急速拓展，而如何保护这些海外利益，则期待着政府与学界、商界用一种更加综合化、一体化的眼光来观察世界。

论联合国维和行动与人道法、
人权法的适用性

谢 丹[*]

维和行动作为"联合国在国际事务中发挥重要作用的象征",在冷战结束后发生了一些值得注意的重大变化,如次数增多、职权范围扩大、大国广泛参与等,并出现了从"维持和平"向"强制和平"的转化迹象。在这个过程中,联合国维和行动的原有法律特征,如:维和行动是现行国际法体系下解决国际纠纷的合法手段,维和行动以遵守国际人道主义法为前提实施自卫性军事行为,维和行动尊重国家主权并具有自愿性、中立性和非强制性等,受到了前所未有的挑战和冲击。围绕这种情况,最近有些西方国家的专家学者通过各种途径宣扬、强调"人权法在联合国维和行动中的适用问题",引起了学界的广泛关注。[①]

将人权法引入联合国维和行动,姑且不论其内在动因如何,却都将对维和行动的前提、目的、范围、强度及结果等产生重大而深远的影响,使维和行动的价值取向与其本质特征和联合国的初衷渐行渐远,甚至存在使"维和行动"沦为强权政治和霸权主义适用工具的可能。因此,"人权法在联合国维和行动中的适用问题",值得我们深思和分析。

---

[*] 谢丹,中国人民解放军军事法院国家二级法官。

[①] 2011年11月9日,国际军事法和战争法国际研讨会在北京召开,挪威K. M. 拉森博士宣读《人权法在和平行动中的适用》、荷兰T. 吉尔教授宣读《和平行动的法律框架》等,引起与会专家学者的注意和讨论。

一、联合国维和行动法律适用原则

要研究"人权法在联合国维和行动中的适用问题",首先需要明确联合国维和行动的法律适用原则。形成共识的联合国维持和平行动以军事观察团及维持和平部队所实施的军事行为,通过在交战双方之间建立和平区域而起到隔离战火和缓冲战争等作用,而文职人员及维和警察仅在冲突当地的治安管理、维护选举等方面从事相关的辅助和配合工作。维和行动是以联合国宪章为根本法律基础的。《宪章》第六章中规定了"和平解决争端的程序",即通过调停、斡旋、谈判等方式和平解决冲突。而第七章则规定了"对于威胁、破坏和平及侵略的应对办法",安理会对于严重威胁到世界和平的冲突在和平解决争端程序无法启动或调解无效的情况下,可以通过强制手段(包括必要的海陆空军示威,军事封锁及其他军事行动)制止侵略,进而遏制争端,防止局势恶化,这便是联合国集体安全机制下的"强制行为"。它是在调解不通、维和不成的前提下通过集体安全措施来强迫冲突各方放弃战争、实现和平。《宪章》第六章是关于争端和平解决的,第七章则是关于和平之威胁、破坏及侵略行为的强制性应付办法。第七章包括《宪章》第39—48条,第39条规定了安理会对和平之威胁、破坏或侵略行为的断定和做出决定;第40—42条规定了安理会对和平威胁、破坏或侵略行为所采取的应付措施,包括经济关系、交通、通信、外交等的局部或全部断绝及必要的海陆空军行动等;第43—45条规定了联合国会员国供给维持国际和平及安全所必需的军队,提供协助、便利等;第46—48条规定了武力使用计划的指挥和执行问题。[①] 由此可见,联合国宪章的第六、第七两章有内在的逻辑联系,从而构成联合国维和行动的法律基础,即维和行动是以联合国安理会为主导、旨在制止武装冲突、恢复并维持和平的集体安全机制。联合国维和行动的这一根本性法律基础,是决定其本质特征和相关规范的重要依据。正是由于维和行动具有这样的法律基础和规范约束,其适用法律的基本原则应当包括:

---

① 许光建主编:《联合国宪章诠释》,山西教育出版社1999年版。

一是授权性，即它所遵守和执行的法律只能是联合国及其安理会的正式文件或相关决议，特别是联合国安理会就具体的维和行动所形成的决议及规范内容，而不允许打着维和部队的旗号各行其是或者随意曲解有关授权。维和行动必须避免卷入局部武装冲突，甚至直接成为交战一方或某交战方的盟军。例如，禁飞区指的是在某一地的上空，禁止任何未经特别申请许可的航空器(包括飞机、直升机、热气球等)飞入或飞越的空域。利比亚内乱发生后，为了制裁卡扎菲政权和"保护平民和平民中心"的安全，虽然俄罗斯、中国、德国、巴西、印度等国投了弃权票，联合国安理会仍于2011年3月17日投票通过第1973号决议，在利比亚设立禁飞区。此后，美英法等国联军对利比亚政府的军事设施和重要目标实施了大规模空袭，并直接为反政府武装提供及时有力的空中掩护，利比亚禁飞区由"禁止航空器飞行的空域"演变成可以"飞进去狂轰滥炸的区域"，联合国安理会的授权被严重曲解。

二是公认性，维和行动适用的法律必须具有广泛的公认性，即能够反映当事各方的意愿，规范本身明确具体，不存在歧义或争端，从而保证维和行动步调一致、性质不变。目前民族冲突、地区纷争、恐怖主义威胁着世界的和平与安全，而与这些不安全因素具有同样、甚至更大破坏力的是当今世界的霸权主义和强权政治。某些大国从自身利益出发，千方百计地绕过联合国并在未经授权的情况下以各种名义对别国进行军事侵略和武力打击，单方强调自身的法律观点、法律主张和法律制度。这种漠视和破坏联合国现有安全机制的行为对于世界的和平与发展具有极大的危害，也违背了人类公平、正义，特别是人权等基本价值观和国际法关于战争与和平的基本理念。

三是自愿性，维和行动应当建立在当事方自愿的基础上，其首要的法律特征就在于它是联合国主导的国际法体系下的合法行为，具有非强制性。我国著名的国际法学家李浩培先生说过：主权国家以平权并存于世，它们绝不承认有任何更高的实体有权对它们发号施令。因此，维和行动所适用的法律规范也必须得到有关各方的赞同或认可，充分尊重世界各国包括法制权在内的国家主权，否则就将背离其宗旨，受到怀疑或诟病。与此相对，在冷战后以联合国驻索马里维持和平行动为代表的军事行动，违背传统维和行动的公平、中立等原则，而试图通过武力干涉达到强制和平的目的。这种不考虑当事国的意愿，以军事、武力相胁迫的所谓"强制维和"，是非正义的、非法的，而且实效不佳、后患无穷。

综上，只有正确认识和准确把握联合国维和行动的法律适用原则，才能使我们对"人权法在联合国维和行动中的适用问题"有一个原则性的清醒认识。"真理向前一步就可能变成谬误"。任何一种将联合国维和行动的适用法律问题引向宽泛、虚幻、争议的说辞，不论是如何的冠冕堂皇、貌似公正和"理直气壮"，都可能导致维和行动背离其原有宗旨和联合国安全理事会的有效控制，改变现存的国际秩序和争端解决机制，从而使国际社会面临新的、更大的危险。

二、联合国维和行动与国际人道法

国际人道法和人权法之间有许多共同点。从一定意义上说，国际人道法就是战时的人权法，是人权法在战争和武装冲突情况下的重要体现及具体运用。正是由于国际人道法与人权法有着这样的密切联系和深刻渊源，要探讨人权法在维和行动中的适用，还需要分析研究维和行动与国际人道法的关系问题。国际人道法是由协定和习惯构成，从海牙法和日内瓦法发展而来的，在国际性和非国际性武装冲突中限制作战手段和方法，保护已经或可能受武装冲突危害的人员及财产，以最大限度地满足武装冲突中人道要求的统一的国际法规则体系。"国际人道法"应是"战争法"或"武装冲突法"的现代用语。但不论其名称如何改变，国际人道法只适用于战争和武装冲突的特性却没有改变。

联合国维和行动与战争或武装冲突的核心区别在于：维和行动是以和平为目的，经过合法授权，执行主体是各中立会员国提供的人员；而后者以自己国家的利益为导向，试图通过军事斗争达成特定政治目的，执行主体是本国或联盟军队。维和行动中的使用武力行动属于法律范畴，也属于政治范畴；对于维和行动中武力行动的解释和运用既是一个法律问题，更是一个政治问题，且政治先于法律。国际人道法作为规范战争和武装冲突的国际法，并不排除在相对和平时期的实施和适用。正因为如此，以预防、制止战争和武装冲突，恢复和保持和平为目的的联合国维和行动，十分注重对国际人道法的遵守和运用。联合国及其有关部门以国际人道法为指针,通过制定专门适用于维和行动的交战规则,使有关的国际人道法规范更具可操作性和具体针对性,以充分体现其对国际人道法的重视和尊重。2005 年 5 月,联合国维和行动部的军事部发布了《为联合国维持和平行动发展交战规则指南》,旨在为所有参与维和行动的不同国家武装力量的统一行动设定规范和准则。这一指南在此后的历次维和行动实践中得到了较好落实,创造并维护了维和部队守法之师、文明之师的良好形象。

《为联合国维持和平行动发展交战规则指南》等专门适用于维和行动的交战规则,与各种依据国际人道法规范所制定的、适用于战争和武装冲突的交战规则相比,根据《联合国宪章》精神和维和行动宗旨,突出了武装冲突交战规则与维持和平行动交战规则在基本理念、目的意图及具体措施等方面的不同之处,它阐释的自卫原则和保护平民要求是武装冲突法平衡"军事必要"与"人道要求"主题在维持和平行动中的拓展延伸,因而更加强调自卫概念的狭义性、使用武力的严肃性、命令程序的严格性和冲突规模的可控性,进一步阐释和体现了维和行动的本质特征。维和行动交战规则要求妥善处置自卫行为与保护平民的关系,只有在完全出于自卫和保护联合国财产时才可以最低限度地使用武力,把保护和平居民放在更加突出重要的位置上,彰显联合国一贯主张的武装冲突中的人权保障,从而更好、更充分地反映了人道主义法的理念、当今的时代主题和联合国维和行动的宗旨,对交战规则的发展进步乃至国际人道主义法的传播、宣示都起到了很好的示范和推动作用,同时也成为维和行动遵守的重要基本规范。

三、联合国维和行动中的人权法

人权法是一个以在国内法上贯彻国际公认的人权标准为重点,包括公民权利和政治权利,经济、社会和文化权利,以及发展权等民族和集体权利的庞大体系。半个多世纪以来,联合国制定或通过的有关人权的文件,以《联合国宪章》、《世界人权宣言》、《公民权利和政治权利国际公约》、《禁止酷刑和其他残忍、不人道或有辱人格待遇或处罚公约》等为核心,范围极广、卷帙浩繁。

需要注意的是,目前世界上就人权而言,并没有统一的标准和详尽的规范,就连人权包括哪些内容也未达成共识,因此人权没有一个公认的定义,各国出于自身原因,往往对人权的概念理解不同,宣传和保护工作也各有侧重,许多国家认为人权属于国内法管辖范围而非由国际法调整。正因为如此,在联合国维和行动中,参照适用国际人道法与适用人权法在性质上是完全不同的。

首先,人权法与国际人道法既有联系也有明显的区别,人权法是人道法的本源和基石,前者倡导保护人的基本权利,如生命权、财产权、健康等;后者专门保护战争及武装冲突中的平民和受难者。人权法是维和行动的前提,而人道法则是维和行动的遵循。因此,就承担特定政治任务的武装集团—军队和与武装冲突密切相关的军事行动而言,人道法的责任更为重要和直接。

其次,联合国维和行动与战争及武装冲突在目的、原则上有本质的区别,虽然人权法的重要规范如《联合国人权公约》已成为国际社会的一种共识,但按照特别法优于普通法的一般性法律适用原则,联合国维和行动所涉及的人权法范围有限。就其职责和能力而言,可能涉及生命权、财产权等最低限度的人权,而较少或不涉及政治权利和名誉权、迁徙权、就业权等较为高级人权。

第三,联合国维和行动及其所属部队在维和行动中不得有侵犯人权的行为与通过维和行动恢复或建立人权秩序是有重大和原则区别的。后者的责任主要在主权国家,在这方面,联合国主要应当是倡导而不是强制。当然,联合国维和行动及所属部队应当模范遵守和自我落实人权法,以自身的良好形象为宣传和普及人权法作出应有贡献。

第四,人权法规定的人权,国家有权酌情克减的权力,实施人权法的措施主要是依据公认的国际人权标准,完善和改进司法、行政及立法;而国际人道法给予武装冲突受难者的保护,任何当局、机构和人员都无权克减,联合国维和行动尤为如此,它参照国际人道法所制定的交战规则,目的就是通过约束任务部队更好地保护武装冲突受难者和可能受害人员,是实践和落实最为迫切的人权。

最后,面对日益复杂的国际安全形势,联合国维和行动至今尚未形成完整、规范的国际制度,同时由于缺少明确具体法律文本的规范,对于其法理依据及法律性质还存有分歧。近年来,维和行动越来越多地用于处理国家内部冲突和内战,越来越多地出现了强行使用武力的情况。这样做是否有悖于联合国维和行动的初衷？是否应该取缔或加以必要的限制？是否可以建立审查和追责制度？还是继续默许、放任甚至鼓励？在这种情况下，要求联合国维和行动直接适用人权法显然是不合适的。

计算机网络攻击与禁止使用武力原则

朱雁新*

　　《联合国宪章》第2(4)条是现代国际法合法使用武力规范①体系的核心条款,诚如著名国际法学者路易斯·亨金所说:"《联合国宪章》第2(4)条是国际法最重要的规范,它是国际法律制度首要价值的浓缩和体现,是国家独立自主的保护神。"②第2(4)条相当清楚地表明了国际社会对使用武力的态度:"各会员国在其国际关系上不得使用威胁或武力,或以与联合国宗旨不符之任何其他方法,侵害任何会员国或国家之领土完整或政治独立",它被简称为"禁止使用武力原则",即禁止国家在国际关系上使用武力或以武力相威胁。③

　　然而,国际社会制定和理解以《联合国宪章》为核心的武力使用规范,主要是建立在对传统战争形态——机械化战争的认识基础上的。但自20世纪末以来,出现了电子战、电磁战、太空战、网络战等一些新型战争形态或

---

　　* 朱雁新,西安政治学院武装冲突法研究所研究员,法学博士。

　　① 现代国际法中的合法使用武力规范即"诉诸战争权"(*jus ad bellum*)的规范,主要包括《联合国宪章》第2(4)条、第39条以及第51条。此外,相关的联合国大会决议、国际法院判决和咨询意见、国际组织文件等是对这些规范的具体阐释和发展,他们共同形成了以《联合国宪章》为核心的合法使用武力的国际法规范体系。

　　② Louis Henkin, *International Law: Politics and Value*, Document: Martinus Nijhoff Publishers, 1995, p. 113.

　　③ 《联合国宪章》第51条也涉及国家使用力量的问题,它与第2(4)条结合在一起,以"武力"和"武装攻击"为界,把相关的国家行为分作三类:一是没有越过第2(4)条门槛、不构成"使用武力"的行为,如断绝外交关系、搜集情报等;二是越过第2(4)条门槛、构成"使用武力"但未达到"武装攻击"程度的行为,如调集军队;三是越过"武装攻击"门槛、可引发国家自卫权的行为,如武装侵略。由于这三类行为的法律性质不同,从而引起不同的法律适用和权利义务关系,因此按照这一分类认定国家使用力量行为的性质具有较大的参考价值。

作战样式,他们的攻防手段、交战空间和毁伤效果等与此前所有的战争形态截然不同,这些新型的战争形态或作战样式还能继续适用原有的武力使用规范吗? 特别是他们与禁止使用武力原则有什么关系? 本文选取计算机网络攻击(computer network attack,CNA)①为例,探讨它能否适用《联合国宪章》第2(4)条的问题,以期深化对未来战争形态与禁止使用武力原则的关系的认识。

一、对"武力"和"武力威胁"的理解

辨析"使用威胁或武力"(threat or use of force),即"使用武力"(use of force)和"武力威胁"(threat of force)的含义是理解《联合国宪章》第2(4)条的关键,也是判断军事行动是否违反禁止使用武力原则的前提。

而"武力"(force)的含义或者范围不仅是界定"使用武力"和"武力威胁"的核心,也是有关第2(4)条争议最大的问题。就此大致有两大对立观点:一是对"武力"的狭义解释,它基于对旧金山制宪会议文件的分析和联合国实践的考察,认为"武力"仅限于武装或军事力量,持此立场的多为英美等西方国家和一些拉美国家;二是对"武力"的广义解释,主张"武力"不仅包括武装力量的胁迫,而且也包括非武装力量的胁迫,尤其是为迫使他国屈服而施加严厉的政治或经济制裁的做法,也构成第2(4)条所禁止的"武力",持此立场的主要是大多数亚非国家、苏联东欧国家和一些拉美国家。实际上,无论是第2(4)条本身,还是合法使用武力规范的其他条款和当时拟制《联合国宪章》的

---

① 也有将类似交战手段称为"网络战"(cyber warfare)、"网络作战"(cyber operation)、"网络攻击"(cyber attack)等。根据较有代表性但并不全面的一个定义,"计算机网络攻击"是"通过计算机网络扰乱、剥夺、削弱或破坏存储在计算机和计算机网络中的信息,或对计算机和网络本身采取这些行动的作战行动",它是"信息作战"(information operation)的一种具体类型。"信息作战"下辖有五种作战形式——电子战(electronic warfare)、计算机网络战(computer network operations)、心理战(psychological operations)、军事欺骗(military deception)和作战保密(operations security),其中计算机网络战包括计算机网络攻击(computer network attacks,CNA)、计算机网络防御(computer network defense,CND)和计算机网络刺探(computer network exploitation,CNE)三种类型(美军《联合信息作战条令》2006年版)。

文献资料,都没有给出"武力"一词的明确界定。直至今天,仍不存在有关"武力"含义的协商一致的国家实践,或者联合国实践明确支持的解释。当然,"如果各种经济和政治胁迫措施的目的,是破坏或摧毁一个国家、实行种族灭绝、造成大规模的或严重的对基本人权的侵犯,那么他们应被视为违法行为"[1],但视之为第2(4)条所指的"武力"似有不妥。相比而言,本文赞同对"武力"的狭义解释。

所谓"武力威胁"是指通过声明或行动作出的、要对别国非法使用武力的明示或暗示的表示,其实现与否取决于威胁者的意愿。联合国秘书长在《关于侵略定义问题的报告》(1952年)中具体描述了威胁使用武力的情形:当一国为了将其意志强迫给他国而威胁要对后者使用武力时,使用武力的威胁就发生了。此等威胁的最典型形式是最后通牒,即一国限定对方接受要求的期限,并警告对方如拒绝所提要求,将向对方宣战或采取某些胁迫措施,诸如海军封锁、轰炸或占领对方领土等……武力威胁不同于使用武力,这正如威胁杀人有别于谋杀一样。说出此种威胁的人或许并不想付诸实施,此时威胁仅是一种恐吓和勒索。[2] 因此,武力威胁的目的是要迫使其他国家屈服于本国的意志,并不涉及武力的实际使用。但由于作为胁迫手段的武力威胁能够产生严重的后果,因而《国际法原则宣言》(1970年)宣布:"国家领土不得成为他国以使用威胁或武力取得之对象",《维也纳条约法公约》(1969年)第52条也规定,以威胁或使用武力对一国施行强迫而缔结的条约无效。此外,就怎样合法应对"武力威胁",联合国国际法委员会在1951年准备《危害人类和平及安全治罪法草案》时曾表决得出结论:威胁使用武力是一种犯罪,但此等威胁不构成侵略。由于武力威胁不构成侵略,因而它不产生受威胁国进行自卫的权利。对于武力威胁做出反应的正当方式是采取相同性质的行为和外交行为,包括提请联合国安理会,使用根据《联合国宪章》第六章和第七章规定的权力,采取应对措施。[3]

---

① 黄瑶:《论禁止使用武力原则》,北京大学出版社2003年版,第177页。

② Secretary-General of the United Nations, *Report on the Question of Defining Aggression*, U. N. Doc. A/2211, October 3, 1952, p. 52.

③ [苏]克里缅科等编:《国际法词典》,商务印书馆1996年版,第137—138页。

中国国际人道法:传播、实践与发展

二、涉及计算机网络攻击的"武力威胁"

依据计算机网络攻击的特点和一些实践做法,并参照"武力威胁"在传统战争形态中的表现方式,可大致归纳出涉及计算机网络攻击的两种"武力威胁"情形。

一是通过计算机网络声明威胁使用武力。这涉及武力威胁的形式。虽然第2(4)条并没有对武力威胁所应采取的形式加以限定,但在实践中形成了书面和口头两种主要形式。前者如英国于1946年8月2日照会阿尔巴尼亚,声明如果阿方的海岸卫队企图阻止英军舰通过科孚海峡并开火,英舰将以牙还牙。后者的具体类型多样,可能是公开或私下传达的,明示或暗示的,正式或非正式的等等。此外,武力威胁还可以通过行动来宣示,如提高军队戒备状态、进行军事演习或在边境集结军队等。如果网络被用作传递传统武力威胁或计算机网络攻击威胁信号的媒介,可能会采取发送电子邮件、发布电子公告等方法,虽然表面上与以往形式有所不同,但"通过网络传达威胁与通过传统方式传达威胁在理论上应当没有区别"[1],因此不会产生与以往形式不一样的法律后果。

二是发出欲实施计算机网络攻击的威胁。一些比较有影响的观点都认为,武力威胁的合法性取决于威胁实施的武力的合法性。如布朗利教授指出,武力威胁"存在于一国政府的明确或暗示的承诺,承诺在对方不接受该国政府某些要求的条件下它将诉诸武力。倘若此承诺中的诉诸武力不存在正当的理由,那么此等威胁本身是非法的"。[2] 国际法院也将武力威胁的合法性与同等情况下武力使用的合法性联系在一起,它认为"如果假设要使用的武力本身是非法的,那么所说的要使用这种武力就构成第2(4)条所禁止的威胁。例如,一国威胁要使用武力以从另一国获得领土,或者促使另一国跟从或不跟随

① Marco Roscini, *World Wide Warfare—Jus ad bellum and the Use of Cyber Force*, A. Von Bogdandy and R. Wolfrum, (eds.), Max Planck Yearbook of United Nations Law, Volume 14, 2010, p. 104.

② Ian Brownlie, *International Law and the Use of Force by States*, Oxford University Press, 1963, p. 364.

某些政治或经济路线,都是非法的威胁"①。因此,威胁实施计算机网络攻击的合法性取决于拟实施的计算机网络攻击行为本身的合法性,即要看该计算机网络攻击行为是否属于第2(4)条所禁止使用的"武力",这又涉及对计算机网络攻击行为与第2(4)条"使用武力"的关系的理解。

三、计算机网络攻击能否构成"使用武力"

对计算机网络攻击能否构成"使用武力"的判断既涉及对禁止使用武力原则的理解,也与国家在相关领域的态度和实践密切相关,还应科学借鉴有关的理论研究成果。

(一)能否构成"使用武力"与武器的性质无关

对"武力"的狭义和广义解释都承认"武装力量"(armed force)是"武力"的主要或核心内容。那么,何谓"武装"(armed)?"武装"的"force"与非"武装"的"force"有什么不同?计算机网络攻击是否属于"武装"的"force"?

根据《布莱克法律词典》,"武装"(armed)系指"用武器装备"或"关于武器的使用"。② 可见,对"武装"的理解离不开"武器"③,不同的"武器"会产生不同的"武装"。而武器之所以不同在很大程度上是因为武器的技术原理不同。因此可以说,武器的技术原理影响了武装的形态,应当根据武器技术原理的发展水平来更新对"武装"以及"武力"的认识,否则人们对第2(4)条中"武力"的理解将永远停留在以第二次世界大战结束时武器技术为参照的水平,而与现代武器及其技术原理无关。所以,尽管二战以来武器技术的迅速发展冲击了人们对武器的固有印象——爆炸性、攻击性和物理破坏性,但一些不完全具备传统武器特征的新型装备,如生化武器、定向能武器、激光武器和改变环境的技术等仍被公认为是"武装",其使用受到禁止使用武力原则和新战争

① *Nuclear Weapons Advisory Opinion*, ICJ Reports, 1996, paras. 47-48.

② B. A. Garner(ed.), Black's Law Dictionary, 2009, p. 123.

③ "武器"(weapon)是"使用或拟用以伤害或杀害人员的工具"。B. A. Garner(ed.), Black's Law Dictionary, 2009, p. 1730.

法条约的严格限制,如《禁止细菌(生物)及毒素武器的发展、生产及储存以及销毁这类武器的公约》(1972 年)、《禁止为军事或任何其他敌对目的使用改变环境的技术的公约》(1977 年)、《关于禁止发展、生产、储存和使用化学武器及销毁此种武器的公约》(1993 年)和《激光致盲武器议定书》(1996年)等。

计算机网络攻击不同于此前所有的"武装"形式,它不仅不具有爆炸性、可视性以及物理上的攻击性和破坏性等传统"武装"特征,而且迄今尚无可明确适用的任何一部国际法规范。那么,计算机网络攻击可以构成"武装"或者"武力"吗?第2(4)条能约束它吗?国际法院为解决这一疑惑提供了富有价值的指导。在"关于核武器合法性问题的咨询意见"中,法官认为:《联合国宪章》第2(4)条、第51 条和第42 条"并未特指具体武器,它们适用于一切使用武力的情况,而与所使用的武器无关"[1]。也就是说,宪章有关使用武力条款的适用并不取决于所用武器的外部特征,只要该武力使用"被认为是一种交战形式,并被用以破坏生命和财产"[2],就是被第2(4)条所禁止的"武力"或"武装力量"。易言之,军事行动是否构成"使用武力"与行动所用的武器无关。按照这一逻辑,计算机网络攻击所用的武器是不是具备传统武器特征并不是攻击构成"武装"和适用第2(4)条的关键,只要该武器的使用被认为属于交战,并被用以产生足够的破坏,计算机网络攻击就是"使用武力",就应适用第2(4)条。

(二)相关的国家态度和实践

计算机网络攻击是否构成"使用武力"还要考虑各国的态度和实践。已有一些国家公开表达了计算机网络攻击或武器属于"使用武力"、"武装力量"或者"武力"的观点。如美国《2020 年联合构想》明确指出要在信息行动中使用非动能武器[3]。美国《国家军事战略》(2004 年)指出,网络攻击属于"大规模影响武器"(weapons of mass effect),这"取决于其破坏性影响而非毁坏性动

---

① *Legality of the Threat or Use of Nuclear Weapons*, ICJ Reports, 1996, para. 39.

② Ian Brownlie, *International Law and the Use of Force by States*, Oxford University Press, 1963, p. 362.

③ *Joint Vision 2020–America's Military: Preparing for Tomorrow*, June 2000, p. 23.

能后果",例如,如果对美国的商业信息系统或交通网发动网络攻击,其所造成的经济或心理影响远比施放少量毒剂要大。[1] 再如,俄罗斯近年来一直在积极倡议达成关于禁止发展、生产和使用特别危险的信息武器的裁军协议,它在给安理会递交的意见中指出,"信息武器"具有"与大规模杀伤性武器类似的毁灭性后果",因此,"对俄罗斯或其军队使用信息武器无论是否产生伤亡,绝不被认为是非军事性质的冲突"[2]。英国的安全与反恐副秘书也认为,破坏发电站的网络攻击是战争行为。[3] 爱沙尼亚国防部长将网络封锁视同为传统的港口海军封锁行为。[4] 在实践中,许多国家已将网络空间开拓为新的军事活动领域,把计算机网络攻击列为"武装"。如美国、俄罗斯、中国、朝鲜、韩国、古巴、日本、德国、法国、伊拉克、以色列和保加利亚等国都将计算机网络攻击列入军备,纳入到国家或军事战略方针、军事条令条例当中。[5]

(三)两种学理解释

目前较有代表性的研究思路是,通过对比计算机网络攻击与传统"武装力量"的相似性来判断它是否属于"使用武力"。即归纳出传统"武装力量"的特征,以此为标准衡量计算机网络攻击,然后给出结论。有两个"武装力量"标准在学界颇具影响:一是美国学者沃特尔·加里·夏普(Walter Gary Sharp)提出的"破坏性后果"(destructive effect)标准,另一是美国学者迈克尔·施密特(Michael Schmitt)提出的"武装力量特征"(characteristics of armed force)标准。

1. 以"破坏性后果"为标准的判断

夏普主张:"所有故意在别国主权领土中造成任何破坏性后果的计算机网络攻击,都是第2(4)条意义上的非法使用武力,该行为可能发展成为引发

---

① *The National Military Strategy of the United States of America--A Strategy for Today*; *a Vision for Tomorrow*, 2004, 1.

② 引自俄罗斯一位高级军官的讲话。V. M. Antolin-Jenkins, *Defining the Parameters of Cyberwar Operations*: *Looking for Law in All the Wrong Places?*, Naval Law Review 51(2005), p. 132.

③ J. Doward, *Britain fends off flood of foreign cyber-attacks*, The Observer, 7 March 2010, p. 19.

④ NATO Parliamentary Assembly, *NATO and Cyber Defence*, 173 DSCFC 09 E bis, 2009, para. 59.

⑤ N. Solce, *The Battlefield of Cyber-space*: *The Inevitable New Military Branch-The Cyber Force*, Albany Law Journal of Science and Technology 18 (2008), p. 298.

自卫权的武装攻击。"①由于"破坏性后果"标准较为简单易行,且符合人们对"武力"的习惯和直观认识,因而受到一定认同。但是,只有对"破坏性后果"一词作出清晰界定,该标准才有实际价值。

首先,"破坏性后果"的类型有哪些?按照对"武力"的传统理解,破坏性后果自然应包括物理上的人身伤害和财产损害。那么,非物理的损伤能包含在内吗?比如因政治和经济胁迫手段导致的"破坏性后果"。为解决这一问题,夏普把政治和经济胁迫手段分为两类——威胁到国家主权独立和领土完整的政治和经济胁迫手段,以及未威胁到国家主权独立和领土完整的政治和经济胁迫手段。并认为,尽管第2(4)条不包括所有意图影响别国政策或行为的政治和经济胁迫措施,但应包括威胁到国家主权独立和领土完整的政治和经济胁迫措施。② 据此,假设计算机网络攻击给目标国制造了政治和经济胁迫(如攻击政府、媒体、银行或商务网站,扰乱了金融市场、进出口贸易或社会秩序),且后果严重到足以威胁它的主权独立和领土完整,则该计算机网络攻击就应被认为是"使用武力"。

按照夏普的观点,"武力"包括"武装力量"和威胁到国家主权独立和领土完整的政治和经济胁迫两类,这实际上是"武力"的广义和狭义解释的折中方案。但由此带来的新问题是,如何判定某个政治和经济胁迫是否威胁到国家的主权独立和领土完整?这是一个主观性很强、往往只能在事后作出判断且缺乏标准的问题。例如,1973年阿拉伯国家以石油禁运为武器,发动了打击以色列及其支持者的斗争,以色列人认为阿拉伯国家的目的是清除以色列,而多数阿拉伯国家认为其目的仅是迫使以色列在政治问题上作出让步。阿拉伯国家的经济胁迫行为威胁到了以色列的主权独立和领土完整了吗?当事人双方显然意见不一。在判断计算机网络攻击是否威胁到目标国的主权独立和领土完整时,也存在同样的问题。2007年爱沙尼亚网络攻击事件发生后,爱沙尼亚政府认为遭受到了第2(4)条意义上的"武力"攻击,主权独立和领土完整受到严重和实际的威胁,并援引《北大西洋公约》第5条③要求北约行使集

---

① Walter Gary Sharp, *Cyberspace and the Use of Force*, 1999, p. 140.

② Walter Gary Sharp, *Cyberspace and the Use of Force*, 1999, pp. 90—91.

③ 该条内容是,联盟有义务攻击对一个盟国的侵犯。

体自卫权,而北约并未作出积极回应,主要原因就在于难以认定这种危害行为应否属于"使用武力"。

其次,"破坏性后果"标准还存在另一个问题,即它仅考虑到政治和经济胁迫这一类计算机网络攻击可能造成非物理性破坏的情形,而遗漏了其他大量情形。实际上,产生非物理性破坏后果是计算机网络攻击与传统"武力"的一个显著区别,迄今多数计算机网络攻击造成的都是非物理性损害,如系统数据被窃取或删除、系统功能丧失或瘫痪等,尽管其打击效果不像物理性损害那样具有强烈的视觉冲击,但打击对象是网络化军队或社会的"神经系统",其影响程度可想而知。因此,美军新修订的《联合信息作战条令》(2006 年)重新界定了计算机网络攻击的定义,强调计算机网络攻击是"通过计算机网络"以"扰乱、剥夺、削弱或破坏"的方式对"存储在计算机和计算机网络中的信息"或"计算机和网络本身"采取的作战行动。① 这也说明,计算机网络攻击的突出特征是非物理性破坏,且这种破坏不一定表现为政治和经济胁迫。当然,夏普没有对造成非物理性破坏的计算机网络攻击作全面考察或许另有原因,如为了尽量缩小"武力"的外延,限制第 2(4)条的适用范围,加大禁止使用武力原则的可操作性;或是因为认定此类攻击是否构成"使用武力"存在难以解决的技术障碍,为使问题简化只好对研究对象作出取舍。

第三,能否仅以损害"后果"作为判断构成"使用武力"的标准?夏普认为,既然造成人员财产损伤的非军事物理力量(non-military physical force)可以构成"武力"②(如故意在边境泄洪或引发森林大火,造成邻国人员伤亡和财产损坏),那造成同样后果的计算机网络攻击也可构成"武力"(如操控交通控制系统造成火车相撞、飞机坠毁等)。这个推论存在方法问题。损害结果标准是当初为解释非军事物理力量的"武力"性质,将它与传统武装力量相比较而提出的,那么能否为解释计算机网络攻击的"武力"性质,继续沿用该标准,

---

① Chairman of the Joint Chiefs of Staff, *Joint Doctrine for Information Operations*, Joint Publication 3-13,13 February 2006,GL-5.

② 许多学者认为,一国对另一国故意和敌对地使用非军事物理力量,如果其后果与军事力量所造成的后果足够相似,无论是否达到了《联合国宪章》第 51 条所规定的"武装攻击"的程度,都属于《联合国宪章》第 2(4)条所禁止的"使用武力"行为。参见 Daniel B. Silver, *Computer Network Attack as a Use of Force under Article 2(4) of the United Nations Charter*, M. N. Schmitt/ B. T. O'Donnell (eds), Computer Network Attack and International Law,2001,p. 83。

将计算机网络攻击与非军事物理力量相比较呢？恐怕不行。因为计算机网络攻击不仅会产生"人员财产损伤"，更主要的是会产生非物理损害，而该推论仅涉及物理损害，其结论是片面的。这个推论的缺陷还在于可能存在后果相同、性质却不同的反例。比如，同样是造成一国社会秩序的混乱，但一个是由于他国派遣武装人员潜入、破坏网络通信电缆所致，另一个则是由于网络攻击瘫痪了一些电子服务所致。再如，同样是造成一国证券交易瘫痪，但一个是因证券交易所被轰炸，另一个则是因交易系统遭到计算机网络攻击。两例的第一种情形无疑都是"使用武力"的行为，而第二种情形就不一定了。总之，单纯以"结果"作为衡量构成"武力"的标准是不准确和不全面的。

2. 以"武装力量特征"为标准的判断

施密特教授提出了"武装力量特征"的标准，他认为，在现有国际法框架下，计算机网络攻击只有在与"武装力量"足够相似时才能被视为第2(4)条的"武力"。其理由是，传统的武力概念是基于工具的，第2(4)条对使用武力的禁止与传统战争武器所产生的严重物理性破坏和伤害具有紧密的联系，因而国际社会基本公认具有物理性破坏和伤害特点的"武装力量"属于"武力"，而物理性破坏和伤害很小的"政治和经济胁迫"却不属于。[①] 所以，确定计算机网络攻击是否属于"武力"，可以借助它与"武装力量"或"政治和经济胁迫"的相似性来作出判断。施密特教授归纳出"武装力量"的六个特征，也是它与"政治和经济胁迫"的六点区别：

严重性：与其他胁迫形式相比，武装力量对人身或财产具有高度威胁；

紧迫性：与其他胁迫形式相比，武装力量产生更为迅速的伤害；

直接性：与其他胁迫形式相比，武装力量与其消极后果之间具有相对直接的联系；

侵入性：使用武装力量通常要进入目标国领土，政治经济胁迫则无需如此；

可衡量性：与其他胁迫形式相比，对武装力量后果的评估更加方便和确定；

---

① Michael N. Schmitt, *Computer Network Attack and the Use of Force in International Law：Thoughts on a Normative Framework*, Columbia Journal of Transnational Law, 1999, p. 911.

预期合法性:在国内和国际法中,暴力被预期为非法,而多数政治经济胁迫被预期为合法。[①]

如果某个计算机网络攻击符合上述六项标准,那它就是"武力",反之则不是。为说明这一点,作者设想了两个相反的事例。一是通过计算机网络攻击破坏航空交通控制系统,导致飞机相撞,这属于"武力";二是通过计算机网络攻击破坏大学的计算机系统,以干扰其正在进行的军事研究项目,这不属于"武力"。

有学者对这一标准提出了批评。如 Daniel B. Silver 认为,实际上任何计算机网络攻击都符合除"严重性"之外的其他五项标准,衡量计算机网络攻击是否构成"武力"的标准最终还是取决于"严重性"——是否造成与动能武器相似的损害。[②] 然而,如同上文对"破坏性后果"标准的分析,计算机网络攻击的"严重性"不仅仅表现在"与动能武器相似的"对人员和物体的物理损伤上,更表现在对计算机、网络和信息的非物理损害上,且后者对网络化军队和信息社会的破坏很可能是毁灭性的。如果把具有非物理损害的计算机网络攻击排除在第 2(4)条禁止使用的武力之外,无异于对这种攻击行为的鼓励,显然不符合《联合国宪章》维护国际和平与安全的宗旨。因此,施密特和 Daniel B. Silver 对计算机网络攻击严重性后果的认识也是不足的。

四、结 论

虽然"破坏性结果"标准和"武装力量特征"标准都试图从不同角度判断计算机网络攻击在第 2(4)条意义上的合法性,但他们的结论呈现出一定共性:产生严重破坏性后果的计算机网络攻击属于《联合国宪章》所禁止使用的"武力"。他们的区别在于对"严重破坏性后果"种类的认定不同,前者认为包括"武装力量"造成的物理损伤和威胁到国家主权独立和领土完整的政治和

---

① Michael N. Schmitt, *Computer Network Attack and the Use of Force in International Law:Thoughts on a Normative Framework*, Columbia Journal of Transnational Law, 1999, pp. 914-915.

② Daniel B. Silver, 前引书, p. 89。

经济胁迫造成的非物理损伤,后者认为只包括"武装力量"造成的物理损伤。共同问题是都没有认识到计算机网络攻击也可造成"严重破坏性后果"的非物理损伤。基于上述分析,本文认为,探讨计算机网络攻击是否属于《联合国宪章》所禁止的"使用武力"行为,需要明确这样几点:

首先,要在准确界定计算机网络攻击的基础上讨论其合法性。前述两位学者都出现了遗漏研究对象的情形,究其原因,主要是对计算机网络攻击的界定不清所致。虽然计算机网络攻击的复杂程度是所有作战样式所无法比拟的,"其幅度(军事和民用的,公共和私人的)、后果(轻微和严重的,直接和非直接的)、持续时间(短暂和长期的)等因素都是国际法对它难以进行解释和规范的原因。"①同时,计算机网络攻击的技术仍在不断发展,其定义也会不断作出修改,但经过二十多年的理论研究和实践探索,它的基本特征、主要形式等已相对明确。美军在《联合信息作战条令》(2006 年)中对计算机网络攻击的界定是迄今最为准确和全面的一个定义,②根据这个定义,如果以损害性质为标准,计算机网络攻击可分为造成非物理性损害的和造成物理性损害的两大类。这两种性质的损害都有不同破坏性程度的情况,则又可大致分为具有破坏性物理损害的计算机网络攻击、具有破坏性非物理损害的计算机网络攻击、不具有破坏性物理损害的计算机网络攻击、不具有破坏性非物理损害的计算机网络攻击四种。这一粗略分类应当对研究计算机网络攻击的合法性具有更为清晰和全面的指导作用。

其次,应综合考虑计算机网络攻击的武器(手段)、后果和目的等因素。计算机网络攻击的武器不同于传统的动能武器,其作用机理、杀伤效果和操作过程完全无法用枪炮火药的原理来解释。尽管它的突出特征是非物理性损害后果,但也不排除产生物理性损害后果。其目的更是复杂,如有:窃取敌计算机中的信息(网络间谍行为);通过敌计算机网络传播不实信息,混淆视听,引发社会动荡;瘫痪敌指挥控制系统,为战场行动作准备;操纵敌关键基础设施

①　Matthew C. Waxman, *Cyber-Attacks and the Use of Force: Back to the Future of Article* 2(4), Yale Journal of International Law (2011).

②　经多国专家反复讨论出台的《空战和导弹战国际法手册》(2009 年)和《空战和导弹战国际法手册评注》(2010 年)对《联合信息作战条令》(2006 年)中关于"计算机网络攻击"的界定基本表示认同。

系统,造成财产损害、人员伤害或死亡等等。而这些目的各异的计算机网络攻击并非都构成"使用武力"。因此,考察某一计算机网络攻击行为是否构成"使用武力"必须全面分析各种因素。

第三,要在现有国际法框架内进行分析。任何对当代国家行为合法性的分析必须且只能建立在以《联合国宪章》为核心的现有国际法基础之上,特别是在宪章第2(4)条基础之上。必须充分和客观考察第2(4)条的含义,依据国际法研究方法对它作尽可能准确的解释,决不能轻易扩大或者缩小其含义,造成理解和适用上的混乱。尽管计算机网络攻击是个新生事物,《联合国宪章》在制定禁止使用武力的有关条款时并未能预见到它的出现,也就不可能在宪章中有所体现,但在国际社会没有对此作出新的权威解释的时候,任何理解都不能脱离宪章的基本精神和主旨,不能有损于国际社会对武力使用问题已经达成的基本共识。

第四,进行个案研究。目前,理解计算机网络攻击的难题还在于它的行为主体、目的、方式、结果和归责等具有相当的模糊性,没有更多的清晰明确的案例供以分析研究,更不要说国际社会的立法和判例了。因此,在无法准确把握计算机网络攻击的特征之前,有必要对已"浮出水面"的相关事件,从其技术特征、攻击意图、攻击方法、攻击后果等诸多方面作出尽可能全面的研究。

论战争法关于军事目标的界定

张传江[*]　孙　君[**]

在战争或武装冲突中,交战各方无论何时均应在军事目标和非军事目标之间加以区分,且只可针对军事目标实施攻击,禁止针对非军事目标实施攻击。此即战争法之区分原则的基本内涵,是战争中保护平民的各项制度的基础。而区分原则能够得以实现的前提是准确界定军事目标的内涵与外延。但是,关于军事目标的概念长期以来是存在争议的,如何界定军事目标在实践中是很麻烦的问题。[①] 这也正说明了研究军事目标界定问题的重要价值。鉴于军事目标界定问题的复杂性,本文仅对军事目标概念的提出与确立、军事目标的构成要件、影响军事目标外延界定的因素等问题作简要探析。

一、军事目标概念的提出与确立

在战争或武装冲突中应区分军事目标与非军事目标的思想与实践古已有之。而且,国际社会长期以来,也一直试图给军事目标下一个准确的定义,以实现军事目标与非军事目标的区分。但从战争法编纂的视角看,军事目标概念直到 1923 年才由海牙《空战规则草案》首次提出,而被广泛接受并具有法律约束力的军事目标概念直到 1977 年才由《日内瓦四公约第一附加议定书》

　*　张传江,中国人民解放军海军兵种指挥学院讲师,法学博士。
　**　孙君,中国人民解放军海军工程大学讲师,法学博士。
　①　朱文奇:《国际人道法》,中国人民大学出版社 2007 年版,第 94 页。

确立。

军事目标概念的提出。早些时候的战争是在比较小的作战单位之间进行的,参战的全部居民非常有限。军事活动被局限在战场上,而战场又总是被限制在较短射程范围内。在这些战争中,区分可被攻击目标和受保护目标相对较易。因此,在传统国际法里,关于什么构成军事目标以及受保护民用物体是什么,答案并不难找到,至少可以说这个问题并不显得难于解决。作为这种现实情况的反映,第一次世界大战之前的有关战争法条约并没有明确提出和界定军事目标。从战争法的视角看,军事目标的概念是在第一次世界大战刚结束后由法学家委员会提出的。[①] 该委员会于 1922 年 12 月至 1923 年 2 月在海牙起草了《空战规则草案》(以下简称草案)。草案尝试对军事目标和非军事目标进行了区分,尽管这种区分从未被完全采纳,但是现在被认为是习惯国际法的宣告。[②] 草案第 24 条第一款规定:"只有针对军事目标即其破坏或伤害将构成交战国的明显军事利益的目标,空中轰炸才是合法的。"第二款列举了军事目标的种类:军事部队;军事工程;军事建筑物或仓库;构成从事制造武器、弹药或明显的军需品的重要工厂;用于军事目的的交通运输线。第三款和第四款分别规定了应当禁止和可以轰炸的其他目标。可见,草案不仅规定了军事目标的定义,还对归入为军事目标的目标进行了列举。所以,尽管草案一直未被批准,但它作为陈述了从第一次世界大战实践中产生的法律方面的意见,对于从战争法的视角认识军事目标概念及其内涵具有重要作用。

军事目标概念的确立。自 1923 年海牙《空战规则草案》尝试提出军事目标的概念和范围后,直至第二次世界大战爆发前,国际社会没有制定出被广泛接受的明确规定军事目标概念及其范围的战争法条约。而在二战期间,战争法的发展不仅陷于停滞,更是被严重违反和践踏。战后,为了减轻战争给人类带来的灾难,保护战争受难者,国际社会对战争法规则进行大规模编纂和谈判,并于 1949 年 8 月 12 日签订了日内瓦四公约。日内瓦四公约虽只有极个

---

① [法]夏尔·卢梭:《武装冲突法》,张凝等译,中国对外翻译出版公司 1987 年版,第 97 页。
② [英]蒂莫西·希利尔:《国际公法原理》,曲波译,中国人民大学出版社 2006 年版,第 269 页。

别条款提到"军事目标"一词，①而且没有规定军事目标的定义。但由于日内瓦四公约详细规定了战争中伤者、病者、遇船难者、战俘的境遇，以及战时保护平民、平民物体的规则，其实质是将上述人员和有关物体排除在可被合法攻击的军事目标之外，对确立军事目标的范围具有重要意义。在20世纪50年代，红十字国际委员会曾就哪些具体物体可被视为军事目标拟了一份表格，提交各国政府，建议采纳。当然，表格内容本身可以定期予以修改。但这份表格并没有被各国所采纳。这样，在合法与不合法军事目标之间就没有一条明确的分界线。②这一问题在1977年6月8日签订的《1949年8月12日日内瓦四公约关于保护国际性武装冲突受难者的附加议定书》(第一议定书)中得到解决。该议定书第52条第一款规定："民用物体不应成为攻击或报复的对象。民用物体是指所有不是第二款规定的军事目标的物体。"第二款规定："攻击应严格限于军事目标。就物体而言，军事目标只限于由于其性质、位置、目的或用途对军事行动有实际贡献，而且在当时情况下其全部或部分毁坏、缴获或失去效用可提供明确的军事利益的物体。"可见，该议定书不仅确立了军事目标的定义，还规定军事目标之外的物体为民用物体，成为区分军事目标与民用物体的基本依据。

由于第一议定书被认为是习惯国际法的编纂，且其缔约国的数量已近170个国家，其关于军事目标的定义被认为是迄今最为广泛接受的表述。从战争法的编纂情况看，1977年之后的多项战争法文献在界定军事目标时，都采纳了第一议定书所运用的表述方式。例如，《1980年联合国关于某些常规武器公约》的《第二议定书》和《第三议定书》、1994年的《圣雷莫海上武装冲突国际法手册》、《1999年关于保护文化财产的海牙议定书》和2008年1月修订的《空战与导弹战国际人道法手册》③关于军事目标的定义，基本上逐字重

---

① 《改善战地武装部队伤者病者境遇的日内瓦公约》(日内瓦第一公约)第19条，其附件一《关于医院地带及处所之协定草案》第四条，《关于战时保护平民的日内瓦公约》(日内瓦第四公约)附件一《关于医院地带及处所之协定草案》第四条。

② 朱文奇：《国际人道法》，中国人民大学出版社2007年版，第194页。

③ 2003年元月开始，美国哈佛大学"人道主义政策与冲突研究(HPCR)"项目决定将空战和导弹战规则作为重要课题进行研究，并于2004年成立独立专家组，希望起草一部类似于1994年《圣雷莫海上武装冲突国际法手册》的文件。2008年1月形成的新的《手册》草案包括23章共166条，其第1(20)条规定了军事目标的定义。目前该手册还在制订中。具体可参见王海平主编：《空战和导弹战规则研究》。

复了第一议定书第52条的定义。这也充分证明了第一议定书中的军事目标定义被广泛认可和适用,体现出其权威性,是进行相关理论研究和实践运用的基本依据。

二、军事目标的构成要件

日内瓦四公约第一议定书第52条虽然确立了军事目标的定义,但要在实践中准确界定军事目标仍非易事。正如有学者所言:"该定义非常宽泛,其具体外延从定义本身无法得知。"①"如何根据日内瓦公约第一附加议定书的规定来确定合法的军事目标以避免对平民和民用物体造成过分伤害的问题,是一个在实践中不太好把握的问题。"②为了正确理解与适用该军事目标定义,应首先清楚军事目标的构成要件。根据该定义,一个物体要成为军事目标必须同时满足三个要件:

首先,目标必须对敌人的军事行动"有实际贡献"。判断目标是否具有实际贡献的标准是其"性质、位置、目的或用途"。"性质"标准是红十字国际委员会起草第52条的文本最初的表示,而"位置、目的、用途"标准都是在后来的起草过程中增加的判断标准。这表明不仅仅符合军事性质的目标是军事目标,符合另外三项标准之一的目标都可能成为军事目标。这种情况有可能使军事目标的范围涵盖任何设施,以致军事目标的定义有可能被认为过于宽泛。③ 但是,这些标准的加入是十分必要的。④ 战争或武装冲突规则作为"人道原则"和"军事需要"之间进行平衡的结果,其关于军事目标的定义必定与军事实践,特别是战争形式、军事技术和战略思想的发展具有紧密联系,并在一定程度上有所体现。第一议定书所确立的判断军事目标的标准,显然是顾及到了战争的现实及其未来发展的需要。需注意的是,"对通常用于民用物

①　孙国顺:《谈国际人道法中的区分原则》,李兆杰主编:《国际人道主义法文选》,法律出版社2001年版,第255页。
②　朱文奇:《国际人道法》,中国人民大学出版社2007年版,第94页。
③　Igor Primoratz, *Civilian Immunity in War*, Oxford University Press, 2007, p. 97.
④　朱文奇著:《国际人道法》,中国人民大学出版社2007年版,第94页。

体,如礼拜场、房屋或其他住处或学校,是否对军事行动作出有效贡献的问题有怀疑时,该物体应推定为未被这样利用。"①

其次,目标的毁坏、缴获或失去效用能为攻击方提供"明确的军事利益"。需要强调的是,此处所指的利益必须是"军事"的。如果对某一目标的攻击不能使攻击方获得"军事"利益,尽管有可能获得其他方面的利益,该目标也不构成军事目标。例如,攻击方如果对平民或民用物体进行攻击,尽管有可能取得动摇敌方民心,影响敌方政府的政治目标,但因其取得的利益不属于"军事"性质,决定了平民和民用物体不能成为军事目标。此外,这里所指的军事利益必须是明确的。所谓明确的军事利益是指攻击该目标后取得的军事利益不是潜在的或间接的。② 没有这一约束,对"军事目标"的限制就太容易被破坏。③

第三,目标必须是在"当时情况下"满足上述两个条件。这一要求也是至关重要的,因为:"如果实际情况中没有这层限制,区别原则将是空洞的,因为每个物体在未来发展中都可以是观念上的、不定的。"④"没有这一当时实际情况的限制,区分原则将是无效的,因为从理论上讲,随着未来的发展,任何目标都有可能被敌人使用,从而变成军事目标。"⑤据此,在判断某一目标是否为军事目标时,除看其是否具备前面所述两个要件外,还应当严格按照"当时情况"去判断,因为目标的性质可能会随着时间和情况的变化而发生改变:在彼时情况下属于非军事目标的物体,此时情况下可能成为军事目标,反之亦然。比如,平民住宅原先由平民居住时属于非军事目标,若后来被武装部队占领使用则成为军事目标。再比如,"像在六日战争这种类型的战争中,攻击军需品厂工人可能就是不正当的。因为尽管他们对战争的贡献是直接的,但是从时

---

① 1977 年第一附加议定书,第 52 条第 3 款。

② Yves Sandoz,Christophe Swinarski and Bruno Zimmermann(ed),Commentary On 1977 Protocol Ⅰ Additional to Geneva Conventions 1949,Martinus Nijihoff Publishers,Geneva 1987,para. 2031,p. 637.

③ 马克·萨索利:《现代武装冲突中的目标选择》,王祥山译,《西安政治学院学报》2004 年第 4 期。

④ 马克·萨索利等著:《战争中的法律保护》(上),西安政治学院战争法研究所译,西安政治学院训练部 2004 年版,第 80 页。

⑤ 马克·萨索利:《现代武装冲突中的目标选择》,王祥山译,《西安政治学院学报》2004 年第 4 期。

间上看在他们生产的军需品到达前线之前战争就已经结束。反之,如果战争严重拖延问题就不同了。在这种战争中攻击军需品厂工人,以及他们用来运输的工具,就很可能是合法的。"①

三、影响军事目标外延界定的因素分析

军事目标的定义蕴涵了军事目标的构成要件,即军事目标的本质属性。但仅依据此定义并不能十分明晰地确定军事目标的外延,即军事目标"量"的方面的规定性。目前看来,"军事目标的外延到底指什么,国际上无统一规定和认识,有的国家对军事目标理解得很宽,有的则相对比较窄。"②这种现状既表明界定军事目标外延的复杂性,也在一定程度上体现出界定军事目标外延的重要性与迫切性。在实践中,影响军事目标外延界定的因素主要有以下几项:

定义本身对界定军事目标外延的影响。概念的外延是具有概念所反映的特有属性或本质属性的对象(或事物),也就是概念的适用范围。军事目标定义所确立的构成军事目标的要件反映了军事目标的本质属性,因此军事目标外延的界定应以军事目标构成要件为根本标准,不符合此标准的物体则不应列入军事目标之列。但是,军事目标构成要件所具有的某些不确定性缺陷可能导致界定军事目标的随意性。例如,构成军事目标要件之一的"当时情况下"一词余地太大,很可能被滥用。在战争实践中,对于某一物体是否属于军事目标,有关交战方可能会据此作出有利于本方利益,但不符合客观实际的扩大解释或限制解释。

战场环境对界定军事目标外延的影响。战场环境是战场及其周围对作战活动有影响的各种情况的总称。战场环境的内容相当丰富,大致上可以分为自然环境、社会环境、军事环境三类。战场环境在构成上的多元性、空间上的

① 布鲁诺·考彼尔特斯等主编:《战争的道德制约:冷战后局部战争的哲学思考》,邹琳、戴锋宁译,法律出版社 2003 年版,第 22 页。
② 孙国顺:《谈国际人道法中的区分原则》,李兆杰主编:《国际人道主义法文选》,法律出版社 2001 年版,第 255 页。

广延性、时间上的动态性等特征,决定了作战活动必定是在特定的战场环境下进行的,也决定了对军事目标外延的界定要受到战场环境的影响。特别是战争形态、军事技术、战争理论的发展,以及战场上各种目标的分布情况、作战时的气象条件等因素,对军事目标外延的界定具有重要影响。例如,在复杂电磁环境下作战,由于形成复杂电磁环境的某些电子信息设备属于军民合用的现状,以及支撑和主宰武器系统的某些电子信息技术及其载体具有军民通用的性质,使军事目标与非军事目标的区分日益模糊化,不再"泾渭分明",客观上增大了军事目标界定的难度。

评价主体对界定军事目标外延的影响。评价主体是评判某个目标是否属于军事目标的组织或个人。评判主体的来源具有多样性:一方面,本国及外国的行政机构、司法机构、研究机构、武装部队、公众等可成为评价主体;另一方面,国际政府组织与非政府组织、国际司法机构与仲裁机构等也可以成为评价主体。不同的评价主体由于各自在阶级立场、价值取向、认识水平、知识水平、思维方式,以及与评判结果相关度等方面的不同,可能在评判同一目标是否属于军事目标时会得出不同的结论。尤其是,对于在战争中处于相互敌对地位的政治集团、武装部队或战斗员来说,这种情况更为普遍。毫无疑问,评价主体的情况是影响军事目标外延界定的重要因素。

四、合理界定军事目标外延的基本要求

如前所述,军事目标外延的界定受诸多因素影响,是个非常复杂的问题。但是,准确界定军事目标外延的重要性,又决定了其是需要解决的现实问题。笔者认为,从战争法立法精神的角度看,合理界定军事目标外延应注意以下基本要求:

坚持以战争法为根本依据。战争法是在战争和武装冲突中调整交战国(方)之间以及交战国(方)与中立国(方)之间关系和交战行为的有拘束力的原则、规则和规章、制度的总称。① 其主要渊源包括战争法条约和战争法习

---

① 刘家新、齐三平主编:《战争法》,中国大百科全书出版社 2007 年版,第 1 页。

惯。此外,一般法律原则和司法判例也可以作为战争法辅助渊源。战争法渊源的多样性、内容的广泛性,要求在界定军事目标外延时应坚持全面的战争法观:除了以有关战争法条约所规定的军事目标定义为根本标准外,还应将这些条约中的其他有关条款,以及其他战争法条约、战争法文献、战争法习惯中的相关规则作为重要依据;除了重视战争法具体规则对于界定军事目标外延的作用外,还应注意运用战争法原则和战争法精神的宏观指导功能。例如,对于在战争中既服务于平民也服务于军事目的的两用目标,如果仅仅依据军事目标的定义,该目标可以界定为军事目标。但是,考虑到战争法的其他规定,特别是战争法的比例原则,如果对该目标的攻击会造成与预期的具体和直接的军事利益相比为过分的平民生命受损失、平民受伤害、民用物体受损害,或三种情况均有,则该目标不应列为可被合法攻击的军事目标。

顾及"人道要求"与"军事需要"的均衡。战争法的精髓,是平衡与协调"军事需要"和"人道要求"。一方面,"人道要求"是武装冲突法的价值指向,或者说它是战争法追求的价值目标。战争法的建立和发展都是与人道主义保护密不可分的,战争法的基本原则和规则都体现了人道主义。[①] 另一方面,"军事需要"是战争法的基点。战争法对人道价值目标的追求,是以满足"军事需要"为基础的,"人道要求"的实现要受"军事需要"的限制。可见战争法的"军事需要"和"人道要求"是相互制约、相互规定的。因此,在界定军事目标外延的时候,必须注意把握好"人道要求"与"军事需要"的均衡,防止因过度强调一方面而忽视另一方面,导致界定的军事目标外延不当扩大或缩小。例如,不能因军营里有几个平民而否认军营的军事目标性质,也不能因医院里混有几个战斗员而否认医院的非军事目标性质。否则,不是导致伤害平民的风险增加,就是导致正当的军事需要被抑制。

要运用发展的视角。战争环境、战争实践以及战争法规等影响军事目标界定的诸多因素处于不断发展变化之中。与此相适应,界定军事目标外延时,决不能脱离现实、脱离时代,要用发展的眼光看军事目标外延界定问题。在界定某一目标是否属于军事目标时,既要参考借鉴以往的经验和方法,又不能完全照搬,必须依据战争法的有关规定,紧密结合具体战争或武装冲突中的现实

---

① 丛文胜:《战争法原理与实用》,军事科学出版社 2003 年版,第 254 页。

情况去判断。特别是,随着信息时代的到来,世界各国都在加快建设信息化军队的步伐,信息化战争也逐步登上历史舞台。信息化战争与以往的战争形态相比,在作战兵器、能量释放、作战目标、作战形式、争夺焦点等方面具有显著区别,而且对经济、科技和社会的依赖性明显增强。因此,在信息战争条件下,只有充分认识并准确把握信息化战争的特点才能合理界定军事目标外延。

国际人道法对武器使用的规制

吴 芳[*]

> "从历史的角度看,无论是一个民族还是整个人类的价值,如果我们不为其进行斗争,那它们就不会被保存下来。但斗争(或武力)仍不足以证明这些价值的正当性;斗争本身的正当性也需要得到这种价值的论证。既然是为真理而战,就注意不要用武力去毁灭那些我们用武力去捍卫的真理。只有符合价值和斗争手段的正当性这两点,我们的主张才能反映其内在的意义。"
>
> ——阿尔贝·加缪:《阿尔及利亚年史》

国际法是调整国家和国家之间关系的法律,它不仅调整国家间和平时期的关系,还包括战争或武装冲突状态下的关系。尽管人类始终追求和平,但规模或大或小的武装冲突却从未停止过。国际法上,人们一直试图把战争区分为"正义"或"非正义",并努力禁止属于"非正义的"战争。但是"正义"与"非正义"的界限通常是通过战争的性质或目的来确定,而事实上,国家都是有主权的,每一方都相信自己在捍卫正义。因此诉诸战争权(law of war)和战时法(law of how wars should be fought)发展成为两个独立的体系。国际法承认战争存在的事实,同时又包含一些限制战争或冲突行为的规范,这就是属于后一个体系的国际人道法,它的存在并不能消除武装冲突,而是基于国际社会武装冲突始终无法避免及冲突必然带来破坏这一事实,出于人道的考虑,尽力减小战争给人类带来灾难而制定的法律规范,目的就在于最大程度的减少损失、减

---

* 吴芳,于中国人民保险集团股份有限公司供职,法学博士。

轻痛苦,保护战争受难者。①

很难想象,一场战争或武装冲突中没有武器结果会如何。如果仅仅是人员间的暴力行动,其杀伤程度和范围都是有限的,但武器的介入却彻底改变了一切,带来的灾难也越来越无法估量。人类对战争灾难的反思,使人们清楚地认识到,作战的直接军事目的是使敌人最大限度地失去战斗力,而如果使用具有过分伤害力和滥杀滥伤作用的武器,则超出了军事需要,有违人道要求,应当予以禁止或者限制。为此,早在《圣彼得堡宣言》中,国家就开创了以多边国际公约规范武器的先河,在其序言中揭示出包括武器国际规则在内的国际人道法的基本矛盾关系:使敌人最大限度地丧失战斗力的需要与避免武器的过分伤害力和滥杀滥伤的要求。②

这就是军事必要与人道要求之间的矛盾。整个规范武器的国际规则的产生、发展与变化,无不围绕着这对基本矛盾展开;整个武器国际规则的发展史,就是这对基本矛盾的运动史。也可以说,这对基本矛盾的对立统一,是整个武器国际规则产生的原因、存在的基础和发展的动力,是其本质和灵魂。

为了彼此制服的武力争斗,必须通过各种作战手段和方法来击败对方的武装力量。而所谓"手段"主要是指所使用的武器,所谓"方法"则包括如何使用武器及其他作战方法。国际人道法体系中并存着规制武器及其使用的基本原则和具体规则。从系统的角度来说,武器的历程包括:开发研究、投入使用和善后处理。现代国际法从战前、战中和战后三个时间,从研发生产、使用和销毁三个环节,努力对武器和技术进行全面控制。为了使武器在军事必要与人道要求之间取得平衡,国际法,特别是国际人道法,在武器从开发到使用的不同环节设置了不同的法律规则,包括对新武器的合法性审查、武器使用中遵循的规则和使用后的遗留物处理和违法责任承担,努力进行全面控制。

---

① 朱文奇:《国际人道法》,中国人民大学出版社 2007 年版,第 16 页。
② Yorman Dinstein, *The Conduct of Hostilities under the Law of International Armed Conflict*, Cambridge University Press, 2004.

一、武器规则概述

（一）条约法对特定武器的限制或禁止

国际条约法上存在大量的对特定武器的禁止或限制的法律文件，依照年代顺序包括：

● 1868 年 11 月 29 日—12 月 11 日，《关于在战争中放弃使用轻于 400 克的爆炸性弹丸的宣言》（圣彼得堡宣言）；

● 1899 年 7 月 29 日《禁止使用专门用于散布窒息性或有毒气体的投射物的宣言》（关于窒息气体的宣言/海牙第二宣言）；

● 1899 年 7 月 29 日《禁止使用在人体内易于膨胀或变形的投射物，如外壳坚硬而未全部包裹住弹心或外壳上刻有裂纹的子弹的宣言》（关于禁止使用在人体内易于膨胀或变形的子弹的宣言/海牙第三宣言）；

● 1907 年 10 月 18 日，《陆战法规和惯例公约》及其附件《陆战法规和惯例章程》（海牙第四公约）；

● 1907 年 10 月 18 日，《关于敷设自动触发水雷公约》（海牙第八公约）；

● 1925 年 6 月 17 日，《禁止使用窒息性、毒性或其他气体和细菌作战方法的议定书》；

● 1972 年 4 月 10 日，《禁止细菌（生物）及毒素武器的发展、生产及储存以及销毁这类武器的公约》；

● 1976 年 12 月 10 日，《禁止为军事或任何其他敌对目的使用改变环境的技术的公约》；

● 1980 年 10 月 10 日，《禁止或限制使用某些可被认为具有过分伤害力或滥杀滥伤作用的常规武器公约》及 2001 年 12 月 21 日对第 1 条的修正。该公约有五个议定书：

—1980 年 10 月 10 日，《关于无法检测的碎片的议定书》（第一议定书）；

—1980 年 10 月 10 日，《禁止或限制使用地雷、饵雷和其他装置的议定书》（第二议定书），经 1996 年 5 月 3 日修改后的《禁止或限制使用地雷、饵雷和其他装置的议定书》（经修正后的 1980 年公约第二议定书）；

——1980 年 10 月 10 日,《禁止或限制使用燃烧武器议定书》(第三议定书);

——1995 年 10 月 13 日,《关于激光致盲的武器议定书》(第四议定书);

——2003 年 11 月 28 日,《战争遗留爆炸物议定书》(第五议定书);

• 1993 年 1 月 13 日,《关于禁止发展、生产、储存和使用化学武器及销毁化学武器公约》;

• 1997 年 9 月 18 日,《关于禁止使用、储存、生产和转让杀伤人员地雷及销毁此种地雷的公约》(渥太华公约)。①

(二)习惯法关于武器的一般规则

除专门的条约外,习惯国际人道法上也对特定武器进行了禁止或限制,这些习惯规则包括:

• 禁止使用毒物或有毒武器;

• 禁止使用生物武器;

• 禁止使用化学武器;

• 禁止使用制暴剂作为作战方法;

• 禁止在某些情况下使用除草剂作为作战方法;

• 禁止使用在人体内易于膨胀或扁平的子弹;

• 禁止以杀伤人员为目的使用可在人体内爆炸的子弹;

• 禁止使用主要作用在于以碎片伤人而其碎片在人体内无法用 X 射线检测的武器;

• 禁止使用以某种方式附着于或连接在受国际人道法特别保护之人或物体或可能吸引平民之物体上的饵雷;

• 在使用地雷时,须特别注意减轻其不分皂白的后果。在实际战事结束时,使用地雷的冲突方须移除其布设的地雷,或使其对平民无害,或为其扫除提供便利;

• 禁止使用反人员的燃烧武器,如果使用,须特别注意避免,并在任何情况下减少平民生命的附带损失、平民受伤以及民用物体受到破坏;禁止以杀伤

---

① 《新武器、作战手段和方法法律审查指南》,红十字国际委员会,日内瓦 2006:www.ocrc.org.

人员为目的使用燃烧武器,除非不可能使用危害较小的武器使人员丧失战斗力;

•禁止使用经过专门设计以对未用增视器材状态下的视觉器官造成永久失明为唯一战斗功能或战斗功能之一的激光武器。①

相比较国际法其他分支,国际人道法可以说是编纂最完整的法律。然而,即便是最完备的法律编纂也不可能把所有可能在实践中发生的情况全都包罗进去。而且法律的发展永远赶不上现实出现的新问题,正因为如此,在法律上总是强调那些具有普遍意义的基本原则和规范的重要性。当没有特别的禁止或限制性规定的条约可以适用时,应当以可适用于所有武器、作战手段和方法的条约与习惯国际法所规定的一般禁止或限制性规则为依据。接下来介绍的就是使用武器时应当遵守的一般原则。

二、武器及其使用的一般原则

关于武器及其使用的一般原则数量很少,但它们是法律精神和目的的集中体现,也是理解局部和整体法律内容的出发点和归宿。概括来说,包括区分原则、禁止过分伤害和不必要痛苦原则以及比例原则等。

(一)区分原则

"区分原则"是一个看似简单,但却含有深刻道理的基本原则。在任何国家的刑法里,谋杀都是犯罪行为。但作为一个军人,只要对方也是一个从事战斗的军人,在战场上杀死敌人,就不算犯罪。这是简单的常识,它提示了在任何战争或武装冲突中,在使用武器攻击敌方时,必须首先要区别战斗员和非战斗员、区分"军事目标"和"民用目标"这一最根本的义务和责任。

在方式上,国际人道法禁止不加区分地使用武器,即实施不分皂白的攻击。而关于武器本身,某些武器的使用,可能对平民造成直接或不加区分的伤

---

① J. – M. Henckaerts and L. Doswald – Beck (eds.), *Customary International Humanitarian Law*, Cambridge University Press,2005,rules 72–86,pp. 251–283.

害,因而也违反区分原则。某些武器的研发和设计是否"无法区分平民和军事目标",如果回答是肯定的,那么无论在任何情况下,该武器都是非法的。换句话来说,如果某种武器,其无法将目标仅仅锁定为军事目标,或者可能造成对平民的附带损害,那么该武器也就和"无能力"区分相联系,其使用也就应当受到禁止。[①]

前南国际刑事法庭在布拉斯季奇案(Blaskic Case)中认为,攻击平民及其财产的行为,只有在不能证明"军事必要"的情况下才是犯罪行为。但是将"军事必要"与"区分原则"联系起来并产生一个"例外",事实上是法律适用的一个错误。"军事必要"是指作战部队为了实施某项行为以完成它被赋予的任务,不得已采取的紧急措施。因此,所有这些措施都应明确地被规定。换句话说,不能因为自己通过解释、认为存在"军事必要"的情形,就可以违反国际人道法的规则。但在什么情况下存在"军事必要"情形,应由事先作出的明确规则来定。由于没有法律文件直接或间接地提到可能基于"军事必要"原则而降低适用武装冲突法规则的标准,因此在案例中界定"军事必要"原则就可能是不客观的。而且,不管是国际法院还是前南国际刑事法庭的上诉庭,都还从未在其实践中提及过这一"例外",这本身也说明了问题。因此,"军事必要"在任何条件下都不能用来对平民及其财产实施攻击作辩护。[②]

但"区分原则"并不因此就是一个绝对的原则。前南国际刑事法庭在库布雷斯季奇案(Kupreskic case)中认为,该原则存在两个例外:第一,平民滥用其权利,例如他们可能违反不能直接参加敌对行为的义务而投入战斗;第二,与"比例原则"相联系的"连锁效应"产生的损害后果,可能对平民造成伤害。第一种情形下,平民会丧失其应有的保护,而后者将在比例原则中分析。

(二)禁止过分伤害和不必要痛苦原则

国际法院认为:"国际法禁止使用会加剧痛苦却不能直接增加军事优势

---

① M. N. Schmit,*Future War and Principle of Discrimination*,28 Israel Yearbook on Human Right,51,55(1998).

② 让·弗朗斯瓦·凯吉内:《前南斯拉夫国际刑事法庭十年:其司法判例对国际人道法之影响》,《红十字国际评论》2003 年第 850 期。

的武器","这种伤害超越了为取得合法军事目标而不可避免的伤害"①。由此,评定一种武器或者使用这种武器的合法性就将取决于它所造成的伤害和军事需要间的平衡,这项判断要以个案的特定环境为基础。国际实践中,使用具有过分伤害力和滥杀滥伤作用的武器,有时又被称为"野蛮和残忍的方法和手段"。所谓"极度残忍"的武器一般是指给战斗员造成极度痛苦后使之死亡的武器。由于作战的目的在于削弱对方军队的战斗力,使之失去反抗力量。而使用极度残忍的武器,显然超过了这一目的的范围,它的使用也显然违反人道主义原则。

从本质上来说,"禁止过分伤害或不必要痛苦"的强制性,是建立在伤害或痛苦是可以避免还是不可避免的区分之上的。当使用某种武器是否合法存在疑问时,就要求在该武器和其他选择之间作出比较。② 主要应考虑两个方面:

第一,是否存在其他可替代使用的武器,从而达到更小的伤害或更小的痛苦,并转移重点;

第二,这种替代武器产生的后果是否足以使敌方人员丧失战斗力。③

但是,上述两点仅仅适用于杀伤人员性质的武器。其原因在于,如果某武器并非针对人,而是为摧毁某个防御工事等非人体的硬目标,那么摧毁该目标的考虑极可能优于对工事附近人员将遭受伤害的考虑。例如,用于彻底毁坏防御工事的轰击大炮,发起攻击时,当然可能会对其攻击目标附近的人员造成伤害,但是从攻击方来看,摧毁目标工事本身这一点比考虑其周围人员是否退出战斗等更加重要,因此该原则适用于非杀伤人员的武器时,是存在障碍的。④ 理论上,可以对每一次武器的使用都作一次评估,但事实上却并不现实,实践上也没有那样做。根据武器"正常"的预期目的来评估,还是根据可

---

① B. M. Carnahan, *Unnecessary Suffering, the Red Cross and Tactical Laser Wars* ,18 LIAICLJ 705 ,713 (1995−6).

② C. Greenwood, *The Law of Weapons at the Start of the New Millennium* ,71 ILS 185 ,197 (The Law of Armed Conflict ;Into the Next Millennium, M. N. Schmitt and L. C. Green eds. ,1998).

③ Yorman Dinstein, *The Conduct of Hostilities under the Law of International Armed Conflict* ,Cambridge University Press, p. 196.

④ Yorman Dinstein, *The Conduct of Hostilities under the Law of International Armed Conflict* ,Cambridge University Press, pp. 196−197.

想象的使用来评估,这个问题在理论上仍未解决。实践中,过去是根据"通常预期的使用目的"来禁止某些特定武器,因为如果坚持适用其他检验标准,则任何武器都不可能被禁止。[①] 这项原则的适应需要在一般框架下对个案结合特定的情势和具体环境来考量,在实践中如何运用于武器的使用并非一件容易的事情。

我们应当注意,"过分伤害或不必要痛苦"与使用武器的"致命性和非致命性"是不能混淆的。与致命性武器不同,设计"非致命性武器"的主要目的并不在于杀死对方,而是使其丧失作战能力。但事实上,两者真正的区别,似乎更在于表面而非实质;因为通过因致命武器而受伤、但从伤病中恢复并能生存下来的战斗员的比例来看,致命武器在实际中的效力常常是非致命的。[②] 相反非致命武器,在某些情况下则可能引发死亡。而另一些非致命武器,如激光致盲武器,虽然是非致命的,但由于引起了"过分伤害和不必要的痛苦"而被禁止使用。所以武器本身并不因为其致命性或非致命性的设计而受到禁止。

(三)比例原则

在使用武器进行攻击时,还必须遵守比例原则,该原则主张作战方法和手段的使用应与预期的、具体的和直接的军事利益成比例,禁止过分的攻击。它要求在对军事目标进行攻击时,应最大限度地减小对平民和民用物体造成的附带损害。禁止造成不必要痛苦原则的先决条件是对有关武器的合法性有一般的估计;比例原则却与之不同,与这项规则相关的首先是,所使用的武器是合法的,且选择的攻击目标是人道法含义中的军事目标。在此基础上,如果所预期的附带伤亡超出所攻击的军事目标的价值,这种攻击就被该原则所禁止。

在比例原则的解释中,"具体和直接的军事利益"这一术语的含义很关键。军事优势通常是指获得领土或者破坏或削弱敌方的武装力量,仅仅强调预期的优势是一种军事优势是不够的。"具体和直接的"限定语意在表明该优势应该是实质性的和能立即实现的,而那种难以辨别或者只有经过长时间

---

① 路易丝·多斯瓦尔德—贝克:《国际法院关于以核武器相威胁或使用核武器是否合法的咨询意见与国际人道法》,《红十字国际评论》1997 年第 316 期。

② D. P. Fidler, *The International Legal Implications of Non-Lethal Weapons*, 21 MJIL 51,55(1999-2000).

才会显现出来的利益不应被考虑在其中。这里产生了新的问题："连锁效应"问题。"连锁效应"是指那些并不是由攻击产生的直接和立即的效果,但却是由攻击效果引发的问题。① 例如,在1991年的海湾战争中对伊拉克电网的攻击,成功中断了伊的战斗指挥和控制,但同时也阻断了民用电力的供应,进而影响到医院、制冷系统和紧急救援等。同样,北约部队轰炸南联盟时,攻击了该国的电力供应网络和水供应设施,行动的必然后果是切断了饮用水的供应。毫无疑问,电力和水力对于一个国家军队的后勤保障具有重要价值,但如果在运用比例原则分析北约轰炸的合法性时就会发现,指挥官要考虑的因素,不仅是军队,而且还要包括攻击对平民造成的伤亡和财产损失,因为水力和电力的中断可能会导致淡水净化和供应系统以及灌溉系统的瘫痪等,而这些对维持平民的正常生活来说,是至关重要和不可或缺的。② 对此,红十字国际委员会认为,对军事优势和相应的平民损害应适用比例原则判断标准,这就是说在特定的军事行动中,必须权衡可预见的军事利益和可预见的对平民造成的相关损害,这里的损害应当包括由"连锁效应"产生的结果。由于在现代社会,基础设施通讯和信息系统等领域之间日益密切的相互关联和相互依存,"连锁效应"的问题变得越来越重要。③

对于新的问题,比例原则本身并没有给予明确的答案。但是如果交战方能够在使用某种武器或采取某些行动前,记录其评估结果并在一段时间后公布于众,那么事后进行某种监督和事先采取某些预防措施也是可能的,这样也有助于将战争的灾难性尽可能降低。④

(四)"马尔顿条款"原则

"马尔顿条款"原则和前面的几条原则不同,它并不是一条明确的规则,

---

① "Proprotionality", see Micheal N. Schmitt, *Wired Warfare：Computer Net Work Attack and jus in bello*, RICR Juin IRRC June 2002 Vol. 84. No. 846.

② *NATO Denies Targeting Water Supplies*, BBC World Online Network, 24 May 1999：http://www. news. bbc. co. uk/hi/english/world/europe/newsid_351000/351780. stm.

③ Micheal N. Schmitt, *Wired Warfare：Computer Net Work Attack and jus in bello*, RICR Juin IRRC June 2002 Vol. 84. No. 846.

④ 路易丝·多斯瓦尔德—贝克:《国际法院关于以核武器相威胁或使用核武器是否合法的咨询意见与国际人道法》,《红十字国际评论》1997年第316期。

某种程度上类似于民法上的"兜底条款"。该原则最初出现于1899年海牙第二公约的前言中：

"在颁布更完整的战争法规之前，缔约各国认为有必要声明，凡属他们通过的规章中所没有包括的情况，居民和交战者仍应受国际法原则的保护和管辖，因为这些原则是来源于文明国家间制定的惯例、人道法规和公众良知的要求。"①

马尔顿条款的原则在1907年海牙规则等条约中早已确立，1946年纽伦堡国际军事法庭明确认定其宣示了习惯法规则；法庭在"库鲁泊"一案中认为：

"（1907年海牙第四公约）序言远远不只是声明。它是一个原则条款，它将文明国家所形成的习惯转成人道法和公众良知的要求，以衡量战争期间的行为，在没有公约规则的具体情况下是否合法。"②

马尔顿条款制定了一个有关"公众良知"的人道原则，具体内容可以因时代的不同而有所不同。如果考虑到当代社会，军事和新武器方面科学技术的发展远比法律的发展更为迅速，而法律条文的制定往往是要落后于现实，该原则无疑具有特别重要的意义。

（五）禁止对自然环境造成广泛、长期和严重损害的原则

1977年日内瓦四公约的《第一附加议定书》引入的另一条新规则是：禁止使用旨在或可能对自然环境造成广泛、长期和严重损害的作战方法或手段。该禁止性规定在国家实践中获得了广泛的支持，以至于它已经成为了习惯法。自然环境可以被视为民用物体，应受到与保护其他民用物体相同之原则与规则的保护；如果对一个军事目标的攻击可能会造成与预期的具体且直接的军事利益相比过度的环境损害，那么此类攻击应予禁止。③

---

① Bernhardt, "Martens' Clause" in Encyclopedia of Public International Law, Vol. 3, pp. 252–253.

② Annual Digest and Reports of Public International Law Cases, 1948, p. 622.

③ 让·马里·亨克茨：《习惯国际人道法研究：对在武装冲突中理解与遵守法治的贡献》，《红十字国际评论》2004年第862期。

三、武器的禁止和限制

基于上述原则,国家实践根据习惯国际法禁止对以下类型武器的使用或某些形式武器的使用:有毒武器、生物武器、化学武器、作为作战方法使用的制暴剂、作为作战方法使用的除草剂、在人体内易于膨胀或扁平的子弹、作为杀伤人员之用途的可在人体内爆炸的子弹、其主要作用在于以碎片伤人而其碎片在人体内无法用 X 射线检测的武器、以某种方式附着于或连接在受国际人道法特别保护之人或物体或可能吸引平民之物体上的饵雷、经过专门设计以对未用增视器材状态下的视觉器官造成永久失明为唯一战斗功能或战斗功能之一的激光致盲武器。①

一些本身不为习惯法所禁止的武器,如地雷与燃烧武器,其使用受到限制。由于地雷的廉价和使用的方便,彻底禁止还需要一些时间,各国都特别注意减小地雷所带来的不分皂白的后果,这些手段包括:使用地雷的冲突方必须尽可能记录地雷的布设地点;在实际战斗结束时,使用方还须扫除所布设的地雷;采取措施使其对平民无害或者便利排雷。全球已有 140 多个国家批准了禁止使用地雷的《渥太华公约》,其他国家也正处在批准的进程之中,因此大多数国家都负有不再使用、生产、储存和转让杀伤人员地雷的条约义务。尽管该公约的一些非缔约国还存在一些违约的实践,使得对地雷的禁止性规定目前还未成为习惯国际法,但几乎所有国家都承认,各国有必要为最终消除杀伤人员地雷这个目标而努力。

在现代战争中除了应禁止使用极度残忍有毒、化学和生物武器以外,许多人认为还应特别禁止核武器。但国际法院在"使用或威胁使用核武器的合法性"咨询意见中,并没有对此做出明确的定论。法院认为,核武器的使用应适用有关敌对行动方式的规则以及关于武器使用的一般原则,从纯法律的角度看,其使用与国际人道法的基本原则相违背,但由于核武器还涉及国际法上诸

---

① 让·马里·亨克茨:《习惯国际人道法研究:对在武装冲突中理解与遵守法治的贡献》,《红十字国际评论》2004 年第 862 期。

如"自卫权"等其他原则,所以法院不能在使用核武器的合法性问题上作绝对肯定或否定的结论。① 而且,在迄今为止已经制定的任何国际条约和协定中,没有任何规定像对生物或化学武器那样禁止使用核武器,这在国际人道法领域里是一个事实。

核武器在现实中更多的并不是发挥常规进攻性武器的作用,主要是起到一种威慑效果。但追逐核优势,却大量的浪费了资源,刺激了军备竞赛,从核武器诞生那天起,人类也带来了彻底毁灭自己的可能。关于核武器的法律地位问题,涉及的不仅仅是人道法。正如国际法院指出的,各国"有义务秉承善意为缔结一个在裁军会议或有效的国际控制下的全面销毁核武器的公约进行谈判。"由于核武器是涉及国家重大安全利益和全球战略安全框架的敏感问题,所以该问题不可能仅仅在国际人道法的范畴内能解决,同时也应该放在裁军领域进行探讨解决。②

四、新武器的法律审查

武器装备是战斗力构成的最基本要素,因此对新型武器的开发和研究也正在迅速的展开,特别是一批新兴科学技术的成熟和广泛应用,研究、试制了多种新毁伤机理的武器。从逻辑上来说,国家在武器研究和生产阶段就已经进行了大量的投入,所以如果当武器制造出来以后再去讨论是否引起"必要"或者"不必要"痛苦,是否符合国际法等问题,国家一般不容易改变政策,也很难放弃这些已经研制出来的武器,因此,预先阻止开发这样的武器就十分重要,而且也更加切实可行。

(一)审查的法律依据

战斗员选择作战手段和方法的权利并非无限制的,这是国际人道法的一

① Mahammed Bedjaoui, *Humanitarian law at a time of failing national and international consensus*, in modern wars, The Humanitarian Challenge, Zed Book Ltd, 1986, p. 38.

② ICJ: *Legality of Threat or Use of Nuclear Weapons(Advisory Opinion)*, July 8, 1996, para. 82.

项基本原则。《圣彼得堡宣言》是世界上第一个正式提出审查新式武器合法性重要意义的国际文件。它对新式武器的开发作了如下的说明：

"鉴于科学技术的发展可能会对部队的装备产生影响，宣言的缔约国或批准国为了恪守他们业已确立的原则和依据人道法对战争进行调解，缔约国或批准国应当努力就一个具体的关于审查武器合法性的建议达成谅解，而不管这个建议在何时提出。""一旦由于将来在军备方面的改进而提出明确的建议时，缔约国或批准国保留今后达成一项谅解的权利，以维护他们已经确定的原则并使战争的需要符合人道的法律。"①

1977 年日内瓦公约《第一附加议定书》第 36 条是唯一明确规定了以国际法为标准来进行这种审查的法律文件。该条规定：

"在研究、发展、取得或采用新的武器、作战手段或方法时，缔约一方有义务断定，在某些或所有情况下，该新的武器、作战手段或方法的使用是否为本议定书或适用于该缔约一方的任何其他国际法规则所禁止。"

第 36 条的目的在于，通过在发展或取得武器之前断定其合法性的办法，来防止使用那些在一切情况下均违反国际法的武器，并对那些在某些情况下违反国际法之武器的使用加以限制。所有国家，无论其是否为《第一附加议定书》的缔约国，均有义务对所有新武器、作战手段和方法的合法性进行系统评估。在执行方面，议定书第 80 条要求缔约各方和冲突各方应发出命令和指示，保证日内瓦公约和本议定书被遵守，并监督其执行。

2006 年红十字国际委员会组织制定了《新武器、作战手段和方法法律审查指南——1977 年〈第一附加议定书〉第 36 条实施措施》(简称《指南》)。该《指南》旨在协助各国建立或改进有关程序，以便根据第 36 条之规定，判断新武器、作战手段和方法的合法性。审查新武器的合法性有助于确保各国武装部队能够根据该国承担的国际义务从事敌对行动。

(二)审查范围

第 36 条法律审查的实质范围非常广泛。根据一些国家的军事指南，概括

---

① 1868 年《关于在战争中放弃使用 400 克以下爆炸性弹丸的宣言》(简称《圣彼得堡宣言》)序言。

起来包括：

• 所有类型的武器及武器系统，无论是针对人员还是物体，致命的、非致命的还是危害较轻的；

• 所有将获取的武器，无论其获取是为了做进一步的研究和发展，还是购买"库存产品"；

• 国家首次意欲获得的武器，该武器不必在技术意义上是"新的"；

• 在某种程度上被改变功能的现有武器，或已经通过法律审查而后又被改进的武器；

• 一国加入某一新的国际条约后可能会影响其合法性的某种现有武器。①

（三）审查应考虑的因素

议定书第36条没有明确应以何种方式以及由哪个机关建立新武器合法性的审查机制。然而，采取立法、行政或其他适当措施有效履行此项义务，是每个缔约国的责任。所以，审查的机关和相关程序很大程度上依赖国家。审查是一个复杂的过程，在判定某一特定武器的合法性时，审查机关不仅应审查武器的设计和特性，还应审查其使用方法即"作战方法"，因为武器所造成的后果源自其设计和使用方法的结合。判定接受审查的武器是否受到特定的禁止或限制，或者是否违反了适用于武器、作战手段和方法的国际人道法一般规则，审查机关应考虑大量的军事、技术、健康和环境因素，需要来自不同领域的专家参与审查进程。对此，《指南》为审查提供了一些参考因素，包括：

1. 武器技术说明书

从逻辑顺序上说，所有评估均应始于对武器技术说明书和武器特性进行的评价和判断，内容包括：完整的武器技术说明书；所设计或预期的武器用途，包括目标类型（如人员或物体；特定目标或区域等等）；其毁灭、破坏或杀伤的手段。

---

① 高级军事法官办公室（Office of The Judge Advocate General of the Army），W. Hays Parks，于2001年1月29日至31日在瑞士沃韦河畔容尼召开的武器法律审查与"避免过分伤害或不必要痛苦（SIrUS）计划"专家会议上所做的发言——"美国武器审查程序"。发言与会议报告均由红十字国际委员会网站公布信息：www.icrc.org。

2. 武器的技术性能

接受审查之武器的技术性能,对于判断武器的使用是否会造成不加区分的后果尤为重要,其中相关因素包括:瞄准装置的精确度和可靠性,如误差率、未爆炸弹药的灵敏度等;武器覆盖的范围;武器可预见的后果能否限制在目标范围内,或者能否在时间或空间上得到控制,包括在实现其军事目的后,武器给平民带来风险的程度。

3. 与健康相关的考虑

与武器毁伤装置直接相关的问题是,新武器能够造成哪些类型的伤害,应当考虑的因素包括:

当该武器用于其预期目的时,预计的伤口大小(通常由弹道创伤学决定);当该武器用于预期目的时,受害人可能的死亡率;根据该武器特有的设计,是否会造成解剖性损害、解剖性残疾或毁容等。

如果新武器并非以爆炸或弹射力伤人,或其所造成的健康后果与现有的合法武器和作战手段所导致的后果在质量或数量上有所不同,那么就应当考虑其他因素,包括:

对人体可预见的后果有关的所有相关科学证据;杀伤装置可能影响受害人健康的方式;当其用于武装冲突时,预估的战地阵亡率是多少,随后(在医院)的死亡率是否还会升高;对受害人的心理或生理是否存在可预见或预期的长期或永久的改变;这些后果能否为医疗专业人员所认知,能否在战地情况下得到控制,能否在有适当设备的医务所或医院得到诊治。

对相关的健康因素与新武器预期的军事目的或可能的军事利益加以权衡,上述与健康有关的考虑对于帮助审查机关判断待审武器是否可能导致过分伤害或不必要痛苦十分重要。

4. 与环境相关的考虑

要判定接受审查的武器对自然环境造成的影响,尤其是它们是否可能对自然环境造成过分的附带破坏或对自然环境造成广泛、长期和严重的破坏,应当考虑的相关因素包括:

该武器对自然环境之影响是否进行了充分的科学研究,且研究是否得到了检验?武器可能对自然环境造成的直接或间接损害的类型及程度如何?损害的后果预计持续多长时间?消除损害在实际中或经济上是否可能(如将环境恢复原状)？如果可以,需要多长时间？环境损害给平民居民带来怎样的直接或间接的影响？该武器是否专门设计用于毁灭、损害自然环境,或造成环境的改变?①

实事求是地说,上述各因素的考虑,更多是理论上的,因为大量细致的考虑和限制,势必带来执行的复杂和高昂的代价,其推广仍有漫长的路,并艰难缓慢地进行。但鉴于军事技术突飞猛进的发展,武器带来的毁伤力也日益超乎想象,事后的补救总是很有限的,而事前的审查却能从一开始就尽量避免灾难的发生,因此落实第36条的规定,在今天具有尤其重要的意义。

五、战争遗留爆炸物问题

"战争遗留爆炸物"主要是指武装冲突结束后,仍遗留于受影响地区的各种尚未爆炸或者被弃置的爆炸性弹药,包括炮弹、炸弹、地雷、手榴弹、诱杀装置甚至导弹、集束弹或通过陆基系统发射的子母弹和其他爆炸性装置。② 在相当长的时间,其存在仍会给平民和所在地区人道工作带来严重的后果。就我国而言,日本军队在侵华战争中,在中国广大地区研究和生产生化武器并曾惨无人道地对中国军民多次使用。但侵华战争给中国人民带来的痛苦在战后还通过遗留爆炸物继续。因此对有关规则的了解,对我国也具有实际意义。

战争遗留爆炸物是战争的致命后遗症,一直困扰着人类。其处理问题在联合国内曾有过讨论。1976年联大通过决议,谴责殖民主义国家没有排除战争遗留物,并认为放置国应对所造成的任何损失负责。1982年联大又通过215号决议,"确信排除战争遗留物的责任应由放置国负担,支持那些受这些遗留物影响的国家向放置这些遗留物的国家要求赔偿"。1976年不结盟国家首脑会议认为,要求放置国排除这些战争遗留物是被放置国的一项"主权"。③

从战后的国家实践来看,1973年美国和越南缔结了《关于在越南结束战争、恢复和平的协定》,其中美方承担义务,在停战协议生效后,立即排除、拆

---

① 《第一附加议定书》第35条第3款和第55条和《习惯国际法规则》以及《禁止为军事或任何其他敌对目的使用改变环境的技术的公约》。

② 红十字国际委员会关于"战争遗留爆炸物"的定义:www.icrc.org.

③ 朱文奇:《毒剂事件与日本应承担赔偿责任的法律依据》,《刑法评论》第3卷。

除在越境内美国放置的地雷、水雷及其他爆炸装置。从国际司法实践上看,国际法院在 1949 年英国诉阿尔巴尼亚的"科孚海峡案"中,认为布设水雷的国家负有排除的责任,因为无论在平时还是在战时都应考虑人道的要求。[1]

作为《常规武器公约》的第五部议定书,《战争遗留爆炸物议定书》于 2006 年生效。该议定书包含清晰的概念界定和适用范围,明确的清除责任与资料的记录和共享,对现存遗留物的处理和预防措施等内容,是国际人道法上一个重要的新条约,提供了一个系统框架,旨在将未爆炸和被弃置弹药对平民居民造成的危险降至最低。它是要求武装冲突各方于战斗结束后就开始清理战争遗留爆炸物的首个国际协议。但是议定书中许多关键条款中限制性的措辞,实际上反映了议定书执行上的潜在顾虑。例如:"在可行的情况下"、"在可行的情况下尽快"等。这样措辞的意图在于规定一个灵活度,以考虑政府和武装力量在冲突后经常面对的实际和复杂问题,在非安全环境下或在冲突当事方都缺少诚意的情况下,执行议定书将有相当的难度。虽然这些措辞并不意味着议定书出现不被执行的情形,但如果这些措辞被滥用,则可能破坏议定书的有效性。[2]

但是,这一领域以前并没有具体的规则,该议定书强化了这方面的法律,通过"谁使用谁负责"的机制规定,为解决武装冲突结束后平民面临的主要危险之一提供了重要的法律制度。

六、违法使用武器的法律责任

(一)国家责任

传统国际法理论认为:国家是国际法的主体。因此针对国家在战争中的不法行为,研究的首先是惩罚国家的可能性。这一可能性集中在民事惩罚和准刑事惩罚两方面:民事惩罚方面,传统国际法认为:国家应赔偿它的不法行

---

① 朱文奇:《毒剂事件与日本应承担赔偿责任的法律依据》,《刑法评论》第 3 卷。
② 路易·马雷斯卡:《关于战争爆炸遗留物的新议定书:1980 年〈常规武器公约〉第五议定书的谈判和历史》,《红十字国际评论》2004 年第 856 期。

152　中国国际人道法:传播、实践与发展

为造成的损失;准刑事惩罚方面,即国际法上经常提及的报复行为,是由来已久的。然而这一制度原则上针对国家,某些情况下也起到一定作用,但实际运用时,受到伤害的往往总是平民。因此,出于人道的考虑,国际人道法禁止在武装冲突中,对敌方的不法行为实施报复。①

国际法委员会经过45年艰辛的工作,终于在2001年通过了《国家对国际不法行为的责任条款草案》(以下简称《条款草案》)。尽管仅仅是一个"草案",似乎没有法律约束力,但却反映了国际法关于国家责任的国际习惯规制的发展。在此框架内,对违反国际人道法的国家责任进行探讨,也是很有意义的。

《条款草案》第1条规定:"一国的每一国际不法行为都引起该国的国际责任。"所以,国家责任是由一国的国际不法行为引起的。根据《条款草案》的规定,国际不法行为的构成要件有两个:

一是该行为可以归因于国家,属于国家的行为;

二是该行为违反了该国的国际义务,因而是"不法"的。

违反有关的国际法规则使用武器,构成违反国际人道法的行为,一国对可归咎于其的违法行为承担责任,包括:

(1)由其机构(包括武装部队)实施的违法行为;

(2)由经其授权而行使部分政府职能的人员或实体实施的违法行为;

(3)由事实上依其指令行事或者在其指导或控制下的人员或团体实施的违法行为;

(4)由经国家认可并接受为其行为的私人或团体实施的违法行为;

违反国际人道法承担责任的国家,应对所造成的损失或伤害承担全部责任。②

国家赔偿是承担责任的重要方式,根据《条款草案》表现为多种形式,包括恢复原状、补偿或抵偿等;根据某一具体的违法行为,可以单独或合并采取这些救济方法。"恢复原状"的目的在于恢复不法行为发生前的状态。但在

---

① 朱文奇:《国际人道法》,中国人民大学出版社2007年版,第394页。

② 让·马里·亨克茨:《习惯国际人道法研究:对在武装冲突中理解与遵守法治的贡献》,《红十字国际评论》2004年第862期。

许多情况下,恢复原状是明显不可能的,比如,使用对环境造成广泛、长期的影响的武器后,要恢复到之前的状态几乎不可能。补偿是针对由于不法行为造成的经济上可估价的损失,用货币来支付的方式;也可以包括承诺对造成不法行为的个人采取惩治性或刑罚措施。抵偿涵盖了受到伤害的国家或个人非物质方面损失,包括对不法行为的承认,表示歉意、进行官方的道歉或保证违法行为的不再发生等。①

至于谁将是对违反国际人道法行为进行补偿的受益人,国际人道法文件对此并没有明确,只是规定了赔偿的责任。根据国家责任理论,国家对可归因于其自身的违反国际人道法的行为负有责任,并应对造成的损害提供赔偿。但在国际人道法上,叛乱团体对其成员违反人道法的行为,是否负有相同的责任? 如果有,该如何承担? 这些都是尚不清楚的。而且由于主体的特殊性,事实上,对违反国际人道法的国家责任的追究更多是理论上的。

但是,在武器领域,使用非法武器使受难者受到的伤害或对自然环境造成的巨大破坏,如果没有任何事后的国家责任方式,那么国家为防止此类违法行为发生的动力和责任会更加弱化,违法者在实施行为时也可能更加肆无忌惮;而为此遭受痛苦的受害者的处境或被破坏的环境也会更加恶化。滥用武器带来的后果,是灾难性的。从现实的角度来说,对被害人而言,即使违法者被追究了刑事责任,如果没有国家责任的介入,要求违法者个人进行赔偿几乎是没有可能的。而且受害者个人却是十分脆弱的,他们可能需要长期的药物治疗,或许失去工作能力而无法自立,或者可能已经丧失了家庭和财产。如果认为一笔补偿金或类似的措施,可以使得被害人恢复到违法行为发生前的情况,即重建国际法上的权利到未被侵害前的状态,是不现实的。然而,给予及时而适当的补偿却是能使得被害人尝试重新生活的一个重要因素。对于环境而言,如果破坏了就置之不理,无疑是雪上加霜。环境的恢复需要依靠治理,没有投入就难以实施。所以,无论是对受害者个人,环境治理,还是战后重建,适当的赔偿是行为实施国应当承担的责任;对于赔偿的实施方式,国际社会也正在积极探索。

---

① 国际法委员会:《国家责任条款草案》第31、34、36、37条。

(二)个人责任

从东京和纽伦堡审判,到前南和卢旺达国际刑事法庭及国际刑事法院,国际人道法的发展主要集中在个人责任方面。正如纽伦堡国际军事法庭所说,"违反国际法的罪行是由人而不是由抽象的实体所犯下的,因此只有通过惩治犯下此类罪行的个人,才能使国际法的规则得到实施"。

根据《罗马规约》第8条战争罪的规定,滥用武器的罪行主要包括①:

第一,使用有毒或有毒武器的战争罪(Art. 8(2)(b)(xvii)),该罪的构成要件包括:

1. 犯罪人使用一种武器,其结果是释放某种物质;2. 该物质通过其毒性引起正常情况下的死亡或者对健康的严重损害;3. 行为发生在国际性武装冲突中或者与之相联系;4. 犯罪人意识到武装冲突的存在。②

使用毒物或有毒武器,是指犯罪行为人使用一种物质,或一种使用时释放这种物质的武器;这种物质凭借其毒性,在一般情况下会致死或严重损害健康。

该目下关于"使用毒物或有毒武器"的战争罪的定义非常简洁,所以有必要通过罪行的构成要件来详细阐述本罪行。但对什么是"毒物"下定义是非常困难的,为了避免这一难题,规约讨论在物质的影响方面包含了一个特定的说明:"该物质通过其毒性引起正常情况下的死亡或者对健康的严重损害。"也就是说,这种后果必须是该物质的"有毒"特性的结果。一些代表反对"对健康的严重损害"中"严重"的措辞,认为这会影响本罪的适用范围,但最终还是同意了上述的观点。③

"使用毒物或有毒武器"的提法,直接来源于《海牙规则》的第23(1)对有

---

① "……(17)使用毒物或有毒武器;(18)使用窒息性、有毒或其他气体,以及所有类似的液体、物质或器件;(19)使用在人体内易于膨胀或变扁的子弹,如外壳坚硬而不完全包裹弹芯或外壳经切穿的子弹;(20)违反武装冲突国际法规,使用具有造成过分伤害或不必要痛苦的性质,或基本上为滥杀滥伤的武器、射弹、装备和作战方法,但这些武器、射弹、装备和作战方法应当已被全面禁止,并已依照第一百二十一条和第一百二十三条的有关规定以一项修正案的形式列入本规约的一项附件内;……"

② Elements of War Crimes under the Rome Statute of the International Criminal Court, ICRC, Cambridge Press, 2002, p. 281.

③ Elements of War Crimes under the Rome Statute of the International Criminal Court, ICRC, Cambridge Press, 2002, p. 281.

毒武器的禁止。这是国际法上关于作战手段最古老的规则。从中世纪晚期开始,使用有毒武器就一直受到严格的禁止。①

关于"有毒物质"的一般理解,《剑桥英语字典》里的解释为:"如果施于生命体(如人体或动物),将造成疾病或者死亡的某种物质。"②

《牛津英语字典》的解释为:"施于生命机体或者被吸收,不论是通过机械方法或是直接的热能转变,将毁灭生命或者损害健康的任何物质。一般来说,该物质以很小的剂量,却能迅速摧毁生命。"③

美国军事手册将"有毒物质"定义为:"有毒物质是指即使剂量很小,却能进入肺部、血管或者渗透皮肤,引起死亡或者永久性失去功能的生物或者化学物质。"④

1880 年 9 月 9 日,由国际法委员会起草的《牛津陆战法守则》第 8 条规定:禁止以任何形式使用毒物。英国和加拿大军事手册均禁止:向井水、水管、水泵、水库、湖泊、河流等敌军可能从中取水的设施施毒或者污染;张贴告示以提醒水源已被施毒或污染,并不能使该行为合法。⑤ 德国军事手册规定:"禁止使用窒息性、有毒的或其他气体以及所有类似的液体、物质或设备。该禁止同样适用于通过施毒污染水源和食物以及为军事目的使用刺激剂。该禁止不适用于非国际性武装冲突和经允许的、毒性微不足道且是次要影响的弹药。"⑥

第二,使用窒息或有毒类物质的战争罪(Art. 8(2)(b)(xviii)),该罪构成

---

① 尽管对"毒物和有毒武器"有不同的释意,但至少有一点,即:"使用窒息性、有毒的或其他气体以及所有类似的液体、物质或设备"(Art. 8(2)(b)(xviii)条)是确定无疑的。该条在远东军事法庭的 shimoda 案件中以及核武器的咨询意见中也都有涉及。

② "Poison is a substance that cause illness or death if taken into a living thing, esp. a person's or animal's body." Cambridge International Dictionary of English, (Cambridge University Press, 1995), p. 1090.

③ "Poison means any substance which introduced into or absorbed by a living organism, destroys life or injures health, irrespective of mechanical means or direct thermal changes. Popularly applied to a substance capable of destroying life by rapid action and when taken in small quantity." Oxford English Dictionary (Oxford) Vol. VII, p. 1056.

④ US Department of the Air Force, AF Pamphelet110-31, International Law-The Conduct of Armed Conflict and Air Operation, 1976, at 6-5.

⑤ The Law of War on Land being Part III Manual Military Law, www. dnd. ca/jag/operation.

⑥ Humanitarian Law in Armed Conflicts – Manual, DSK VV 207320067, The Federal Ministry of Defense of Republic of Germany. VR II 3, August 1992, No. 407.

要件包括：

1. 犯罪人使用了气体或其他类似物质或者设备；2. 该气体、物质或设备，通过其有毒或者窒息特性，引起正常情况下的死亡或对健康的严重损害（注释：关于禁止发展、生产、储存和使用化学武器的现有国际法规则或正在发展中的国际法规则，此要件不能解释为任何对这些规则的限制或妨害）；3. 行为发生于国际性武装冲突中或者与之相联系；4. 犯罪人意识到武装冲突的存在。①

"使用窒息性、有毒的或其他气体以及所有类似的液体、物质或设备"的战争罪，是指犯罪行为人使用一种气体或其他类似物质或设备；这种气体、物质或设备凭借其窒息性或毒性，在一般情况下会致死或严重损害健康。

本罪直接来源于 1925 年《禁止使用窒息性、毒性或其他气体和细菌作战方的议定书》。1899 年《禁止使用专用于散布窒息性或有毒气体的投射物的宣言》也指出："各缔约国禁止使用专用于散布窒息性或有毒气体的投射物。"②筹备委员会激烈讨论了 1925 年议定书禁止的范围，尤其是禁止的物质是否包括制暴剂的问题。③ 关于制暴剂，一些国家认为在国际性武装冲突中任何使用制暴剂的作战方法都是被禁止的。其中一些代表认为：1925 年《日内瓦附加议定书》已经禁止使用；而另一些代表则认为，在 1925 年附加议定书中，并没有明确地做出关于禁止使用制暴剂的规定，而 1993 年《化学武器公约》才确认了使用这种方式作为作战方法的非法性。④ 另外，关于"作战方法"的理解也是有所分歧的。除此之外，只有一少部分的代表认为使用制暴剂是被允许的。而讨论到最后，分歧依然存在。

---

① Elements of War Crimes under the Rome Statute of the International Criminal Court, ICRC, Cambridge Press, 2002, p. 285.

② 该宣言明确了习惯法上禁止使用毒物和造成不必要伤害的物质。且该规则也被编纂到海牙规则的第 23（a）款中。由于第一次世界大战中毒气被使用，在日后的许多和平条约中都反复重申并逐步扩大了 1899 年宣言的内容。例如 1919 年的《凡尔赛和约》的 171 条规定："禁止使用窒息性，有毒或其他气体和所有类似的液体，物质或者设备。"1925 年《日内瓦附加议定书》则是重申了该条早已存在的规则，并进一步将禁止的范围扩展到细菌领域。

③ 在这一背景下，对自 1925 年起关于化学战争的法律的发展应当在多大程度上反映在罪行的构成要件中进行了讨论，当然也考虑到在罗马的外交会议上所作的排除任何参考 1993 年化学武器公约的决定。

④ 公约第 1 条第五款禁止使用制暴剂作为作战方法。

战时禁止使用窒息性或有毒的潜藏着致命危险的物质,早已在《海牙规则》第23条中有明确规定。1925年日内瓦议定书重申并加强了对有毒武器的禁止,明确使用毒气是违法的。由此,对有毒气体使用的普遍禁止,已经构成习惯法规则,其不仅禁止直接施用于敌方战斗员,而且扩展到禁止对水源和食物施毒。这点可以从已经存在的禁止使用毒物和有毒武器的一般原则中推导。另外应当注意的是,尽管细菌作战方法没有明确包含在本目的禁止之列,但是使用细菌作战方法无法对平民和战斗员作出区分,所以会构成对平民的有意攻击而可能被《规约》的第8(2)款下包含的其他内容涵盖。①

第三,使用违禁子弹的战争罪(Art.8(2)(b)(xix)),该罪的构成要件包括:

1. 犯罪人使用了某类子弹;2. 由于在人体内易于膨胀或变形,该类子弹的使用违反了武装冲突中的国际法;3. 犯罪人知道此类子弹的特性,其使用将无意义地加重痛苦或伤害的效应;4. 行为发生于国际性武装冲突中或与之相联系;5. 犯罪人明知武装冲突的存在。②

"使用在人体内易于膨胀或变形的子弹,例如外壳坚硬而不完全包裹弹心或外壳上刻有裂纹的子弹"的战争罪,是指犯罪行为人使用某种违反武装冲突中的国际人道法规制的子弹,因为这种子弹在人体内易于膨胀或变形,行为人知道使用这种性质的子弹将不必要地加重痛苦或致伤效果。

本条的法律基础,直接源于1899年7月29日的《海牙第三宣言》,即《禁止使用在人体内易于膨胀或者变形的投射物,如外壳坚硬而未全部包住弹心或者外壳上刻有裂纹的子弹的宣言》。

对该条的争论集中在禁止的标准上:是某种特殊子弹的"设计",还是"效

---

① 《罗马规约》第8条:"2. 严重违反国际法既定范围内适用于国际武装冲突的法规和惯例的其他行为,即下列任何一种行为:(1)故意指令攻击平民人口本身或未直接参加敌对行动的个别平民;(2)故意指令攻击民用物体,即非军事目标的物体;(3)故意指令攻击依照《联合国宪章》执行的人道主义援助或维持和平行动的所涉人员、设施、物资、单位或车辆,如果这些人员和物体有权得到武装冲突国际法规给予平民和民用物体的保护;(4)故意发动攻击,明知这种攻击将附带造成平民伤亡或破坏民用物体或致使自然环境遭受广泛、长期和严重的破坏,其程度与预期得到的具体和直接的整体军事利益相比显然是过分的;……"

② Elements of War Crimes under the Rome Statute of the International Criminal Court, ICRC, Cambridge Press,2002,p.292.

果"？最初的一个提议要求子弹"被设计以易于在人体内膨胀或者变形"，筹备委员会没有接受该标准，认为"设计"因素的要求和规约并不相符；相反，子弹的"效果"才是决定性的标准。①

时至今日，《圣·彼得堡宣言》的精神还是继续有效的，尽管并不是明确的技术上的指导，但在衡量某种子弹的使用是否构成本罪时，仍是必须考虑的因素。1999年红十字国际委员会在日内瓦召开的一次专家会议上还重申了《圣·彼得堡宣言》的精神，大会一致认为：《圣·彼得堡宣言》中，蓄意针对战斗员使用在人体内易于膨胀的子弹的禁止仍然继续有效；使用此类，其可预期的效果是在人体内发生膨胀的子弹瞄准战斗员将有悖于《圣·彼得堡宣言》的目标和精神；不存在设计在人体内易于膨胀的子弹的军事需求。②

第四，其他战争罪(Art.8(2)(b)(xx))，包括"违反武装冲突国际法规，使用具有造成过分伤害或不必要痛苦的性质，或基本上为滥杀滥伤的武器、射弹、装备和作战方法，但这些武器、射弹、装备和作战方法应当已被全面禁止，并已依照第121条和第123条的有关规定以一项修正案的形式列入本规约的一项附件内。"

使用《国际刑事法院规约》附件所列武器、射弹、装备、战争方法，是指列入《规约》附件的武器、射弹、装备或战争方法。这些内容一旦制定，即须拟订相应要件。由于尚不存在本条中提到的，涉及武器、射弹、装备或战争方法内容的附件，筹备委员会没有专门起草本罪的构成要件。③

该条的法律基础直接源于《第一附加议定书》的第35(2)条。④ 但某种作战方法是引起过分伤害或不必要痛苦，还是在性质上不分皂白的，对此无论是前南国际刑事法庭(ICTY)还是卢旺达国际刑事法庭(ICTR)都没有做出过任

---

① Elements of War Crimes under the Rome Statute of the International Criminal Court, ICRC, Cambridge Press, 2002, p. 292.

② Expert Meeting in Geneva (29–30 March 1999) organized by the ICRC on Exploding Bullets. See Elements of War Crimes under the Rome Statute of the International Criminal Court, ICRC, Cambridge Press, 2002, p. 296.

③ Elements of War Crimes under the Rome Statute of the International Criminal Court, ICRC, Cambridge Press, 2002, p. 297.

④ 该款规定"禁止使用性质上属于引起过分伤害和不必要痛苦的武器、投射体和物质及作战方法"。

何判定。由于在《罗马规约》下实际运用这一目下战争罪的规定,还有赖于缔约国起草并接受一个名为"禁止使用的武器"的《附件》,而目前尚未起草出来,所以有必要引入一些一般标准来帮助判断哪些武器符合本目规定而可能会被纳入禁止之列,包括①:

1. 引起过分伤害或不必要痛苦性质的武器

国际法院在"核武器合法性"咨询意见中称该原则是国际人道法的"核心原则"。但在相关材料中,对某些性质上引起过分伤害或不必要痛苦的特殊类型的武器、射弹、装备或战争方法的明确规定只有很少一部分。

红十字国际委员会在《第一附加议定书》评注中认为包含下列武器:

"(1)填满玻璃的爆炸性弹丸和发射物,但不包括大炮、地雷、火箭和手榴弹中的爆炸性物质;

(2)达姆弹,也就是在人体内易于膨胀或变形的子弹,如外壳坚硬而不完全包裹弹心或外壳经切穿的子弹、外形规则的子弹或空心的子弹;

(3)毒物或有毒武器,以及任何旨在加剧伤害的物质;

(4)窒息性或有毒气体;

(5)带锯齿的刺刀和带倒钩的长矛;

(6)尚有争议的狩猎用枪,取决于弹药的性质和其对软目标的效果。"

"由于引起不必要痛苦的性质,碎片无法通过 X 光探测到弹药。燃烧弹、小口径发射物、某些爆炸和破裂性武器也能引起过分伤害或不必要痛苦,尽管至今尚无关于这些武器的规则,但也应包含在内"②。

其他一些性质上属于违反禁止不必要痛苦原则的武器也应受到禁止。许多专家们特别表示了对使用反人员的激光致盲武器违反该原则的支持。由于其非人道的后果,现在激光致盲武器通过条约被禁止,但并非所有国家都赞同它们早已因习惯法规则的精神而受到禁止。

《渥太华公约》在其序言中写道:"基于武装冲突各方选择作战方法或手段的权利并非毫无限制这一国际人道法原则,基于禁止在武装冲突中使用会

---

① Elements of War Crimes under the Rome Statute of the International Criminal Court, ICRC, Cambridge Press,2002,p.298.

② Commentary on the Additional Protocols of 8 June 1977 to the Geneva Convention of 12 August 1949 (ICRC,Martinus nijhoff,Geneva,1987)No.1419.

中国国际人道法:传播、实践与发展

造成过分伤害或不必要痛苦的武器、子弹及作战手段和方法的原则,并基于必须区分平民与战斗人员的原则",反人员地雷也可被视为性质上引起过分伤害或不必要痛苦的武器。

在远东军事法庭 Shimoda 案中法庭认为:"基于《圣彼得堡宣言》'由于武器的使用无益地加剧失去战斗力的人的痛苦或使其死亡不可避免,将会超越这一目标;因此,这类武器的使用违反了人类的法律'以及海牙规则第 23(5)条的规定,我们完全有理由判断,除了毒物以外,使用有毒气体和细菌的作战方法,至少对敌人引起了同样甚至更大的伤害,因而也是受到国际法禁止的。"[1]

"过分伤害或不必要痛苦"的定义,与性质上引起该效果的特殊武器的设计相联系。尽管大部分人道法都旨在保护平民免受武装冲突的影响,但这一习惯国际法却是少数保护战斗员免受某种特殊武器攻击的措施之一。红十字国际委员会 1999 年发起了一个名为"过分伤害或不必要痛苦"的研究项目(简称 SIrUS 项目),[2]目的在于通过对过去 50 年武器对健康的影响进行研究,来帮助判断某种武器是否引起过分伤害或不必要痛苦。项目工作组成员大多是收集关于过去 50 年在冲突中使用武器所造成影响的相关数据的健康专家。这些数据来源于军事医学出版物和红十字国际委员会由 26636 份武器致伤组成的数据库。[3]

SIrUS 项目研究显示,在过去的 50 年中,以下的一些武器对人的影响并不属于武装冲突通常造成的后果:除因爆炸或投射物造成的身心创伤之外的疾病;非正常生理状态或心理状态(非因爆炸或投射物造成的预期的对创伤的反映);某种武器引起的特殊功能的永久丧失(除目前已经被禁止的杀伤人员地雷造成的影响除外);某种武器引起的毁容;无法避免或几乎无法避免的战地死亡或极高的医院死亡率;在送达医院后幸存下来的人中,3 级伤残的;造成的伤害,是一个设施良好的战地医院无法很好的确诊并施加医学救治的。

鉴于该原则,如何确认与军事利益比较时伤害或痛苦是过分的,1999 年第 27 届红十字和红新月大会上,红十字国际委员会提议采取以下几种手段进

---

① Ryuichi Shimida and Others v. The State, 32 ILR 626 at 634, para. 2(11).

② SIrUS = Superfluous Injury or Unnecessary Suffering.

③ Elements of War Crimes under the Rome Statute of the International Criminal Court, ICRC, Cambridge Press, 2002, p. 303.

行评估:某种合法性存在疑问的武器,其设计的效果是否会引起上述任何一种影响(即上面列举的对过去 50 年冲突的一般分析中不常见的影响),如果会引起,则将军事利益与此影响相比较,并判断同样的军事利益是否能通过使用其他不会产生此种影响的、合法的战争手段达到。①

大会通过的"行动计划"呼吁国家和红十字国际委员会相互协商合作,以决定当一国需要、发展或部署某种武器时,在审查其合法性时,SIrUS 项目的成果尽量能够为国家提供帮助。②

2. 性质上不分皂白的武器

《第一附加议定书》第 51(4)(b)确立了一条绝对原则:

"下列各类攻击,也应视为不分皂白的攻击:

(一)使用任何将平民或民用物体集中的城镇、乡村或其他地区内许多分散而独立的军事目标视为单一的军事目标的方法或手段进行轰击的攻击;

(二)可能附带使平民生命受损失、平民受伤害、平民物体受损害、或三种情形均有而且与预期的具体和直接军事利益相比损害过分的攻击。"

和过分伤害或不必要痛苦原则一样,关于这一原则的明确规定也只有很少一部分。红十字国际委员会对 51(4)(b)的评论认为:

"至于这种武器,主要是无法精确命中目标的长程导弹。二战结束时使用的 V2 火箭就是一例。""有些武器从其性质上来说就是不分皂白的。细菌的作战方法就算一个明显说明这一点的例子;还有一些其他的有类似不分皂白效果的武器,如污染饮用水源的毒剂。""在自由飘浮的气球上附着燃烧或反人员的炸弹,或者是使用仅配备了简陋导航系统的远程导弹都是此类武器的实例。"③

此外,《渥太华公约》中的相关论述表明,地雷也可以说是性质上不分皂

---

① ICRC, *The SIrUS Project and Review the Legality of New Weapons*, background paper prepared by the ICRC, June 1999.

② "我们鼓励还没有这么做的国家,建立起一套机制或程序,来判定使用某种武器,开发或者生产这种武器,是否符合该国应当遵守的国际人道法义务;我们鼓励国家与红十字国际委员会合作以建立这样一套机制,并在其中考虑 SIrUS 项目给第 27 届大会提交的成果和其他对国家有帮助的实用信息。"Summary Report by the ICRC, Expert Meeting on Legal Review of Weapons and the SIrUS Project, Switzerland, January 2001. p. 8.

③ Commentary on the Additional Protocols of 8 June 1977 to the Geneva Convention of 12 August 1949 (ICRC, Martinus nijhoff, Geneva, 1987), p. 305.

白的武器,或者至少可以说是一种产生不区分效果的武器。

由于本目战争罪的规定并没有具体的内容,以上的分析可以作为未来各国达成一个附件的参考及可能纳入本目而构成战争罪行为的趋势分析。

(三)责任追究

因滥用武器而被追究战争罪的案子,现在比较少。主要有以下几个原因:第一,这些罪被其他罪名吸收了,如杀人、伤害;第二,毒气、生化武器等非法武器本身恶名昭著,且《化学武器公约》《生物武器公约》《常规武器公约》等对缔约国的监督力度较大,国家明目张胆地使用违禁武器的可能性不大;第三,即便使用了这些武器,某些特殊武器或新武器也可能并不在有关公约的管辖范围之内,比如美国在伊拉克战争中使用的贫铀弹、炸弹之母等,其合法性虽然存在质疑,但明确的追究却十分困难;第四,即便使用违禁武器可以归因于个人,也不一定能满足战争罪的构成要件,因为战争罪的心理要件要求必须证明有主观故意存在,而要证明这一点十分困难。

事实上,一系列国际人道法条约关于武器问题,都只是规定了哪些武器应当被禁止、哪些使用武器的行为是严重违反公约的,并没有明确宣布这些武器或者使用他们的行为构成犯罪,更没有对如何处罚这些行为在刑罚上作出明确的规定。因此,它们不属于刑法规范的范畴。对于这些条约,虽然可以被国家作为整体纳入国内法,但却不能直接作为对战争罪定罪量刑的依据,它们本身必须先经过具体化才可能再被转化为国内法。战争罪首先是国际法上的罪行,存在一个国内化的问题。根据国际法理论,将国际条约转化为国内法主要有两种形式,一种是转化,一种是直接纳入。实践中,一些国际刑事法院的缔约国,在其国内立法中将其纳入,例如:德国的《违反国际法之罪行法典》、荷兰的《国际犯罪治罪法》、美国的《犯罪与刑事程序法》第 118 章第 2441 条战争罪、加拿大的《危害人类罪和战争罪法》等,都开创了良好的先例。目前《罗马规约》对非法使用武器的战争罪,包括各罪构成要件的规定是最为详细的。各个国家应当根据这些法律的内容制定国内法上的战争罪法条,作为对非法使用武器的战争罪定罪量刑的依据。[①]

---

① 卢有学:《战争罪刑事责任研究》,法律出版社 2007 年版,第 84—86 页。

七、武器发展带来的挑战

国际人道法试图控制武器发展及其使用,而武器又总是超出国际人道法的控制而不断发展,强劲地冲击着国际人道法,为将来进一步研究指明了方向,主要表现在以下几个方面:

第一,武器、技术的发展冲击了国际人道法的基础。全部国际人道法,就其实质来说,就是平衡和协调满足"军事必要"与"人道要求"这一对矛盾,为这对矛盾运动提供一系列基本原则、规则和制度。而武器的发展正在打破了原来已经达成的平衡和协调,极大地加深和激化了这一对矛盾。

第二,区分原则虽已确立,但它又面临着巨大的挑战。首先,大规模杀伤性武器的存在使区分更加困难。其次,军民共用趋势的出现。武器、技术的发展,扩大了军民两用的技术与装备的范围,使得军事目标和民用目标的界限更加模糊,区分原则如何适用面临更加复杂和艰难的判断。

第三,恐怖活动带来前所未有的新问题。如"9·11"事件中恐怖分子利用本身并不属于任何武器的大型民航飞机,撞毁明确属于民用目标的大厦,完成了一个轰动事件;"汽车炸弹"和"人体炸弹",它们如同精确制导导弹,花再多的钱也无法构建反导弹系统。这些活动往往是由一些团体、网络或个人实施的,只追求恐怖的目的,他们使用的武器和方法,正是人道法所禁止的;对于他们而言,遵循限制武器及其使用的规则的意愿是淡漠甚至根本不存在的,这一点成为规则实施的瓶颈。

第四,武器、技术的发展,使国际人道法出现了许多空白。以信息技术为核心的高新技术迅猛发展引发武器装备质的飞跃,将导致作战方式、作战空间等全方位变革;武器的类别、使用的方式、攻击的定义以及大量新武器、新技术、新作战方法和由此带来的新的战争中的人道问题,大大超出了国际人道法原有的规范体系。如何将主要在20世纪发展起来的人道法适用于21世纪的新问题是我们必须面对的挑战,它要求国际人道法与时俱进,发展和完善自己的规范体系。

八、小　结

国际人道法是主要适用于战争或武装冲突的一套国际法律规范,这种情况确实不一般,尤其是考虑到国家安全或生命受到极大威胁的场合下,让它得到遵守的期望值不会很高,所以要使国际人道法发生效力并不是件容易的事。在这种情况下,国际人道法的规范效力在很大程度上要依赖于敌对行动实际参与国或参与方的反应。但作为人的尊严和最基本的人道要求在任何时候都不应被忽视。所以在和平时期就需要传播国际人道法,这样才能使该法在发生武装冲突时得到更好的遵守。另外,国际人道法应该通过国内法来实施,并对违法者进行强制惩罚,否则国际人道法将会变得苍白无力。

历史教导我们:所有的文明都致力于限制使用暴力,其中也包括被我们称之为战争的这种暴力制度化的表现形式,因为限制使用暴力本身就是文明性质的所在。在和平时期注重对有关武器规则的了解和研究,有助于在研发阶段即对武器有所审查;在发生任何武装冲突行为时,军队在使用武器中有所遵从,使用的作战手段和方法有所限制,战争受难者也得到基本的保护。

法律在危难或情势紧急的时候,才更能体现其全部的价值。国际人道法就是适用特殊情势下的法律,它通过对武器进行限制,禁止国家使用非法武器以及以非法方式使用武器,从而达到保护受难者、限制武装冲突中的暴力的目的。无论所发生的武装冲突在性质上是如何的严重,也无论冲突各方所捍卫的理由或诉诸武力的动机是什么,我们都不能为了规避这些规则而寻找任何理由。在任何形式的战争方式和方法下,都不应用武力去摧毁那些我们试图用武力捍卫的价值。

士兵的两难困境：在上级命令与战争责任之间

陈创东[*]

上级命令一直是战争犯罪领域最常见但也最有争议的抗辩事由之一。在交战环境下，拒绝服从上级命令的士兵将面临军事纪律的制裁。但是，作为部属的士兵，往往会遇到一个现实的两难困境：如果忠实服从一项非法命令，其执行命令的结果可能构成犯罪，他便因此要承担国际刑事责任；如果他拒绝服从这项非法命令，不去作出可能构成战争犯罪的行为，他便因违反军纪而要受到纪律处理。这样一来，士兵便置身于服从命令与遵从国际人道法的矛盾之中，不论做出何种选择，都可能将其逼到墙角。Dicey 曾经用一段著名的评述描绘这一恼人的困境：

"士兵的处境在理论和现实上都很困难。就像常说的那样，如果他不服从命令，便可能被军事法庭枪毙；如果他服从命令，却可能被国际法庭绞死"[①]。

一、历史的追溯：纽伦堡审判的前后

（一）纽伦堡审判之前

在 1945 年之前，上级命令被认为具有完全的抗辩效力。只不过，能否启

---

* 陈创东，中央军委法制局法制员，香港大学普通法硕士，海军少校。本文资料均来自英文的公开文献，文中观点不代表作者所在单位的立场。

① Dicey, *Introduction to the Study of the Law of the Constitution*, in Yoram Dinstein, *The Defence of "Obedience to Superior Orders" in International Law*, A. W. Sijhoff, 1965, p. 7.

动这一抗辩事由,要取决于是否符合"明显非法原则"(manifest illegality doc-trine)。

"明显非法原则"的基本立场是:士兵按照上级下达的命令采取军事行动,这一命令事后却被证明是违法的,那么仅仅在士兵受命当场,该命令表面上看上去是合法的,才能在法律程序上作为抗辩事由;如果在士兵受命当场,该命令明摆着就是非法的,那么上级命令就不能成为一个免罪的抗辩事由——当然,此时士兵还可以以执行上级命令为由,依据普通法上的"雇主负责原则",在获罪的同时申请减轻处罚①。

在普通法世界里,关于上级命令的司法考察通常从 1816 年的"国王诉 Thomas 案"开始。Thomas 在英国皇家海军舰艇 Achilles 号上服役,他受命驱赶所有靠近舰艇的民船。在多次警告后,Thomas 开枪打死了一名民船船员,于是被指控涉嫌谋杀罪。陪审团裁决 Thomas 谋杀罪名成立,但建议法庭赦免其罪。严格讲,这本是一宗误传模糊命令的案件,但陪审团的建议预示了法律在未来的发展。在 1900 年的"国王诉 Smith 案"中,某军官命令一位平民为其递过马缰绳而遭到拒绝,军官便命令士兵 Smith 射杀了该平民。Smith 因此被特别法庭指控谋杀,他以上级命令为由提出抗辩后获得无罪判决。正是在此案中,Solomon 法官简明地阐述了"明显非法原则"的要义:

"如果士兵忠实地相信,他所履行的职责是在执行上级命令,而且该命令并非明显非法,士兵无从知道或者不可能知道该命令是非法的,那么,士兵本人将受到上级命令的庇护。"②

在其他法系中,例如以色列上诉法院在"军事检察官诉 Melinski 案"和德国第二刑事评议院在 Dover Castle 案和 Liandovery Castle 案的判决中,也都出现了适用"明显非法原则"的情形③。

(二)纽伦堡—东京审判及其宪章

纽伦堡—东京审判作为现代最著名的战争犯罪审判实践,其宪章对上级

---

① Hilaire McCoubrey, *From Nuremberg to Rome: Restoring the Defence of Superior Orders*, Apr. 2001, International and Comparative Quarterly, p. 386.

② (1990)17 S. C. R. ,561.

③ L. C. Green, *Superior Order in National and International Law*, A. W. Sijthoff, 1976, p. 122.

命令能否作为抗辩事由所采取的态度,常常被当作处理这一问题的重要国际法渊源而受到广泛援引。

纽伦堡国际军事法庭宪章第 8 条规定:"被告按照其政府或者上级命令行动这一事实,并不能免除其责任;但如果法庭决定根据实现正义之所需,也可将这一事实作为减轻处罚的考量因素。"

作为纽伦堡宪章的姊妹篇,远东国际军事法庭宪章第 6 条规定了类似的原则:"无论如何,被告的职位或者被告按照其政府、上级命令行动的事实,都不足以开脱对被告的任何犯罪指控,但如果法庭决定根据实现正义之所需,也可将这一事实作为减轻处罚的考量因素。"

看上去,纽伦堡和东京审判使上级命令只成为一个减轻处罚的考量因素,而不能作为免罪的抗辩事由。但是,这一理解并未获得公认,各方对纽伦堡—东京审判及其宪章做出了不同的解读①。

二、国际法学者的主张:上级命令不应作为抗辩事由

(一)纽伦堡和东京审判的遗产

许多国际法学者认为,二战及其战争审判改变了 1945 年前的法律立场。从那以后,对于受到战争犯罪指控的士兵而言,上级命令不再是一个有效的"免罪盾牌"。在他们看来,除在减轻被告的处罚时还有点用处之外,上级命令这条抗辩事由已从国际法庭中被"驱逐"出去了。著名战争法学者 A. P. V. Rogers 甚至断定,纽伦堡和其他战争审判无异于宣布了"上级命令作为抗辩事由"的死刑②。

(二)自然法

按照古老的教会法,人们根据世俗法行事时,决不能触犯神圣的自然

---

① 这一点将在本文第五部分的"再探纽伦堡规则"述及,重点参看该部分中 Hilaire McCoubrey 教授的观点。

② A. P. V. Rogers, *The defence of Superior Order in International Law*, 1991 Military Law Journal, p. 17.

法①，人道主义原则如同上帝旨意一样，将击破任何与之违背的世俗权威包括上级命令。因此，士兵服从上级命令的行为后果一旦违背自然法，就不能指望获得免责。德国法院在 Dover Castle 案中判决认为："屠杀毫无防御能力的船只失事者，是一种在最高程度上违背道德准则的行为。"②同样，在伊斯兰世界里，不论是规范战斗人员的日常生活，还是为防止上级命令这一抗辩理由被滥用，《古兰经》相关训诫的效力都要优越于任何政府部门或者军队上级的命令。③

（三）司法权衡

这一点与纽伦堡审判的被告们息息相关。那些拥有巨大权力的高级纳粹军官都把责任推卸给死去的希特勒，声称他们只是执行命令而已。以整个权力结构体系的金字塔来看，这意味着各个级别的军官都能以上级命令而为自己抗辩，仅仅国家元首一人负刑事责任，而希特勒已经以死逃避责任。对此，司法必须作出权衡，推卸责任的理由必须被叫停。在 Re Milch 案中，法庭指出：

纳粹法典并不是秘密……被告并非生活在真空中。他们不可能从一开始就说："元首做出的决定是最终的，我们没有发言权，轮不到我们问为什么，元首的意志就是法律"，然后，当元首颁布了野蛮、非人道的律令后，又企图为自己开脱罪责，说："唉，我们决不支持这些行为。"④

（四）国际法不能服从于国内法

国内法与国际法的矛盾问题，几乎是每次国际法编纂大会上遇到的难题。同样的，士兵遇到的难题是：什么才是他们的最佳选择？是作为一个忠诚的国家军职人员，还是做一个合法的国际公民？在著名的 Hostage 案中，法院判决认为：

英国和美国在管理军队时采取的"清晰线"原则，是一项政策措施，并不

① John Rawls, *The Law of Peoples：With "The Idea of Public Reason Revisited"*, Harvard University Press, 1999, pp. 103–104.

② L. C. Green, *Essays on the Modern Law of War*, Transnational Publishers, 1999, 2nd Ed, p. 262.

③ Farhad Malekian, *The Concept of Islamic International Criminal Law：A Comparative Study*, Graham & Trotman, 1994, p. 57.

④ 7 *War Crimes Reports*, (1947), p. 27, pp. 41–42.

能确立为国际法准则。然而,他们的做法可以发挥证据效力,为战争行动的相关习惯和通例提供佐证,特别是在决定某种行为是否构成习惯或者通例时,它们可以被当作一个事实问题……就司法的基本规则而言,军队法令并不能成为国际法的有效渊源。

国际刑法学者 Lyal S. Sunga 博士的主张则更具有代表性,他认为:"把上级命令从战争犯罪的抗辩事由中排除出去,这一规则是必要的。简而言之,如果国际法上认可可以依据上级命令对战争犯罪责任进行抗辩,那么,国际法的效力将服从于国内法,因为士兵将声称其违反国际刑法的行为是国内法所允许的。"①他担心,如果上级命令作为战争犯罪的有效抗辩理由,那么国际法将不得不仰国内法之鼻息而存在,整个国际法秩序的基础因此不复存在。

(五)军事情势的重大变更

在拿破仑时代及其之前的欧洲,士兵被当作战斗机器,战争责任通常被归责到指挥官。但是时代已发生重大变化。在当代,特别是在废除世兵制、实行从普通民众阶层中募兵以来,士兵不再被当作没有思想的机器。而且,根据日内瓦公约及其附加议定书,指挥官有义务使士兵了解自己的战争法责任,士兵亦有权在法律顾问的帮助下,对上级命令的合法性当场提出质疑②。在著名的 Einsatzgruppen 案中,法庭明确地表达了下列立场:

士兵决不是像机器人那样服从命令。士兵是理性的执行人。他不会也不能被指望像一台机器那样做出机械式的反应。那种认为士兵必须按照上级命令去做一切事情的设想,完全是谬论③。

三、军事纪律的规制:部属必须服从命令

与国际法学家的主张相对立的是,在一些现实主义人士眼中,基于军事生

---

① Lyal S. Sunga, *Individual Responsibility in International Law for Serious Human Rights Violations*, Martinus Nijhoff Publishers, 1992, p. 56.

② L. C. Green, *The Contemporary Law of Armed Conflict*, Juris Publishing, 2000, 2nd Ed, p. 306.

③ L. C. Green, *Essays on the Modern Law of War*, Transnational Publishers, 1999, 2nd Ed, p. 271.

活的高度"命令—服从"性,士兵必须服从命令,这一要求难以避免,尽管某些命令可能涉及战争犯罪。

(一)层级森严的军事系统

军事领域的显著特征就是上级对部属的支配关系(如果不是绝对支配的话),没有其他社会组织比军事领域更加层级森严。正是因为独特的层级体系、训练管理机制、晋升方式、文化环境以及军人荣誉准则,军事组织才得以成为与其他社会领域最不相同的群体[1]。军队的战斗力很大程度依赖于上级对部属进行有效的纪律约束,以及对上级命令的迅速执行。正是基于这一原因,美国联邦最高法院"长期以来承认军事领域有必要作为一个与公民社会相分离的特殊体系"[2]。在这一特殊领域,规则往往也是特殊的。

事实上,连没当过兵的人们都知道"军人以服从命令为天职"这句军事格言,而对这一格言的尊崇程度在很大程度上决定着战争的胜败。这是政府、指挥官、士兵乃至全体国民都不得不认真考虑的因素。

(二)遵守和维护国内法

从交战国的整体法律秩序看,服从上级命令首先体现为对国内法的遵守。军事法令作为国家法律的一部分,要求部属服从上级命令,这一服从义务是国家对保持军队效能所做出的法律规制。军事纪律意味着每个士兵都必须服从其上级的命令,而这一"命令—执行"的权威来自于国内法,亦是国内法秩序的重要组成部分。为了维护国内法的权威,就必须维护军事纪律的权威。因此,国内法通过军事法,对士兵赋予了服从命令的法律义务,并对不履行这一义务设置了法律制裁。

(三)军事纪律的最高训诫

从军事生涯开始的那天起,每名军人都会记得军旅的最高律条即"服从

---

[1] Mark J. Osiel, *Obeying orders*: *Atrocity*, *Military Discipline*, *and the law of War*, Transactional Publishers, 1999, p. 27.

[2] *Parker v. Levy*, 417 U. S. 733, 743 (1974).

命令"。美国统一军事司法典第 90 条至第 92 条特别规定了下列情况属于违令：

第 90 条：攻击或者故意不服从现役的上级军官……

第 91 条：不服从委任军官、预备役军官或者低级军官的行为；

第 92 条：不遵守规定的行为。

在英国，军事违令可能依军队法第 34 条、第 36 条的规定而受到惩罚，而该法第 71 条和第 85 条规定，军事法庭有权对违令军人处以死刑、监禁、开除军籍等惩罚。在法国，军事司法典第 427 条至第 429 条、第 445 条至第 447 条规定军事违令要受惩罚①。

（四）严酷的战场环境

不论哪个体系的军事纪律，都建立在服从上级命令这个基础之上。军事效能极大地依赖于迅速和毫不质疑地执行命令，以至于士兵随时要准备冒着牺牲的危险。在军事指挥决策中，战机转瞬即逝，行动和指令常常具有即时性，并不允许有时间深思熟虑。在危险和高强度的战争环境下，指挥官下达命令并能够得到部属的坚决执行，对于确保武装力量的集中统一至关重要。尽管存有争议，但违令不从通常被认为对武装部队及其军事行动会产生最严重的后果。当部队处于攻击性行动或者与敌鏖战时，这一问题将更为关键，违令不从甚至犹豫逡巡都会受到断然和严厉的禁止。

（五）另一种假设

国际法学者认为士兵可以不服从命令，其设想基于上级命令可能是非法的。但是这只是硬币的一面。硬币的另一面是，如果允许士兵不服从命令，承认他们可以不受羁束，同样可能造成人道主义灾难，而且由于战争对交战者的身心扭曲，这种灾难甚至更容易呈现失去控制的局面。没有证据表明，部属比上级更有人道主义方面的自觉性，相反在战争实践中，士兵报复性破坏和肆意而为导致平民受害的情况并不少见。

---

① 需要说明的是，只有美国和英国的法典在惩处军事违令时，要求相关命令必须是合法的。见 Nico Keijzer, *Military Obedience*, Sijhoff & Noordhoff, 1978, pp. 79—81。

四、必须正视的问题:像士兵那种思考

战争责任追究的真正目的在于减少战争损害。为了达到这一目的,解铃还须系铃人,必须设身处地地从士兵的实际处境出发,最大限度地引导士兵采取人道主义原则。不能使士兵继续作为武装冲突和战争审判的双重受害者的情况下,还指望从他们的手中减少战争损害。

(一)理性士兵而非理性人

显然,在 Einsatzgruppen 案中,法庭使用了"具有普通的认知和理解力的人"这一标准去衡量"明显非法原则"。但这带来一个基本的问题:"具有普通的认知和理解力的人"能否适用于接受命令的士兵? 正如上面所讨论的,军事领域作为一个社会间离体(military community as a separate society),与普通的市民社会有很大不同。考虑战争犯罪与执行军事任务紧密联系的情势,对士兵适用"一般的理性人"恐怕并不公平。就注意义务(duty of care)的具体标准而言,相对于普通法在市民社会采取的一般标准即"理性人"(reasonable man),对执行命令的士兵则应当采取"理性士兵"(reasonable soldier)的判断标准[1]。(事实上,对不同的行为人采取不同的判断标准,在普通法中并不少见。曾有经典案例中,一个小孩在玩飞镖时扎伤了小伙伴,法官在衡量是否满足注意义务时,即强调应当采用孩童的标准而不是一般的理性人标准。)同样,由毫无军事背景的法官和陪审团来审判士兵,同样是不公平的,因为在普通法中对是否构成"理性"这一标准进行衡量,很大程度依赖于裁判者的个人体验[2]。是否"理性"的判断标准不能是千人一面,而要看被告是普通公民还是军人,而且更要看其行为在本质上是民事行为还是军事行为。如果相关行为本质上是军事行为且发生在战争条件下,则"理性"的判断标准应当从"理

---

[1]　L. C. Green, *Essays on the Modern Law of War*, Transnational Publishers, 1999, 2nd Ed, p. 280.

[2]　美国最高法院明确表达了自己在这一问题上的清醒认知:那就是针对同一案件,普通的市民社会法庭与由军事专家组成的法庭很可能会做出相去甚远的裁判。见案件判决:ex. rel. *Toth v. Quarles*, (1955), 350 U. S. 11, 18.

性士兵"的角度出发,并由军职人员决定,因为他们更可能了解一个"理性士兵"在那种情况下应当如何思考、反应和行动①。

(二)职业士兵而非从业律师

浏览世界各国的军人手册,观摩各国军队的例行训练(除红十字国际委员会专门资助的特定人道主义演练之外),就会发现各国武装力量重在培养士兵全力战胜敌人的素质。正如 Field Marshal Milch 一案判决中承认的那样:

他们获得法律服务的条件有限。他们是士兵不是律师。在缺乏进行合法性甄别的特定相关知识的情况下,他们有权推定:上级命令在签署之前已经通过了合法性审查。在上级命令与士兵本人之间,理所当然地存在一种信任关系②。

而且,军人在战场纪律、战时紧急的条件下,不可能指望其小心翼翼地审视其接收到的命令。在战争责任追究时,必须将是否具有主观的犯罪意图(mens rea)考虑在内③。

(三)士兵受到的教育

士兵受到的教育是,军人要去战斗,引导他们冒着战火取得胜利,如果必要时甚至驱使其为国献身。在战时和紧急情况下,军事目标的达成、战斗胜利、众多战友的生命以及保卫国家安全,都将迫使士兵"毫不犹豫、不存疑惑地完全和无条件服从上级命令"。这不仅是战时的要求,平时也是如此训练和要求的。他们受到的教育的理想范本是:在战斗中,受到良好训练的士兵应当如诗中所写那样:"他们不必作出应答,亦不必询问理由,他们只需去执行和牺牲"④(Theirs not to make reply, Theirs not to reason why, Theirs but to do and die)。

---

① L. C. Green, *Essays on the Modern Law of War*, Transnational Publishers, 1999, 2nd Ed, p. 281.

② L. C. Green, *Essays on the Modern Law of War*, Transnational Publishers, 1999, 2nd Ed, p. 268.

③ 对犯罪意图(mens rea)原则的更详尽分析,见 Yoram Dinstein, *The Defence of "Obedience to Superior Orders" in International Law*, A. W. Sijhoff, 1965, pp. 76-87.

④ Yoram Dinstein, *The Defence of "Obedience to Superior Orders" in International Law*, A. W. Sijhoff, 1965, pp. 5-6.

英国军事法手册的合著人 L. Oppenheim 教授亦如此教育他的士兵读者：如果部属不知道上级命令是非法的，而且他也不可能合理地知道上级命令是非法的，那么执行上级命令的行为，将会因为缺乏犯罪意图这一主观要素而不能构成犯罪，部属将因此得到保护①。

（四）没有拒绝执行命令的空间

没有经历军事生涯的学者往往设想，部属可以审视、质疑和拒绝不合法的上级命令。但是，Osiel 描述了一个场景，说明上述设想在军事实践中是悖谬的：

潜艇军士长大声发出命令："立正"，这一命令直接针对一个新兵，在新兵的耳际回响。新兵不可能去判断军士长的命令是否符合哪一条法规……他只被要求去执行命令，甚至不必去考虑这是哪一类行为，因为军士长管控和评判着新兵的行动。其次，这一命令高度个人化。军士长直接对这名新兵下命令，周围没有其他新兵，显然，这里只有一个发号施令的权威，也只有一个受命者。情况不允许新兵去考虑："他是不是在对我说话？"其三，军士长命令中的时间地点要求非常清楚，预示着新兵只能应答"是"。其四，新兵根本没有机会去判断和决定如何执行军士长的命令②。

而且，战事的诡秘性使得军事行动的许多背景情况不可能为普通士兵所知，他们对上级命令缺乏进行判断和质疑的条件。学者们臆想，士兵可以要求上级再确认一下其命令，但是不要忘记，在军事实践中特别是战时，这一要求通常得到的回应是上级更加严厉地重复一遍命令。事实上，加拿大国防法第125 条就规定，部属有权口头或书面质疑上级命令，但"如果上级仍然指示其服从这一命令，那么部属必须执行"。

五、"明显非法原则"的重归抑或重述:《罗马规约》

战争法学者将其使命确立为保护平民，然而真正的逻辑是：只有先保护交

---

① L. C. Green, *Essays on the Modern Law of War*, Transnational Publishers, 1999, 2nd Ed, p. 269.

② Mark J. Osiel, *Obeying orders：Atrocity, Military Discipline and the law of War*, Transactional Publishers, 1999, pp. 242–243.

战者,才能真正地保护平民。因此,必须对战争责任追究机制进行合理设计,防止士兵沦为武装冲突和战争审判的双重受害者,在此基础上引导他们采取人道主义原则。

对上级命令能否作为战争犯罪抗辩事由进行合理化探讨,应当综合考虑以下因素:首先,战争应当受到谴责。从本质而言,战争是不人道的,士兵不能以战争的非人道性为其自身的违反人道行为进行开脱。其次,必须牢记:士兵通常是战争的第一受害人,他们在战争上浴血献身,一旦失败还会受到不公正对待①。其三,从开始到终结,战争的真正主事者往往是指挥官,他们才是造成和解决人道主义问题的真正焦点,士兵不能成为替罪羊。

(一)再探纽伦堡规则

纽伦堡审判是否抛弃了经典的"明显非法"原则,进而树立起新的法律规则?

诺丁汉大学的 Hilaire McCoubrey 教授的观点具有代表性,他强烈质疑那种认为纽伦堡宪章必要地改变了上级命令的法律地位的结论②。根据 Hilaire McCoubrey 教授的分析,纽伦堡审判的被告们根本不是那种受到军事纪律约束、军事训练养成的"简单的士兵",甚至也不是什么"简单的军官",他们并非简单地在战场环境下接受命令、直接执行。从纽伦堡审判的情况看,它具有最大限度的极端特殊性。被告大多是德意志第三帝国领导团队中的内阁高官和高级将领。当时,第三帝国的命令和指示是不容他人质疑的。这是第三帝国的明确规则即"领导原则",每一级别受上级控制并向其负责,这样一级级直至元首③。在这样一个无穷向上追究的体制中,最终只有希特勒来承担所有责任,而此人已经以死逃避。因此,纽伦堡宪章第 8 条只是对"明显非法"原则在那种极端情况下的具体适用而已。纽伦堡宪章第 8 条之规定既不代表着

---

① 必须指出的是,战争犯罪审判往往是战胜者对战败者的审判。

② Hilaire McCoubrey, *The idea of War Crimes and Crimes against the Peace since 1945*, University of Nottingham Research Paper in Law, June 1992, No. 2, p. 27.

③ 二战前的日本在这一问题上甚至走得更远。天皇训令规定:"部属应当牢记,其上级的命令就是天皇陛下本人的意志。"

1945 年之前"明显非法原则"的转变,对此也没有必要加以转变①。

(二)纽伦堡之后的案件

在纽伦堡审判之后,大量的战争犯罪审判仍然沿用了"明显非法"原则的立场。下列一些著名判例中采用了"明显非法"原则②:

"这些命令显然是非法的,服从命令的事实并不能庇护士兵。"(美国 Einsatzgruppen 案)

"这一命令明显非法,无法为其正当性进行辩护。"(美国 My Lai 案)

"当命令明显和确实违法时,抗辩不能成立。"(比利时 Muller 案)

"如果命令明显非法,且被告知道或应当知道这一命令是违法的,行为人即为有罪。"(英国 Buck 案)

"明显非法命令这一显著的标记,如同一面写着'禁止'字样的黑色旗帜一样高悬……正是该命令属于明显非法这一原因,可以使士兵免除服从义务;如果他接下来还要执行这一命令,则要为自己的行为承担刑事责任。"(以色列"首席军事检察官诉 Melinki 案")

最近的案例发生在 1994 年的加拿大。一名当年的纳粹分子被告试图以包括"上级命令"在内的多项事由为其抗辩。加拿大最高法院判决认为,二战之前和战争期间的德国法西斯的种族主义宣传已使被告人相信,犹太人是国家敌人。在引起激烈争议的"5 比 4"的表决中,主张被告无罪的法官们认为,在当时那种思想钳制、极度恐怖和成批执行的条件下,可能致使理性人相信其所作所为是遵循合法命令③,而无法满足"明显非法原则"的衡量标准。

(三)法律的最新界碑:《罗马规约》

在成立国际刑事法院的基础性法律文件《罗马规约》中,与上级命令直接

---

① Hilaire McCoubrey, *From Nuremberg to Rome*: *Restoring the Defence of Superior Orders*, Apr. 2001, International and Comparative Quarterly, at p. 389.

② 关于这一问题的更详尽分析,见 L. C. Green, *Essays on the Modern Law of War*, Transnational Publishers, 1999, 2nd Ed, pp. 268–289。

③ Timothy L. H. McCormack and Gerry J. Simpson, *The Law of War Crimes*: *National and International Approaches*, Kluwer Law International, 1997, p. 219.

有关的是第33条和第28条。第33条规定：

（1）本法庭的案件管辖权范围内，行为人执行上级命令（不论是军事命令还是政府命令）的事实，不能免除其刑事责任，除非：

（a）行为人有执行上级命令的法定义务，且

（b）行为人不知道该命令是非法的，且

（c）该命令并不是明显非法的。

（2）在本条所指的意义上，种族屠杀和反人类罪的命令是非法的。

《罗马规约》第28条有效处理了指挥官责任的问题，规定该公约中所称的军事指挥官是有权作出指令，且对其权限范围内的违法行为承担责任的人。这样，如果找不到合适的上级受审，无辜的部属也将不会成为替罪羊。

McCoubrey教授如此讨论《罗马规约》第33条关于上级命令的规定：

应当注意：第33条用词谨慎，甚至可以说是对"应当知道"原则的一种严格释明。首先，第（1）款使用了一个强烈的假定，一般性地排除了上级命令作为抗辩事由的可能性。考虑到政治恶意可能从中操纵，而且诉至国际刑事法院的案件往往关系严重的战争犯罪，在大多数情况下这些案件涉及的上级命令的非法性比较明显，因此这样规定是合适的。然而，第（1）款下的（a）（b）（c）三项对提起抗辩设置了三重障碍：法定义务、不知情、不明显违法，精确地符合了纽伦堡原则。第33条绝不是听任战争犯罪在"命令"保护伞下肆意而行。相反，它保护那些在不知情状态下，既不能掌控也没有主观意图，而被非法命令引向犯罪行为的军职人员。第（2）款则列出一个并非可有可无的澄清说明：这样在处理诸如科索沃和卢旺达的种族屠杀时，就比前南国际刑事法庭和卢旺达国际刑事法庭那样只简单沿用纽伦堡规则，要好得多①。

J. Blackett也评论道：

法律承认了（在上级命令问题上的）军人困境，赋予部属只要依令而行，就有权以此提出抗辩，但该种执行命令的行为客观上明显违法的情况下除外，即使如此，部属接受训练以及相关经历背景的情况，还应当作为减轻处罚时应

---

① Hilaire McCoubrey, *From Nuremberg to Rome*: *Restoring the Defence of Superior Orders*, Apr. 2001, International and Comparative Quarterly, p.392.

当考虑的因素①。

《罗马规约》综合考虑了国际法规则和军事现实，在对上级命令能否作为抗辩事由的问题上，取得了较好的平衡。如果像激进的国际法学者认为的那样，纽伦堡宪章一度抛弃了"明显非法原则"，那么《罗马规约》则意味着搁置纽伦堡规则，重归"明显非法原则"的经典立场；如果像 Hilaire McCoubrey 所揭示的那样，纽伦堡宪章只是对"明显非法原则"在那种极端情况下的具体适用，那么《罗马规约》则是重述了这一经典立场。因此不管怎样，"明显非法原则"仍发挥着基本准则的作用。不仅如此，《罗马规约》还尝试对"明显非法原则"作进一步的阐述和释明，为更好地适用这一原则提供了明确指引。可以认为，《罗马规约》的这一立场，是当前和未来一段时期国际社会处理"服从上级命令能否作为战争犯罪抗辩理由"问题的基本准则。

① J. Blackett, *Superior Orders*: *The Military Dilemma*, Feb. 1994, Royal United Services Institution Journal, p. 12.

军事占领制度初探

李　强[*]

　　军事占领是一种古老的现象,一般来说,只要有战争发生,都会伴随着一国有效控制另一国部分或全部领土的情况,它被认为是战争的副产品。19 世纪之前,占领和征服、兼并之间并没有本质区别,占领的同时即意味着占领国对被占领土的征服,而兼并该领土被视为占领国当然的权利。军事占领过程中体现的是占领军的肆意妄为,给被占领土内的居民和财产带来巨大灾难。由于尚未形成被普遍接受的、约束占领者行为的规则,这一时期即使出现较为温和的占领,也是依赖于占领军的自我限制。自 19 世纪中期以来,国际法一直在试图规制占领军的行为。[①] 在这种背景下,军事占领制度作为战争法的一部分逐渐发展起来,其核心规则被专门称为"占领法"(law of occupation)。1874 年《关于战争法规和惯例的布鲁塞尔宣言》就有了关于军事占领的若干规定,并构成了 1899 年和 1907 年两个关于陆战的《海牙公约》的基础。1899 年的《海牙第二公约》(《陆战法规和惯例公约》)在其附件《陆战法规和惯例章程》中首次专设一章对军事占领作出规定,1907 年《海牙第四公约》所附《海牙章程》对其稍作修改后予以沿用,由此形成了关于军事占领的基本法律框架。在经历了两次世界大战之后,1949 年关于战时保护平民的《日内瓦第四公约》极大地丰富和发展了占领法规则,1977 年关于保护国际性武装冲突受难者的《日内瓦第一附加议定书》又细化了该公约的相关规定。上述公约构成了军事占领制度的主要渊源,也是研究军事占领制度的重要法律依据。

---

　　* 李强,中国政法大学法学院讲师,法学博士。

　　① See Eyal Benvenisti,*The International Law of Occupation*,Princeton University Press,1993,p. 3.

本文即在此基础上,对战争法的重要组成部分——军事占领制度,作一初步的研究和介绍。

一、军事占领的概念

有关军事占领概念的界定最早出现于 1874 年《布鲁塞尔宣言》中,随后 1899 年和 1907 年的《海牙章程》均一字未改地予以接受。《海牙章程》第 42 条对军事占领是这样表述的:"领土如实际上被置于敌军当局的权力之下,即被视为被占领的领土。占领只适用于该当局建立并行使其权力的地域。"上述规定虽然没有直接定义什么是军事占领,但从侧面反映出了军事占领所具有的内涵。参加两次海牙和平会议的代表们把军事占领构想成一种过渡状态,是处于敌对行动和缔结和平条约之间的短暂阶段。很显然,在战争仍被视为实现国家目标的合法方式的背景下,此时的军事占领被视为战争过程中的一个阶段,是确保军事优势并在和约谈判中取得预期利益的手段。因此,最初占领被视为战争中军事行动的副产品,也就是说占领只能在实际的战争或国际性武装冲突过程中发生。[1]《海牙章程》关于占领的定义强调政府权力转移给敌军当局的事实,强调占领者对这种权力的确立和行使,主要从国家和政府层面来考虑是这一时期对军事占领理解的显著特点。军事占领被当然地认为是国家之间武力对抗的结果。

但是第二次世界大战期间的一些军事占领展现出不同的特点。它们不是实际战争或武装冲突的结果,而是一国通过武力威胁迫使另一国让出全部或部分领土的控制权,例如 1939 年 3 月德国对波西米亚和摩拉维亚的占领;或者是入侵没有遭遇任何武装抵抗,如 1940 年 4 月德国对丹麦的占领。这些情形明显颠覆了人们对军事占领的一般理解。战后美国的一个军事法庭曾在一个案件中作出如下论断:"我们不能忽视……在一个因为没有能力抵抗而成为侵略受害者的弱国的财产应当受到与战斗实际存在的交战占领的情况同样

---

[1]　See Eyal Benvenisti, *The International Law of Occupation*, Princeton University Press, 1993, p. 3.

的保护。"①因此,1949 年缔结的《日内瓦第四公约》特别针对这类情形作出相应规定,以弥补不存在战争状态或实际的武装冲突的情况下占领地在法律适用上的真空。其第 2 条(《日内瓦公约》共同第二条)第 2 款规定:"凡在一缔约国的领土一部或全部被占领之场合,即使此项占领未遇武装抵抗,亦适用本公约。"而且《日内瓦第四公约》还特别强调,即使军事行动全面结束,只要占领状态仍旧存在,在占领国于占领地内行使政府职权的范围内,公约的相关规定仍然适用。②

《日内瓦第四公约》关于占领的规定是对《海牙章程》的补充和完善,因此公约并没有对占领进行直接定义,而是将重点放在被占领土内平民的保护上,这一态度与 20 世纪上半叶的国际现实密切相关。《日内瓦第四公约》通过前的 100 多年里,特别是在 19 世纪,在卢梭-波塔利斯主义(Rousseau-Portales Doctrine)的影响下,战争被视为各国政府及其军队之间的争斗,而与平民无关,因此战争法的发展主要集中在规制作战方法和交战人员的行为上,保护的对象也主要是丧失战斗力的交战人员,对于平民的关注并不集中。但是两次世界大战中的事实表明,越来越多的平民开始被卷入战争。"在现代战争中,很高比例的平民(包括妇女)被号召为战争工作。所有平民至少都存在被强迫为战争目的而劳动的潜在可能。当战争被假定仅为国家与军队之间的争斗时,私人这一用语表明其与战争的无关性,但这类平民却很难被认为是这种意义上的私人。他们的工作和财产均与军事相关,敌方交战者自然可以(像对待战斗员一样)同样对待他们。"③一种所谓的"全面战争"(total war)理论诞生了,战争不再仅是军队之间的武力争斗,而是国家全部人口之间的对抗。④这种理论导致两次世界大战时期占领地平民的大量伤亡。因此 1949 年《日内

① See US v. Krauch and Others, judgment of 29 July 1948, Annual Digest, 15 (1948), Case No. 218, p. 672, quoted from Adam Roberts, *What is a Military Occupation?*, British Year Book of International Law (1984), Vol. 55, p. 276.

② 根据《日内瓦第四公约》第 6 条第三款,这些相关规定包括第 1—12、27、29—34、47、49、51—53、59、61—77、143 条。

③ See N. C. W. Dunbar, *The Legal Regulation of Modern Warfare*, Transactions of the Grotius Society (1954), Vol. 40, p. 85.

④ See L. H. Woolsey, *The Forced Transfer of Property in Enemy Occupied Territories*, American Journal of International Law (1943), Vol. 37, p. 284; W. Ivor Jennings, *The Rule of Law in Total War*, Yale Law Journal (1941), Vol. 50, p. 365.

瓦第四公约》没有纠缠于军事占领的概念,而是更为务实地为占领地平民提供切实的保护。事实上从公约内容来看,军事占领概念的内涵被扩大了。

我国理论界对军事占领概念的界定也源于《海牙章程》和《日内瓦第四公约》,但更为清晰和明确。《中国大百科全书·法学》将军事占领定义为:"战争和武装冲突中交战一方的军队占领地方领土的一部或全部,暂时行使统治的状态。军事占领是临时性的,不涉及领土主权的归属问题。它以存在战争或武装冲突和占领的事实以及确保统治的意图为条件。"①《中国大百科全书·军事》也采纳了完全相同的定义。②

由此可见,无论是《海牙章程》和《日内瓦第四公约》,还是我国理论界的定义,都将军事占领与战争或国际性武装冲突这一背景联系在一起,而无论实际的武装对抗行为是否发生。这种军事占领又被称为交战占领(belligerent occupation)。交战占领的核心特征有三:其一,必须发生在战争或国际性武装冲突期间,而在和平条约或一般性的停战协定③缔结之前;其二,必须有军事力量的使用,无论其被用来进行武力威胁还是有实际的军事行动;其三,没有取得被占领土所属国政府的同意,即这种占领是强制性的。交战占领是狭义上的军事占领,也是军事占领的主要表现形态,现代军事占领制度是以交战占领规则为基础的,本文论述的重点也将集中在交战占领制度。

二、军事占领制度与战争的合法性

提到军事占领,人们往往都有一些不好的联想,通常和"侵略"、"奴役"等等概念联系在一起,甚至从一开始就被打上了"非法"的烙印。④ 这是自战争非法化以来极为常见的现象。因此在讨论军事占领时,多数都集中在占领的合法性问题,而这种趋势在 2003 年伊拉克战争后更为明显。然而事实上,国

① 《中国大百科全书·法学(修订版)》,中国大百科全书出版社 2006 年版,第 289 页。
② 《中国大百科全书·军事》,中国大百科全书出版社 1989 年版,第 338 页。
③ 暂时的停火协议不包括在内。
④ See Orna Ben-Naftali, Aeyal M. Gross & Keren Michaeli, *Illegal Occupation: Framing the Occupied Palestinian Territory*, Berkeley Journal of International Law (2005), Vol. 23, pp. 609–612.

际法除了关注一项军事占领是否合法以外,也承认军事占领经常发生的现实,要求对占领中占领军的行为予以规制,对占领地内的平民及其财产予以保护,这就是军事占领制度确立的初衷。因此,军事占领制度本身与占领的合法性本质上是两个层面的问题,不可一概而论。鉴于对军事占领制度的诸多误解,这一问题本文无法规避,而要清晰地阐明此问题,首先必须区分两个概念,即"jus ad belum"(诉诸战争权)和"jus in bello"(战时法),而这二者经常被人混淆。

(一)诉诸战争权

直至第一次世界大战时,国与国之间诉诸武力还不被视作违法行为,而被认为一种解决纷争的可接受的方法,用来评判战争的唯一标准是战争的正义性。但对正义的评价并没有公认的客观标准,因此任何一场战争的当事方都会宣称自己的敌手是非正义的。"在没有一个执行法律的国际机关的情形下,战争是实现基于国际法的或自称基于国际法的权利主张的一种自助手段。这种把战争看做执行法律的工具的概念有如此巨大的法律和道义权威,以致在一个国家诉诸战争事实上是为了削弱其他国家而增加自己的权力与领土的大多数情形下,有关国家总是把战争说成是为了保卫法律权利而进行的。"①

历时四年、导致超过 800 万人丧生的第一次世界大战改变了国际社会对战争的看法,1919 年的《国际联盟盟约》以及 1928 年的《巴黎非战公约》皆致力于宣布战争为非法,但这种改变并不彻底,其后几次不宣而战的事实表明了上述公约的局限性。② 更为惨烈的第二次世界大战的爆发是国际社会坚定地③禁止国家使用武力的导火索,1945 年《联合国宪章》正式确认"各会员国在其国际关系上不得使用威胁或武力"。④ 这使得"jus ad bellum"原本的内涵

---

① [英]劳特派特修订:《奥本海国际法》(下卷,第一分册),王铁崖、陈体强译,商务印书馆1972年版,第129页。

② 如1931—1932年日本出兵占领中国东北、1932年秘鲁入侵哥伦比亚等等。

③ 这种坚定性表现在条约的义务上。《巴黎非战公约》只废弃战争(必须经过宣战)作为推行国家政策的工具,而《联合国宪章》则全面禁止会员国在相互关系上使用武力和武力威胁;《巴黎非战公约》不对非缔约国具有废止战争的效果,但《联合国宪章》第2条第六款则明确规定:"本组织在维持国际和平及安全之必要范围内,应保证非联合国会员国遵行上述原则。"《巴黎非战公约》没有关于违反公约的权威断定的任何规定,《联合国宪章》则把这种权力交由联合国安理会行使。

④ 《联合国宪章》第2条第四款。

逐渐消失。不过这并不意味着法律意义上的战争彻底消失了,至少在两种情况下战争可以继续存在,即国家行使自卫权以及联合国安理会授权使用武力。除此以外,在1965年通过的第2105(XX)号决议中,联合国大会还"确认受殖民地统治各民族,为行使其自决及独立权利而进行斗争,系数合法,并请所有各国对殖民地领土内之民族解放运动给予物质及道义支持".① 正是由于这种例外才使得战争的合法性问题在二战以后变得突出,战争正义与否的区分逐渐演变成战争合法与否的区分。从某种意义上说,当今战争的正义性问题就是战争的合法性问题。因此"*jus ad bellum*"主要被用来区分侵略战争和自卫战争,它属于国际法大的范畴内的问题。

(二)战时法

从战争的表现形式来看,一场战争无论是正义的还是非正义的,本质上都没有什么区别,其残酷性也不因其"正义"而有所减弱。因此早在战争非法化以前,人们就意识到战争另一个层面的问题,即战争中的行为。特别是当人们意识到,战争本身不是目的而只是一种手段时,就对降低战争的残酷性有了直接的需求。受基督教和骑士精神的影响,规制战争中具体行为的战争法规逐渐在欧洲各交战国的实践中发展起来。各交战国逐渐采取了一种看法,认为对伤者、战俘和不参加作战的私人予以照顾,并不妨碍战争宗旨的实现。② 1868年《圣彼得堡宣言》第一次明确宣布:"各国在战争中应尽力实现的唯一合法目标是削弱敌人的军事力量。"既然如此,与实现这一目标无关的不必要的或过度的武力使用就应当予以禁止。因此,"*jus in bello*"的重点在于限制战争中冲突各方的作战手段和方法,对战争的受难者③予以保护,它只关心战争中有关人道方面的问题。经过一个多世纪的编纂和发展,战时法已形成了一个十分成熟和完善的体系。

一般来说,一旦战争或国际性武装冲突爆发,一国占领别国领土后,人们首先想到的是合法性的判定问题。但事实上,在国际性武装冲突中,通常很难

---

① UN Doc. A/RES/2105(XX), para. 10.

② [英]劳特派特修订:《奥本海国际法》(下卷,第一分册),王铁崖、陈体强译,商务印书馆1972年版,第165页。

③ 包括伤员、病员、战俘等丧失战斗能力的人员和平民。

判定哪个国家的行为违反了《联合国宪章》，因为每一个冲突当事方都会宣称自己是受害者。因此，"*jus in bello*"不涉及对违法方的谴责，不考虑诉诸武力的原因和合法性，而只着眼于冲突的现实情况，其规定适用于交战双方，而不论冲突的起因，也不管冲突双方所提出的原因是否正义。[①]

（三）军事占领制度属于战时法

军事占领制度本身与战争或国际性武装冲突的合法性与否并没有实质性的关联。占领国可能是侵略战争的发动者，也可能是侵略战争的受害者。军事占领制度只考虑占领作为一个事实问题是否存在。正如设在纽伦堡的美国军事法庭在"人质案"中所说的："在涉及占领者和被占领土内居民各自的义务方面，国际法不区分合法的占领者和非法的占领者。对领土进行军事占领的方式和军事占领事实上确立后占领者和当地居民间的权利义务之间没有相互联系。无论入侵是合法的还是犯罪行为，都不是这一问题需要考虑的重要因素。"[②]同样，荷兰特别法庭在"克里斯蒂纳森案"中也指出："国际法的规则，就规制作战方法和敌国领土的占领而言，不区分合法开始的战争还是非法开始的战争。"[③]

由此可见，军事占领规则属于"*jus in bello*"的范畴，不论构成占领的战争或国际性武装冲突是何性质，它赋予占领者的权利和义务都是相同的。只要有军事占领的存在，它就平等地适用于交战的双方，尽管从"*jus ad bellum*"的角度来看，可能有一方无论在法律上还是在道义上都占有优势。因此，在这个基点上，本文对于军事占领制度的研究，将不对任何战争或国际性武装冲突的合法性问题作价值判断。

三、军事占领制度适用的开始

军事占领状态的存在构成有关军事占领的国际法规则适用的基础，是军

---

① See ICRC, *International Humanitarian Law: Answers to your Questions*, 2002, pp. 14–15.

② The *Hostages* Trial (Trial of Wilhelm List and Others), US Military Tribunal, Nuremberg, 1948, Law Reports of Trials of War Criminals (1949), Vol. 8, p. 59.

③ *Re Christiansen* (Netherlands, Special Court, 1948), International Law Reports (1948), Vol. 15, p. 413.

事占领制度发挥作用的前提。现代国际法中的军事占领仅仅是对一种客观状态的描述,它不取决于有关作战方对形势的主观感觉,而是取决于客观的现状,即领土以及居民对敌方武力事实上的屈服。① 因此,当事各方承认与否不妨碍军事占领的存在,只要其符合法律规定的标准。然而,要准确把握这些标准并不容易。正如英国学者亚当·罗伯茨所说:"尽管(军事占领)这一术语的核心意思足够清楚,但正如抽象的概念通常会发生的情形一样,其界限是很不清楚的。"②《海牙公约》和《日内瓦公约》为我们揭示了判断军事占领存在的基本标准,但很多方面还需要澄清。

(一)军事占领产生的背景

军事占领通常发生于国与国之间的战争或国际性武装冲突过程中,但不要求必须爆发实际的武力对抗,例如在停火或停战谈判阶段占领状态均可存续。占领也可以发生在战争或武装冲突爆发之前,如上述德国占领波西米亚和摩拉维亚的情形;占领也可以发生在战争或武装冲突结束之后,如第二次世界大战后英、法、美、苏四国对德国的占领和美国对日本的占领。上述占领都属于广义的军事占领的范畴。但是在非国际性武装冲突中一方能否构成对另一方控制区域的占领,则是一个不太容易回答的问题。一般情况下,占领被认为如同战争一样,只能在国与国之间发生。但是例外情况下占领法可在非国际性武装冲突的交战方之间适用,尽管那种情形不能被称之为军事占领。根据四个《日内瓦公约》共同第三条的规定,冲突各方应当给予处于自己控制之下的不实际参加战事的人最基本的人道待遇,因此占领法的某些规定可以类推适用。③ 至于

---

① See Sylvain Vité, *L'applicabilité du droit international de l'occupation militaire aux activités desorganisations internationals*, International Review of the Red Cross(2004), Vol. 86, No 853, p. 11.

② Adam Roberts, *What is a Military Occupation?*, British Year Book of International Law(1984), Vol. 55, p. 249.

③ 1949年《日内瓦公约》共同第3条规定:在一缔约国之领土内发生非国际性的武装冲突之场合,冲突之各方最低限度应遵守下列规定:(一)不实际参加战事之人员,包括放下武器之武装部队人员及因病、伤、拘留,或其他原因而失去战斗力之人员在内,在一切情况下应予以人道待遇,不得基于种族、肤色、宗教或信仰、性别、出身或财力或其他类似标准而有所歧视。因此,对于上述人员,不论何时何地,不得有下列行为:(甲)对生命与人身施以暴力,特别如各种谋杀、残伤肢体、虐待及酷刑;(乙)作为人质;(丙)损害个人尊严,特别如侮辱与降低身份的待遇;(丁)未经具有文明人类所认为必需之司法保障的正规组织之法庭之宣判,而遽行判罪及执行死刑。(二)伤者、病者应予收集与照顾。……

交战一方是国际法承认的交战团体还是叛乱者,在这里没有决定意义。

此外,还有一种军事占领可能不发生在战争中,而是在和平时期根据当事方之间的协议而产生的,即平时占领(pacific occupation)。在传统的国际法学说中,平时占领通常被定义为不存在战争状态而对外国领土的军事占领。①这种占领通常是以国家间的协定为依据的,如第一次世界大战后协约国根据《凡尔赛和约》的规定,占领了莱茵河西岸的德国领土。② 由此可见,军事占领可以在多种情况下发生。不过,军事占领形式的多样化"不是因为任何学术潮流或者法律的逐渐发展,而是因为军事和政治事件不可忽视的复杂性和各种各样的特点"。③

(二)军事占领的主体

如上所述,军事占领一般被视为国与国之间的行为,因此占领的主体主要是国家,20 世纪以来发生的军事占领几乎都是这种情况。占领可以表现为一国对另一国的单独占领,也可以表现为多国对一国的联合占领,那么一个国家的联合即国际组织能否构成对他国的占领呢? 这两者的不同之处在于,后者以国际组织本身而不是其组成国家的名义享有权利承担义务。很多学者认为国际组织部队,尤其是联合国部队,能在实践中适用占领法,④但反对的声音

---

① *Encyclopedia of Public International Law* , Vol. 4 (Use of force, War, and Neutrality Peace Treaties) , published under the auspices of the Max Planck Institute for Comparative Public Law and International Law ; under the direction of Rudolf Bernhardt, pp. 67–68.

② 该领土被统称为莱茵兰(Rhineland)。参见[德] 马克斯·普朗克比较公法及国际法研究所主编:《国际公法百科全书》(第四专辑——使用武力、战争、中立、和约),中山大学法学研究所国际法研究室译,陈致中、林致平校,中山大学出版社 1992 年版,第 72—75 页。

③ Adam Roberts, *What is a Military Occupation?* , British Year Book of International Law(1984) , Vol. 55 , p. 299.

④ 例如,本韦尼斯蒂(Benvenisti)认为占领可能被"一个或多个国家或国家组织,如联合国"所实施。See Eyal Benvenisti, *The International Law of Occupation* , Princeton University Press, 1993 , p. 4. 罗伯茨(Roberts)也认为,在被联合国组织实施的占领中也应当适用占领法。See Adam Roberts, *What is a Military Occupation?* , British Year Book of International Law (1984) , Vol. 55 , pp. 289–291. 其他一些学者的观点可参见 Finn Seyersted, *United Nations Forces in the Law of Peace and War* , Sijthoff, Leiden , 1966 , pp. 281–283; Christopher Greenwood, *International Humanitarian Law and UN Military Operations* , Yearbook of International Humanitarian Law(1998) , Vol. 1 , p. 28. 不过这些著述多侧重于描述国际人道法能否适用于联合国组织的部队,对国际组织能否实施占领没有专门涉及,因此只具有借鉴意义。

也同样强劲。① 事实上,问题的关键并不在于国际组织能否成为"占领者",而是占领法在国际组织的军事行动中能否得到适用。从联合国的实践来看,在其授权的军事行动中占领法是可以得到适用的。

派遣维和部队的情况可能有些特殊。目前联合国、北约、非盟等组织都可以派遣维和部队,绝大多数情况下,这不能视为对维和地区的占领,因此排除占领法的适用。西尔万·维特就认为:"在维和行动中直接适用军事占领法则是不可取的。事实上,这种行为通常是在受委托的组织和被占领国家之间达成一个预先同意的协议之后开展的,而这些,至少在行为的开始,都排除了占领法的适用。"②在维和地区,如果要保护平民,应当适用国际人权法的有关规则。但是在极其例外的情况下,如维和地区原来所属的主权政府已不复存在,国际部队可能成为事实上的占领者,在这种情况下,占领法可能通过类比的方式事实上得以适用。

由此可见,国际组织成为军事占领的主体在法律上存在着极大的障碍,占领只能由国家进行。不过在某些情况下,由于某些领土被国际部队事实上控制和管理,占领法可以提供一些借鉴和指导。

(三)被占领土的确定

被占领土是指不属于占领国的领土,一国对属于自己但尚未统一的领土的占有不构成占领。大多数情况下,被占领土的范围很容易确定。争议主要来自于被占领土地位不明的情形。如果当事双方均宣称被占领土在自己的主权之下或占领国认为被占领土的主权归属尚不明朗,那么对占领国而言它就不认为自己对该领土的占据构成军事占领,从而排除占领法的适用。巴勒斯坦被占领土即属于这种情形。

经过四次中东战争,以色列占领了包括东耶路撒冷在内的大片巴勒斯坦

---

① 很多学者认为,国际性部队的占领与国际法一般意义上的占领不同,法律制度的适用也因此不同。See Bruno Simma (ed.), *The Charter of the United Nations: A Commentary*, Oxford University Press, 1995, p. 600.

② Sylvain Vité, *L'applicabilité du droit international de l'occupation militaire aux activités desorganisations internationals*, International Review of the Red Cross(2004), Vol. 86, No. 853, pp. 20-21.

领土,其中包括约旦和埃及控制的巴勒斯坦其他地区(即西岸和加沙地带),①但是以色列拒绝在这一地区适用占领法。1971年,时任以色列司法部长的梅尔·沙玛加(Meir Shamgar)就声称:以色列不承认《日内瓦第四公约》在法律上的适用性,但会遵守其中出于人道考虑的规定。② 以色列的理由是,该领土在被约旦和埃及兼并之前没有被承认为主权领土,因此不是《公约》所要求的缔约方领土。③ 因为《日内瓦公约》共同第二条第二款要求被占领土属于"缔约国领土",而巴勒斯坦国至今尚未成立。但是国际法院关于"在被占领巴勒斯坦领土修建隔离墙的法律后果的咨询意见"中驳斥了以色列的观点。法院认为:"第二条第二款的目的并非是要排除不在一个缔约方主权范围内的领土,从而限制第一款所界定的《公约》适用范围。其用意仅仅是要表明,即使在冲突期间实施的占领没有遇到武装抵抗,《公约》仍然适用。……本法院据此认为,该公约适用于在冲突之前位于绿线以东、在冲突期间被以色列占领的巴勒斯坦领土,因为无需对这些领土原先的确切地位加以任何调查。"④联合国安理会也多次通过决议,重申《日内瓦第四公约》适用于巴勒斯坦被占领土的立场。⑤

由此可见,被占领土地位不明并不妨碍有关占领规则的适用,只要占领当时国际公认该领土不属于占领国即可。同时需要强调的是,军事占领本身也不影响被占领土现在或将来所具有的任何法律地位。

(四)构成有效控制

判断一项情势是否构成军事占领的关键标准,就是看敌对外国武装力量是否有效控制了该领土。1907年《海牙第四公约》特别使用一些词汇来描述

---

① Available at http://www.un.org/chinese/peace/palestine/backgrounds/history2.htm.

② Meir Shamgar, *The Observance of International Law in the Administered Territories*, Israel Yearbook on Human Rights(1971), vol.1, p.262.

③ Summary legal position of the Government of Israel, Annex I of Report of the Secretary-General prepared pursuant to General Assembly resolution ES-10/13, UN Doc. A/ES-10/248, para.3.

④ Advisory Opinion of 9 July 2004 on Legal Consequences of the Construction of a Wall in the Occupied Palestinian Territory, ICJ Reports (2004), pp.175-177, paras.95-101.

⑤ 如联合国安理会第271(1969)号、第446(1979)号、第681(1990)号、第799(1992)号、第904(1994)号决议。

这种情势,如"……实际上被置于……"(…is actually placed under…)、"……实际上已落入……"(…having in fact passed into…)。不过在有效控制的理解上,则出现了两种不同的观点。一种观点认为一旦冲突一方在外国领土内行使某种程度的权力或控制,就说明存在占领情况,例如在敌对行动的入侵阶段,已经可以认为前进的部队应受到占领法的制约。① 另一种观点则认为只有当冲突一方能够对敌方领土行使足够权力从而能够履行占领法施加给它的所有义务时,才存在占领情况,很多军事手册采用了这种解释。② 前南斯拉夫国际刑事法庭在"纳雷蒂里奇和马蒂诺维奇案"(Prosecutor v. Naletilić and Martinović)中支持了第一种观点,法庭认为:"只要影响公约下作为平民的'个人',占领法就得适用,因而它不要求占领者有实际的支配控制力。为了保护这些个人的权利,只要他们落入'占领者的手中',占领状态也就存在"。③ 但从《海牙第四公约》规定的内涵来看,第二种解释是比较合理的。军事占领的本质是限制占领国的行为,维持被占领土的安全秩序以及给予居民人道保护,而这些只有在占领国能在被占领土内行使足够权力时才能实现,因此短暂的入侵并不构成军事占领。国际法院在"刚果领土上的武装活动案"(民主刚果诉乌干达)中肯定了这一点。

在该案中,民主刚果指控乌干达共和国占领其东部大片领土,法院在审理后认为:"作为干涉的结果,一国在他国领土上存在的军事力量是否构成战争法意义上的'占领者',为了得出结论法院必须审查是否有足够的证据表明该区域内干涉国已事实上建立并行使其权力。本案中法院需要确信在民主刚果领土上的乌干达武装部队不仅仅是在特定区域驻扎,而且已经以其权力替代了刚果政府的权力。"④由此可见,构成军事占领不仅仅要有占据他国领土的

---

① See Jean Pictet (eds.), *Commentary on the Geneva Conventions of 12 August 1949*, Volume Ⅳ, ICRC publication 1958, p. 60.

② 如美国和英国的军事手册都规定适用于被占领土的规则在军队通过的地区甚至在战场上也应尽可能地被遵守。See US, Department of the Army, *The Law of Land Warfare*, Field Manual, No. 27−10 (1956), p. 138; UK, War Office, Manual of Military Law, Part Ⅲ, *The Law of War on Land* (1958), p. 141.

③ *Prosecutor v. Naletilić and Martinović*, ICTY, Judgment of Trial Chamber I, Case No. IT−98−34−T, 31 March 2003, para. 221.

④ Case concerning Armed Activities on the Territory of the Congo (Democratic Republic of the Congo v. Uganda), judgment of 19 December 2005, ICJ Reports (2005), p. 59, para. 173.

事实,还需要具备统治的意图,即以自己的权力全面取代被占领土所属国政府的权力。

一般来说,构成军事占领的有效控制都是占领国通过武装部队直接控制(directly control)被占领土,有些学者认为这是《海牙第四公约》规定的应有之义,从而将通过代理人(local agents)的间接控制(indirectly control)排除在军事占领的概念之外。[①] 这是一种误解。《海牙第四公约》中使用的"实际"(actually)一词与"直接"(directly)一词具有不同的内涵,间接控制同样可以达到实际控制的结果。因此,占领国通过在被占领土上扶植傀儡政权而进行的统治,同样可以构成占领,譬如1931年"九一八事变"后日本通过伪满洲国政权占领中国东北的情形。需要指出的是,这种情况要与通过国家间协议而进行的和平占领相区分,因为在后一种情况下,被占领土所属国政府不受占领国控制。

此外,实际控制不能理解得过于狭隘,它不要求占领军牢牢掌握被占领土的每寸土地,正如二战后设在纽伦堡的美国军事法庭在"人质案"中表明的那样,只要占领军"能够在他们所希望的任何时间、对该国的任何部分实施物理上的控制",那就足够了。[②] 正如劳特派特在修订《奥本海国际法》时所主张的那样:"当合法的主权者被阻止不能行使它的权力,而占领者既能行使它的权力,而且实际上也在该地区建立了一种行政管理时,那么,占领者用什么方法和方式来行使它的权力,是没有关系的。例如,如果在某一地区的中心驻有一支大军,而从这个中心经常派出快速部队真正能够保持对这个地区的控制,这个地区就确实被有效地占领了。"[③]譬如英国1901年对前南非共和国的占领。因此,往往在大规模敌对行动结束后,军事占领才有可能实现。

(五)其他情形

在某些情况下,军事占领也可能不是因为外国的武装入侵引起的,而是因

---

①　See Adam Roberts, *What is a Military Occupation?*, British Year Book of International Law (1984), Vol. 55, p. 252.

②　The *Hostages* Trial (Trial of Wilhelm List and Others), US Military Tribunal, Nuremberg, 1948, Law Reports of Trials of War Criminals (1949), Vol. 8, p. 56.

③　这种占领是真正的军事占领,应与所谓的推定性的占领区分开。在后者的情况下,入侵者只是宣告某些地区被占领而实际上对这些地区并不行使控制。参见[英]劳特派特修订:《奥本海国际法》(下卷,第一分册),王铁崖、陈体强译,商务印书馆1972年版,第323页。

为外国驻军的期限超过了国际协定或其他授权规定的时限,从而在超期范围内构成了占领。譬如,1920 年起南非当局根据国际联盟的授权对纳米比亚(西南非洲)实行委任统治,1966 年联合国大会通过第 2145 号决议结束了南非的委任统治,改由联合国直接托管。① 但是南非当局一直驻留纳米比亚。1970 年联合国安理会通过第 276 号决议,宣布南非当局继续留在纳米比亚是非法的,要求南非政府立即将其行政当局撤出纳米比亚。1971 年,国际法院发表"南非不顾安理会第 276(1970)号决议继续留驻纳米比亚对于各国的法律后果"的咨询意见,南非继续留驻纳米比亚是非法的,南非有义务立即从纳米比亚撤出其管理机构,从而终止对这一领土的占领。② 由此可见,本来合法出现在纳米比亚的南非当局在 1966 年 10 月 28 日委任统治结束后变为占领者,上述日期即是占领开始的时间。因此,在判断军事占领是否存在时,除了必须要考虑上述军事占领状态的判断标准外,个别情况下还要考虑其他国际法律文件的规定或者特定情势。

值得注意的是,军队过境或越境打击他国领土内的武装分子并不构成军事占领,譬如 2006 年 7 月 12 日黎以冲突爆发后,以色列军队进入黎巴嫩境内打击真主党武装就不构成对黎巴嫩的占领。但是,如果占领者在解除了居民的武装并对该地的行政管理作了安排之后,继续前进追击撤退的敌军而只留下较少的士兵在后面,并不影响占领的成立。③

综上所述,军事占领就是一国武装部队实际控制不属于本国的领土并以统治的意图行使自己权力的一种事实状态,它既可以在战争或武装冲突的各个阶段发生,也可以在和平时期发生,是否遭遇武装抵抗不是判断占领的标准。某一领土是否被占领只是一个事实问题,它不要求占领方或任何其他方宣布占领状态的存在,④否则占领国很可能通过这种手段规避自己作为占领

---

① UN Doc. A/RES/2145(XXI).

② Advisory Opinion of 21 June 1971 on Legal Consequences for States of the Continued Presence of South Africa in Namlbia (South West Africa) notwithstanding Security Council Resolution 276 (1970), ICJ Reports (1971), p. 58, para. 133.

③ [英]劳特派特修订:《奥本海国际法》(下卷,第一分册),王铁崖、陈体强译,商务印书馆 1972 年版,第 324 页。

④ See Marten Zwanenburg, *Existentialism in Iraq: Security Council Resolution 1483 and the Law of Occupation*, International Review of the Red Cross(2004), Vol. 86, No 856, p. 748.

者应承担的义务,因此《海牙第四公约》和《日内瓦第四公约》都没有作出这样的要求。2003年爆发的伊拉克战争证明了这一点。2003年5月1日,美国总统布什宣布美国及其盟国在伊拉克的主要作战行动已经结束,此时英美联军已实际控制伊拉克全部并实际行使占领者的权力。但直到5月8日英美两国常驻代表在给安理会主席的信中才声明两国将严格履行其在国际法下的义务。① 据此,联合国安理会于5月22日通过第1483号决议,正式"确认两国作为统一指挥下的占领国('管理当局'),根据适用国际法,具有特定的权力、责任和义务"。从法律的角度讲,英美两国给安理会主席的信以及安理会第1483号决议只是对既存占领状态的确认,而并非占领开始的时间。英美联军对伊拉克的占领最迟也已经于2003年5月1日开始了。② 不过从实践的角度讲,如果占领国能够宣布占领状态,对占领法的适用是有益的。

四、军事占领制度适用的终止

军事占领结束后,军事占领制度的适用即告终止。传统的观点认为,当占领者撤出某一领土或被驱逐出某一领土,占领即告结束。③ 不过第二次世界大战后的一些实践表明,占领的结束并不意味着占领国的军事力量全部撤出,如二战后盟军对德国的占领和美国对日本的占领。通过对20世纪以来军事占领现象的分析,可以看出军事占领主要通过以下几种方式结束:

(一)军事力量被完全驱逐出被占领土或完全撤出

如果被占领土内的敌国军队全部投降或被该国反攻部队完全驱逐,占领即告结束,这是在第二次世界大战末期极为常见的情形。但在此过程中,如果

---

① UN Doc. S/2003/538.

② 2003年4月25日,美国国防部长拉姆斯菲尔德在新闻发布会上就暗示,当战争被宣告结束时,美国将成为占领国。See Department of Defense News Briefing: Secretary Rumsfeld and General Myers, 25 April 2003, available at http://www. defenselink. mil/transcripts/transcript. aspx? transcriptid=2510.

③ See *Oppenheim's International Law*, Vol. II, 7th edition, revised by Hersch Lauterpacht, Longman, 1952, p.436.

占领军退守某一区域而该区域被反攻的部队包围,或者占领者将其军队集中在某一区域并在反攻部队面前实行撤退,那么仅该地区的有限地方仍是继续被占领的。① 占领也可因为占领军完全撤出被占领土而结束,例如根据 1955 年 5 月 15 日英、美、法、苏四国在维也纳签署的《奥地利国家条约》,二战后四国对奥地利持续十年的占领结束,同一天奥地利宣布自己为永久中立国。1955 年 10 月 24 日,最后一批盟军部队撤出奥地利,次日奥地利成为完全自由和主权的国家。② 以色列 1982 年结束对埃及西奈半岛的占领也是这种类型。

(二)通过条约结束占领

二战后,盟军结束对德国的占领和美军结束对日本的占领都是这种情形。1952 年 5 月,美、英、法同西德签订了相互关系条约,结束了三国对西德的军事占领并恢复其国家主权,同时规定了三国有长期驻军的权利。接着,法、意、荷、比、卢、西德六国在巴黎签订《欧洲防务集团条约》,西德成为该条约成员国。但 1954 年法国议会投票否决了这一条约,使欧洲防务集团的计划流产。1954 年 9 月,美、英、法、意、加、荷、比、卢和西德九国外长在伦敦开会,决定先吸收西德和意大利参加布鲁塞尔组织,然后西德再参加北约。法国在得到英国继续在大陆驻军,西德不制造原子、生物、化学和其他大型武器的保证后,缓和了对重新武装西德的反对立场。10 月,在伦敦会议的基础上,九国继续在巴黎举行会议并签订《关于结束在德意志联邦共和国占领制度的巴黎议定书》,终止对西德的占领制度,而美、英、法继续在西德驻军。1955 年 5 月 5 日议定书生效后,对西德的占领结束,西德同时加入北大西洋公约组织。苏联对东德的占领也随着东德加入华沙条约组织而结束。③ 美国对日本的占领则于 1952 年 4 月 28 日《对日和约》的生效而告终,占领结

---

① 〔英〕劳特派特修订:《奥本海国际法》(下卷,第一分册),王铁崖、陈体强译,商务印书馆 1972 年版,第 324 页。

② See Adam Roberts, *What is a Military Occupation?*, British Year Book of International Law(1984), Vol. 55, p. 257.

③ 〔德〕马克斯·普朗克比较公法及国际法研究所主编:《国际公法百科全书》(第三专辑——使用武力、战争、中立、和约),中山大学法学研究所国际法研究室译,陈致中、林致平校,中山大学出版社 1992 年版,第 72—75 页。

束后,美军仍然驻留日本。①

(三)通过移交权力而结束占领

英美联军即是通过这种方式结束对伊拉克的占领的。2003 年 5 月 8 日,英美联军建立联盟临时管理当局(Coalition Provisional Authority, CPA),正式全面系统地行使占领国的权力,而此时伊拉克原政府已彻底被推翻。2004 年 6 月 1 日,伊拉克临时政府组建,并于 2004 年 6 月 29 日承担管理伊拉克的全部责任和权力。自此,英美对伊拉克的占领结束。② 从法律的角度讲,这仅仅是交战占领的状态结束。2004 年 6 月 5 日,伊拉克临时政府总理在给安理会主席的信中请求多国部队继续驻留伊拉克,美国对此予以回应时表示"为了继续为安全作出贡献,多国部队必须继续在赋予部队及其人员完成任务所需地位的框架内行使职能……多国部队各构成部队仍决心,自始至终按照包括《日内瓦四公约》在内的武装冲突法律规定的义务行事"。③ 安理会第 1546 号决议也确认了这一点。由此可见,英美联军对伊拉克的军事占领已由交战占领转为平时占领。当然,如果当地的情况改变,也就是说,如果领土在地方当局未同意的情况下,再次处于外国军队的控制下,那么就会重新构成交战占领。

军事占领也可以在很例外的情况下结束,即被占领土所属国自愿将该领土割让给占领国,由于主权的转让而导致占领自然结束。不过这种实例在现代国际法的实践中十分罕见。

需要指出的是,《日内瓦第四公约》第 6 条第三款规定:"本公约在占领地内之适用,于军事行动全面结束后一年应即停止;惟占领国于占领期间在该国于占领地内行使政府职权之限度内,应受本公约下列各条规定之拘束:第一至十二、二十七、二十九至三十四、四十七、四十九、五十一、五十二、五十三、五十

---

① 中山大学法学研究所国际法研究室译,陈致中、林致平校,中山大学出版社 1992 年版,第四专辑,第 97—104 页。

② 参见联合国安理会第 1546(2004)号决议。联盟临时管理当局向伊拉克临时政府移交权力的时间实际上是 2004 年 6 月 28 日。

③ 参见 2004 年 6 月 5 日"伊拉克临时政府总理伊亚德·阿拉维博士给安理会主席的信"以及同日"美国国务卿科林·鲍威尔给安理会主席的信",安理会第 1546 号决议附件。

九、六十一至七十七、一百四十三条。"对此条应正确理解。该条并非意味着一切军事占领均应在军事行动全面结束后一年内停止,而是表明在敌对行动结束一年后,针对平民的一些较为严厉的措施以及与军事行动密切相关的一些条款应当在占领地停止适用,但是关于占领国行使政府职能的条款的效力不受此限制。此外,第6条没有提到在未遇武装抵抗、没有战争状态或没有武装冲突的占领情况下公约的停止适用问题,因此这意味着只要占领状态持续,公约就应全部适用于上述情况。①

五、变革中的军事占领制度

1907 年《海牙章程》通过之后,国际上出现了许多军事占领实例。譬如1912 年意大利对多德卡尼斯群岛的占领②、1914 年英国对伊拉克的占领③、1917 年英国对巴勒斯坦的占领④以及第一次世界大战期间德国对比利时的占领等等。在这些军事占领中,占领国都曾宣称要遵守《海牙章程》的规定。如在占领比利时期间,德国的官方立场就承认有义务遵守占领法。⑤ 但实际情况却远非如此,违反占领法规则的现象已不是个例。而在第二次世界大战期间,违反占领法的现象则更为严重。轴心国对占领规则的违反是普遍性的,

---

① See Jean Pictet (eds.), *Commentary on the Geneva Conventions of 12 August 1949*, Volume IV, ICRC publication 1958, p. 63.

② 多德卡尼斯群岛原属奥特曼帝国,1912 年被意大利占领。第一次世界大战后,土耳其根据1923 年《洛桑和约》正式将该群岛割让给意大利。1945—1947 年间,该群岛又被英国占领,最终意大利根据 1947 年《巴黎和约》将其割让给希腊。参见《国际关系史资料选编》,武汉大学出版社 1983 年版,上册(第二分册)第 521 页,下册第 37 页。

③ 第一次世界大战爆发前,伊拉克曾是奥斯曼帝国的属地,1914 年英国占领了伊拉克的南部地区,1920 年实现了对伊拉克的全面占领。参见刘月琴:《英国对伊拉克殖民统治方式的演变》,《西亚非洲》1994 年第 5 期。

④ 巴勒斯坦原属奥特曼帝国,1917 年被英国占领,第一次世界大战后成为英国的委任统治地。See Norman Bentwich, *The Legal Administration of Palestine under the British Military Occupation*, British Year Book of International Law(1920-1), Vol. 1, pp. 139-148.

⑤ See Eyal Benvenisti, *The International Law of Occupation*, Princeton University Press, 1993, p. 33.

"轴心国占领的特点是系统地实施毁灭性的暴行"。① 正如二战后设在纽伦堡的美国军事法庭在"公正案"中表明的那样："本案中无可争议的证据显示德国在最近这场战争中违反了军事占领法的每一项原则。"②同盟国同样也存在着违反占领法的现象，"从占领法的角度看，苏联在第二次世界大战头一年期间的占领并不比轴心国更好"。③ 事实上，二战期间的军事占领，大部分占领国都没能在其控制的外国领土上有效适用占领法。而战后英美法苏四国同盟对德国的占领和美国对日本的占领更是给现代军事占领制度和理论带来巨大影响。

在经历了这一切之后，1949 年关于战时保护平民的《日内瓦第四公约》极大地丰富和发展了占领法规则。《日内瓦第四公约》关于占领的规定不仅在条文数量上大大增加，而且扩大了构成军事占领的情势的范围。这些规定为被占领土内的居民提供了最低限度保护的标准，是自 1899 年和 1907 年《海牙公约》缔结以来对关于占领的国际法规则又一次系统编纂。《日内瓦第四公约》对于占领法的发展至少在两个方面作出了重要贡献：一是描绘出一项占领地居民的"权利法案"，即一系列获得国际社会认可的关于被占领土行政管理的指导原则；二是将重点从政府转移到平民身上。④《日内瓦第四公约》并不是对《海牙章程》的简单重复，这两个国际法律文件共同构成了占领法的主要渊源。此后 1977 年关于保护国际性武装冲突受难者的《日内瓦第一附加议定书》又细化了该公约的相关规定。在这一时期，受战争法发展的影响，人道原则成为占领法的主要指导原则。

1949 年《日内瓦第四公约》通过后的 50 年里，不断发生的军事占领现象似乎又对军事占领制度提出了新的挑战，或者更为确切地说，现代军事占领制度正在经历一场变革。首先，军事占领制度正面临着适用的难题。这种难题不是来自于制度本身，而是占领国有意识地规避。正如战争非法化后，国家宁

① See Yoram Dinstein, *The International Law of Belligerent Occupation*, Cambridge University Press, 2009, p. 10.

② The Justice Trial (Trial of Josef Altstötter and Others), US Military Tribunal, Nuremberg, 1947, Law Reports of Trials of War Criminals (1948), Vol. 6, p. 59.

③ See Eyal Benvenisti, *The International Law of Occupation*, Princeton University Press, 1993, p. 67.

④ See Eyal Benvenisti, *The International Law of Occupation*, Princeton University Press, 1993, p. 105.

愿用中性的"国际性武装冲突"一词来形容它们之间的大规模武力争斗一样，传统的"军事占领"一词的负面意义也正迫使许多占领国否认它们的行为构成占领，转而使用"解放"、"管理"等词汇，特别是对那些对别国进行军事干涉的国家更是如此。譬如以色列一直就不承认对东耶路撒冷、西岸和加沙地带构成占领，从而排斥占领法在法律上的适用性，甚至创造了一个新的词汇来代替被占领土，即行政领土（administered territories）。① 占领国持这种立场还可能造成灾难性的后果，如1992—1995年克罗地亚和塞尔维亚的军队在波黑占领区内的暴行；1998—2000年厄立特里亚和埃塞俄比亚之间的武装冲突中，双方军队在各自占领区内实施的战争罪行；特别是1998年以来乌干达、卢旺达等国对民主刚果的占领导致超过300万人被杀、数百万人流离失所，该国的大量资源也被占领者掠夺。② 对此，红十字国际委员会曾特别声明："一项占领是否得到安全理事会的批准，其目的为何，或实际上被称为'侵略'、'解放'、'管理'③还是'占领'，这些都不能影响占领法的适用性。由于占领法主要是出于人道考虑，因此只有现场的事实能够决定其适用性。"④但由于有关军事占领的国际法律文件没有明确谁有权判断一项情势是否构成占领，上述情况对占领法的有效实施确实带来不利影响。

其次，军事占领正朝着"改造型军事占领"（transformative military occupation）的方向发展。与传统的军事占领现象相比，现在许多军事占领已不再是迫使占领地的国家政府接受媾和条件，而是在建立一个更为民主和平的国家的名义下彻底颠覆和改造该国的政治、经济和社会制度或者法律秩序。这种类型军事占领的雏形可追溯于1945年四国联盟对德国的占领，而最终在2003年英美联军对伊拉克的占领中得到充分体现。这种军事占领实际上违

---

① See Meir Shamgar, *The Observance of International Law in the Administered Territories*, Israel Yearbook on Human Rights(1971), Vol. 1, p. 262; Amichai Cohen, *Administering the Territories：An Inquiry into the Application of International Humanitarian Law by the IDF in the Occupied Territories*, Israel Law Review (2005), Vol. 38, No. 3, p. 24.

② See Eyal Benvenisti, *The International Law of Occupation*, Preface to the Paperback Edition, Princeton University Press, 2004, p. vii.

③ 这一词汇是以色列在占领巴勒斯坦时创造的。See Amichai Cohen, *Administering the Territories：an Inquiry into the Application of International Humanitarian Law by the IDF in the Occupied Territories*, Israel Law Review(2005), Vol. 38, No. 3, p. 25.

④ See ICRC, *Occupation and International Humanitarian Law：Questions and Answers.*

背了占领法的有关规则,但实践中似乎没有多少国家对此表示非议。这说明,《海牙章程》和《日内瓦第四公约》建立起的军事占领制度正在发生着变化。或者更确切地说,19世纪以来确立的军事占领制度更倾向于维护被占领土的现状,尽可能少作改变,而这与现代一些占领所具有的改造目标是相互冲突的。①

再次,适用于被占领土的法律的范围有所扩大。传统上认为,在占领地适用的法律只有构成战争法一部分的占领法,因为军事占领被视为战争或国际性武装冲突中的一种现象。但是随着国际法的发展,被视为主要适用于和平时期的国际人权法也被认为可以适用于被占领土。譬如"在被占领巴勒斯坦领土修建隔离墙的法律后果的咨询意见"中,国际法院就认为:"从较为广义的意义上来说,人权公约提供的保护在武装冲突中并没有停止。"②当然也有学者对此提出了反对意见。③ 不过国际人权法可以适用于军事占领期间的观点已逐渐被广泛接受。④ 除此以外,有关国际组织,特别是联合国在占领法适用过程中的作用问题,也得到广泛关注,譬如联合国能否作为占领法适用的主体,联合国是否有权将占领国在占领过程中的改造政策合法化等等。

总之,1949年以来的军事占领制度在冷战以后正逐渐发生着变化,这种变化有些是积极的,有些则是消极的。但无论如何,1907年《海牙章程》和1949年《日内瓦第四公约》所确立的法律框架仍然是军事占领制度的基础。

六、结 语

军事占领制度是战争法、现在被称之为国际人道法的重要组成部分,是在

---

① See Adam Roberts, *Transformative Military Occupation: Applying the Laws of War and Human Rights*, American Journal of International Law(2006), Vol. 100, p. 580.

② See Advisory Opinion of 9 July 2004 on Legal Consequences of the Construction of a Wall in the Occupied Palestinian Territory, ICJ Reports (2004), p. 178, para. 106.

③ See Michael J. Dennis, *Application of Human Rights Treaties Extraterritorially in Times of Armed Conflict and Military Occupation*, American Journal of International Law(2005), Vol. 99, pp. 119–141.

④ See Noam Lubell, *Challenges in Applying Human Rights Lawto Armed Conflict*, International Review of the Red Cross(2005), Vol. 87, No. 860, p. 738.

战争或国际性武装冲突中调整占领军和被占领土居民间权利义务关系的国际法原则和规则的总称。这些规则的适用只考虑军事占领客观存在的事实，不对占领的合法性作任何判断，也不谴责武装冲突的任何一方。它的核心是"人道"，这也是战争法的基本理念。尽管被占领土内的居民和财产处于占领国的实际控制之下，但占领国的权力并不是无限制的。占领法要求占领国不能忽视占领地的人道需求，有义务采取一切必要的措施维护占领地的安全和秩序，保障占领地的平民生活。但这并不意味着军事占领制度忽视或漠视占领国的利益。事实上，占领法允许占领国在紧迫的军事需要时，克减其所承担的人道义务。军事占领制度力求在占领国的军事需要和占领地居民的人身及财产利益之间取得平衡。

军事占领制度自确立以来，在国际实践中发挥了重要作用，规范了占领军在被占领土内的行为。但是，有关军事占领的规则同时也是实践中最容易被违反的规则。第二次世界大战的惨痛教训曾使纽伦堡国际军事法庭明确宣布《海牙章程》中关于占领的规则构成习惯法，以此加强占领法的效力。然而，战后的国际实践表明，大多数军事占领中，占领法仍未得到有效遵守。占领国总会以这样或那样的理由排斥占领法的适用：或者宣称对被占领土拥有主权，或者否认对被占领土构成了有效控制，或者将责任推卸给表面上独立的代理人（傀儡政府）。特别是由于禁止威胁和使用武力原则的确立，许多因干涉而出兵的国家更不愿意承认军事占领的存在。这对占领法的有效实施带来不利影响，甚至造成极为恶劣的结果。究其根本，是军事占领制度缺乏强有力的监督实施机制。可喜的变化是，国际性刑事司法机构逐渐承担起这样的职能，因为保证占领法有效实施的重要手段之一，就是对严重违反这些规则的人进行刑事追诉。前南斯拉夫国际刑事法庭和国际刑事法院都将严重违反占领法的行为定义为战争罪并加以严厉惩治。尽管国际性刑事司法机构在实际运作中还存有这样那样的缺陷，但它无疑在占领法的实施方面发挥着积极的作用。

中国离军事占领制度也并不遥远。第二次世界大战结束后，按照同盟国之间的协议，中国也将派遣武装部队占领日本。当时的国民党政府决定派遣曾在越南河内担任接受日本投降任务的荣誉一师和荣誉二师合编成的六十七师前往，并与美国签署了《中国驻日占领军备忘录》，进一步确立中国驻日占领军有关运输、地位、任务、权益，以及与各国占领之间的互动关系。但由于内战爆发,这支部队未能成行,中国距离占领国仅一步之遥。然而,由于对军事占领没有深刻的认识,特别是总将其与"侵略"、"压迫"等词汇经常联系在一起,中国此后从未以占领国的身份出现在国际舞台。从世界范围来看,军事占领制度实施的现状也并不令人满意。半个世纪以来,只有2003年伊拉克战争中英美两国明确承认自己是占领国并在被占伊拉克领土内适用占领法,这一现实更加凸显了我们研究军事占领制度重要性。

惩治战争罪立法研究

卢有学*

一、战争罪及其在国际法中的地位

(一)战争罪与战争法、国际刑法

战争罪是国际刑法学研究的核心内容,而国际刑法学是随着近代国际社会刑事审判实践的发展而出现的一门新兴学科。战争罪与作为国际法分支的战争法(武装冲突法)密切相关,而战争法又与惩治战争罪的国际刑法之间存在着紧密的关系。

1. 战争罪与战争法

战争法是确定战争罪的重要法律渊源。从起源的角度看,战争罪是国际法之下的罪行。国际法主要是调整国与国之间行为的法律规范,而早期国家之间充满了战争,早期的国家关系有相当一部分是战争关系,许多国际法规则也都源于战争实践,因此,战争法就是国际法的重要组成部分。古典自然法学派代表人物、近代国际法奠基人格劳秀斯(Hugo Grotius,1583–1645)就是凭借其代表作《战争与和平法》而被誉为"国际法之父"的,这足以说明战争法在国际法中的重要地位。

战争法(或武装冲突法)的内容包括两个方面:一是调整参与战争或者武装冲突的国家或者冲突各方之间关系的各种战争规则,包括战争的开始与结束,对作战方法与手段的限制,对平民、战俘或者其他相关人员、自然的保护等

---

* 卢有学,西南政法大学法学院教授,法学博士。

等;二是调整交战国与中立国或非交战国家之间的相互关系即中立关系的法律规则。严格地讲,惩治战争罪的法律规则并不包含于传统的战争法之中。通常而言,那些涉及战争罪行的战争法规则只是确立人们在战争中应当遵守的行为准则,并不明确规定违反这些规范应当承担什么样的责任,只是要求各国自行制定具体的罚则,例如 1907 年各项《海牙公约》和 1949 年的《日内瓦公约》及其 1977 年的两个《附加议定书》等。

2. 战争罪与国际刑法

相对于国际法中古老的战争法而言,具体惩治战争罪行的法律规则与近代国际刑事司法实践所确立的各项原则共同形成了一个新兴的学科:国际刑法学。当然,国际刑法并不仅仅只是关注狭义的战争罪,种族灭绝罪、危害人类罪等国际核心罪行也都是其重要内容,而且随着国际交往的频繁及新型犯罪的出现,一些非国际核心罪行也进入了国际刑法学的研究视野。同时,由于国际刑法致力于解决实施相关国际犯罪者的刑事责任,它与刑法、诉讼法之间存在着天然的联系,因此,国际刑法学从一开始起就是一个多学科结合的综合性学科。

战争罪是国际刑法的支柱。一方面,国际刑法规则的产生与战争罪密切相关,它本身就源于惩治战争罪行的国际实践;另一方面,其他国际核心罪行如种族灭绝罪、危害人类罪最初不仅与战争或者武装冲突紧密相连,而且它们也是从战争罪行中分化发展而来的;同时,国际刑法的绝大多数基本原则也都可以在惩治战争罪的各项规则中找到。

（二）战争罪的概念

随着人们对战争性质的认识不同,战争罪的概念经历了一个从狭义到广义再到狭义的发展演变过程。

从古希腊、古罗马时代开始直到 1917 年俄国十月革命期间,人们普遍承认国家有战争的权利。例如古罗马人认为他们所进行的一切战争都是正义的,因此发动或者从事战争本身并不构成犯罪,只有违反战争法和战争习惯法的行为,例如在战争中使用有毒武器或者使用其他被禁止的武器作战、杀害或者虐待俘虏等,才构成战争罪。1919 年 1 月 25 日成立的"战争发起者责任与刑罚委员会"对同盟国的战争罪行进行了调查,在其提交的报告中列举的 32

种罪名,都属于违反战争法规或惯例的行为。这32个罪名包括:谋杀罪,屠杀罪,有计划地实施恐怖行动罪,处死人质罪,对平民施以酷刑罪,故意使平民受饥饿罪,强奸罪,以强迫卖淫为目的诱拐妇女罪,放逐平民罪,在非人道的条件下拘留平民罪,强迫平民从事与战争有关的劳务罪,在占领区居民中强迫征兵罪,剥夺占领区居民国籍罪,抢掠罪,没收财产罪,非法勒索罪,随意破坏或毁坏财产罪,施加集体惩罚罪,蓄意轰击不设防地区罪,随意破坏用于宗教、慈善、教育目的及具有历史意义的建筑物和纪念馆罪,虐待伤员和战俘罪,使用毒气罪,未加警告攻击商船和客轮罪,蓄意轰击医院,攻击和摧毁医院船罪,违反红十字会的其他规则罪等。

自从1917年俄国《和平法令》(Декрет о мире)颁布之后,国际社会逐渐认识到发动战争(尤其是侵略战争)是一种非法行为,此后的一些国际条约均禁止以武力解决国际争端,甚至公开宣告发动侵略战争是犯罪行为。① 因此,战争罪的外延被拓宽了,它不仅包括传统的战争罪,②也包括破坏和平罪和反人道罪。这样说的根据主要有两点:(1)法律依据。《纽伦堡宪章》第21条规定:"……本法庭对于联合国家所提出各正式官方文书与报告,包括各盟国为调查战争犯罪而成立之委员会之文书与报告,以及任何联合国家之军事或其他法庭之笔录与裁判,亦应采为正式证据。"③该条使用的"战争犯罪"(War

---

① 例如1920年《国际联盟盟约》、1924年10月2日国际联盟在日内瓦通过的《日内瓦议定书》、1928年8月27日的《巴黎非战公约》(即《白里安—凯洛格公约》)等;二战期间苏、美、英三国外长在莫斯科发表的《关于希特勒匪帮的残暴行为的责任宣言》,中、美、英三国《开罗宣言》,苏、美、英三国首脑《雅尔塔协定》等均表达了反对侵略战争的决心,认定侵略战争属于犯罪行为;二战后的《纽伦堡宪章》和《远东国际军事法庭宪章》更是明确地规定了破坏和平罪(侵略罪),并据此对大批战犯进行了审判。但是,值得注意的是,战争并不是在一切情况下都是违反国际法的。例如下列情形就是合法的:(1)自卫;(2)安理会决定使用集体武力,如旨在重建和平而针对威胁国际安全的国家进行战争、以观察员或者维持和平特派队的方式进行的维和战争;(3)民族自决,例如联大第2105号决议规定,"殖民地统治下的民族,有权为行使他们自决及独立的权利而进行斗争"。

② 《远东国际军事法庭宪章》在规定战争罪时,使用的是Conventional War Crimes(《纽伦堡宪章》仍然使用War Crimes),有的学者将其翻译成"普通战争罪"(如梅汝璈在《远东国际军事法庭》一书中),这表明在他们看来,《宪章》规定的破坏和平罪与反人道罪也属于所谓"广义战争罪"的范畴,而且梅汝璈先生认为,将战争罪概念进行这样的扩充,"这对传统的国际法说来,不能不算是一个相当大的变化和发展"。但是,在另一方面,"普通战争罪"相对于以前的战争罪,即违反战争法和战争习惯法的行为而言,它的范围又变窄了,它将"那些对敌人的其他罪行,如间谍活动和破坏活动等",排除于战争罪之外。参见梅汝璈著:《远东国际军事法庭》,法律出版社、人民法院出版社2005年版,第15页。

③ 王铁崖等编:《战争法文献集》,解放军出版社1986年版,第193页。

Crimes)显然包括了《宪章》规定的违反和平罪、战争罪和违反人道罪三种犯罪。(2)通常观念。我们都将纽伦堡法庭和远东国际军事法庭审判的罪犯称为"甲级战犯",而这个"甲级"有一个含义就是,这些被告人都受到了《宪章》规定的第一种犯罪的指控和审判,而这种犯罪就是"破坏和平罪",这也证明了当时战争罪的范围并不局限于传统的违反战争法和战争习惯法的行为。我国有部分学者将其称为"广义的战争罪"。① 实际上,目前国外也仍然有人笼统地将这些犯罪视为战争罪行。②

但是,二战以后,战争罪的概念又发生了一些变化。这体现在两个方面:

(1)种族灭绝罪、侵略罪和反人道罪从法律上与战争罪完全区分开了。在二战后,国际社会对某些严重危害人类利益的犯罪进行了专门的立法。首先是种族灭绝罪从反人道罪中分离出来。种族灭绝罪是由《防止及惩治危害种族罪公约》确立的一个新罪名,公约最初由联合国秘书处于 1947 年 5 月提出草案,联合国大会于 1948 年 12 月 9 日通过。该《公约》第 1 条规定:"缔约国确认危害种族行为,不论发生于平时或战时,均系国际法上之一种罪行,承允防止并惩治之。"这使本罪的发生不限于战争期间,从而脱离了战争罪概念,在平时或者非国际性的武装冲突中也可能发生。其次,危害人类罪(反人道罪)的概念也得到了完善。纽伦堡审判和东京审判将反人道罪限定在"战前或战时"这种与战争直接相关的场合;《前南国际刑事法庭规约》则将其扩充至国际性的或者国内的"武装冲突"中;《卢旺达国际刑事法庭规约》则没有将行为与武装冲突的联系作为反人道罪成立的条件,但加上了"广泛的或有计划的"这个要求;《国际刑事法院规约》的讨论过程中,对于反人道罪是否应限于与武装冲突有关,最初存在着很大的争论,但后来去掉了这个限制,而保留了"广泛或有系统"的特征。再次,侵略罪虽然经过国际社会的不懈努力仍然没有一个能普遍接受的定义,但它成为一个独立于战争罪之外的犯罪,已经

---

① 黄肇炯著:《国际刑法概论》,四川大学出版社 1992 年版,第 115 页。目前,我国很多学者用"战争罪行"或者"战争犯罪"来指称"广义的战争罪",而用"战争罪"指称"狭义的战争罪"。参见王铁崖主编:《国际法》,法律出版社 1995 年版,第 655 页;丛文胜著:《战争法原理与实用》,军事科学出版社 2003 年版,第 559 页。另外,可参见朱文奇:《战争罪与武装冲突性质的关系问题》,《西安政治学院学报》2003 年第 2 期。

② 参见网址:http://socrates. berkeley. edu/~warcrime/index. htm。

形成共识。《国际刑事法院规约》也将其单独作为管辖的犯罪之一。

（2）随着武装冲突概念的兴起，战争罪适用的范围从国家之间的战争扩展至所有的"武装冲突"。[①] "武装冲突"的概念在二战后随着一系列国际公约的签订而确立起来了，这首先应当归功于 1949 年《日内瓦公约》及其 1977 年的《第二附加议定书》，它们将"战争"与"武装冲突"并列起来。其共同第二条规定："本公约适用于两个或两个以上缔约国间发生之一切经过宣战的战争或任何其他武装冲突，即使其中一方不承认有战争状态。"随后，许多公约都用"武装冲突"代替了"战争"。例如 1954 年《在武装冲突时保护文化财产公约》、1961 年《维也纳外交关系公约》等。

因此，现代意义的战争罪，仅指在武装冲突中严重违反有关武装冲突的法规或者习惯法的行为。

二、惩治战争罪的渠道

（一）通过国际刑庭审判

在古希腊、古罗马时期，已经出现过由盟国成立联合军事法庭审判战争罪行的实践。例如，公元前 405 年，希腊城邦雅典（Athens）与斯巴达（Sparta）之间发生了著名的伯罗奔尼撒战争（Peloponnesian War），斯巴达联军的统帅莱桑德（Lysander）在爱琴海俘获了一支雅典舰队，成立了一个由各盟国组成的联合军事法庭，审判了雅典战犯在战争中或者战争胜利后的某些暴行，包括斩断战俘手臂、将战俘抛入海中溺死等罪行，法庭还赦免了曾经反对实施上述行为的一些被告人。[②] 1467 年，查尔斯公爵（Duke Charles）开始执掌勃艮第（Burgundy）公国。1469 年，他任命彼得·范·哈根巴克（Peter von

---

① 战争与武装冲突在实质上是一致的，传统观点认为它们之间存在如下区别：（1）战争是国际法明确限制、禁止的，而武装冲突却没有受到国际法的明确禁止。（2）传统观点认为，战争的主体是国家，而武装冲突的主体不限于国家，它既包括国际性的武装冲突，也包括非国际性的武装冲突。因此，在战争状态中可以适用中立，而在武装冲突这种法律状态中则不适用中立。（3）范围不同，一般认为，只有涉及范围宽、持续时间长、规模大的军事行动才是战争。

② M. Cherif Bassiouni, *Crimes against Humanity in International Law*, Dordrecht：Martinus Nijhoff Publishers, 1992, pp. 153－155.

Hagenbach)带领军队去占领莱茵河上游的布赖萨赫(Breisach,位于现德国境内),哈根巴克的军队在那里大肆进行强奸、杀害无辜平民、掠夺财产。哈根巴克被捕后,受到了奥地利大公的多项指控,并由28位来自于神圣罗马帝国(Holy Roman Empire)盟国的法官组成了一个临时性的国际法庭进行了审判,1474年5月9日哈根巴克被执行死刑。[①]

第一次世界大战结束后,国际社会试图成立一个国际性的特别法庭来审判德国战犯,《凡尔赛和约》第227条、第228条对此也作了明确规定,但是,由于多方面的原因,协约国最后将审判工作委托给德国最高法院,由其适用国际法仅对12名战犯进行了象征性的审判,其中仅有6人被判决有罪,这就是所谓的"莱比锡审判"。

第二次世界大战的结束真正开启了对战争罪犯的国际审判。在欧洲,苏联政府于1941年12月4日就宣布将在战争结束后对希特勒等战犯进行严正的审判。1943年10月27日,美、英、法、中等17国政府成立了联合惩办轴心国的"战争罪行委员会"(United Nations War Crimes Commission, UNWCC),调查纳粹罪行、收集其罪证、提供战犯名单等起诉的准备工作。1943年10月30日,美、英、苏三国外长在莫斯科通过了《关于希特勒分子及其战争罪行责任问题的宣言》(即《莫斯科宣言》),成为后来审判战犯的原则基础。1945年8月8日,美、英、法、苏四国缔结了关于控诉和惩治欧洲轴心国主要战犯的《伦敦协定》(London Agreement of August 8th 1945),其附件《纽伦堡宪章》对法庭的组织、管辖权、审判程序等法律问题作了明确的规定。同时,1945年2月4日至11日举行的"雅尔塔会议",决定设立盟国管制委员会协调对德国的管理控制工作。管制委员会于1945年12月20日通过了《同盟国管制德国委员会第10号法案》,[②]对起诉和审判除由纽伦堡国际军事法庭审判战犯以外其他战犯的法律问题,进行了详细的规定。在亚洲,日本投降后,"盟军最高统帅总司令"麦克阿瑟将军于1946年1月19日颁布了"盟军最高统帅总部特别通告宣布成立远东国际军事法庭",《远东国际军事法庭宪章》(Charter of the

---

① 凌岩著:《跨世纪的海牙审判》,法律出版社2002年版,第26页。
② 法案名为 Punishment of Persons Guilty of War Crimes, Crimes Against Peace and Against Humanity,即《惩罚战争罪、破坏和平罪、反人道罪罪犯》。

International Military Tribunal for the Far East) 作为附件同时公布, 2 月 15 日, 麦克阿瑟将军根据各盟国政府的提名任命了 11 名法官, 远东国际军事法庭正式成立。此后, 纽伦堡法庭和远东国际军事法庭对数十名甲级战犯进行了审判, 而由各同盟国军事法庭在欧、亚两洲进行了持续几十年的战犯审判, 数万人被判决有罪。二战后的战犯审判是近代社会影响最大的国际刑事司法活动, 但它也被少数国家的部分学者指责, 认为它只是战胜国对战败国的审判, 并没有真正体现公平正义。在笔者看来, 这种说法并没有道理, 虽然法庭的确是由同盟国组建的, 但是它代表了绝大多数国家的共同意愿, 虽然审判适用的法律从表面上看属于事后法, 但它们早已经体现于习惯国际法中, 两个《宪章》只是将习惯国际法用书面的形式进行了重申和加固。

20 世纪 90 年代由联合国安理会成立了两个国际刑庭, 即前南斯拉夫国际刑事法庭和卢旺达国际刑事法庭, 它们专门用于审判在前南地区冲突和卢旺达种族灭绝大屠杀中的严重罪行, 在性质上属于临时性的 (*ad hoc*) 国际刑庭。迄今为止, 这两个法庭目前总共审判了约 200 名被告人。早在 20 世纪初, 国际社会就开始计划设立一个常设性的国际刑庭, 但直到 90 年代中期这一目标才真正被提到议事日程, 经过几年的筹备工作, 人类历史上第一个常设性的、专门用于审判国际核心罪行的国际刑事法院于 2002 年正式成立, 这开启了国际刑事审判的新篇章。国际刑事法院是国际刑法理论与实践发展的必然结果, 它不仅吸引了全世界关注的目光, 也聚集了国际刑法理论与实践的精英, 代表了最新的、最先进的国际刑法理念与潮流。到目前为止, 国际刑事法院已经起诉了数名犯罪嫌疑人, 有的也已经结束调查而进入审理阶段。

(二) 通过国内法庭审判

国际刑庭对战争罪犯的审判, 往往都能引起广泛的关注, 也能起到很好的警示作用。但是, 囿于各种条件的限制, 这种国际审判通常都不可能规模太大。而且, 如果国内法庭展开对战争罪行的调查和审判, 能够表明国家打击这些犯罪的积极态度, 对于那些抱有国家会宽容甚至包庇自己从而可以逃脱惩罚的侥幸心理者来说, 无疑具有强烈的威慑作用。因此, 通过国内法庭来审判战争罪犯, 就显得十分重要。

国内法庭对战争罪行的审判, 往往是武装冲突结束后针对敌方人员而进行的,很少有主动追究本国公民战争罪刑事责任的情况。但是,美国军方于1969年成立军事法庭,针对美军在越战期间发生的一次屠杀平民事件即"米莱大屠杀案"展开了调查、起诉、审判,最终直接指挥屠杀的威廉·卡利(William J. Calley)美军中尉被判定有罪。① 此外,20世纪80年代,以色列针对以军方在黎巴嫩同意受以色列支持的黎巴嫩基督教武装力量长枪党进入两个难民营夏蒂拉(shatila)和萨布拉(Sabra)进行屠杀的事件展开了调查,调查报告认定以色列相关人员应当承担刑事责任。不过,由于政治的原因,以色列最后并未对此事进行起诉和审判。

国际刑事法院的成立,使得国内法庭审判战争罪行这种途径异常重要。因为作为国际刑事法院成立基础的"补充性原则",鼓励各国通过正当的途径、有效地审判战争罪行。只有当一个国家由于国内司法体系的崩溃等原因导致该国无法展开对相关罪行的调查和起诉,或者当一个国家不愿意切实履行其惩治严重国际犯罪的义务时,国际刑事法院才会介入调查和审判。正因为如此,自从国际刑事法院正式成立以来,世界上许多法治发达国家纷纷开始修订国内刑法,为自己调查、起诉和审判国际核心罪行作准备,以便享受《国际刑事法院规约》年代的这项原则的优惠。因此,完全可以预见到,今后通过国内法庭来审判战争罪行的情况将会越来越多。

(三)通过混合法庭审判

混合法庭(Hybrid Tribunal)是指由一个国家与国际社会共同组建起来审判包括战争罪在内的严重犯罪的法庭。近年来成立的混合法庭例如塞拉利昂特别法庭(Special Court for Sierra Leone)、东帝汶重罪特别法庭(the Special Panels of Serious Crimes)、柬埔寨特别法庭(Extraordinary Chambers in the Courts of Cambodia)等,其中塞拉利昂特别法庭和柬埔寨特别法庭正在紧锣密鼓地进行调查、审判工作。

塞拉利昂特别法庭是经过塞拉利昂政府的请求,由联合国安理会与塞拉

---

① 详细情况请参阅"米莱大屠杀案"官方网址:http://www. law. umkc. edu/faculty/projects/ftrials/mylai/mylai. htm;另可参阅卢有学著:《战争罪刑事责任研究》,法律出版社2007年版,第190—191页。

利昂政府于 2002 年 1 月 16 日签订协议成立的,同年 12 月 2 日,由塞拉利昂政府任命的 3 名本国法官和联合国秘书长任命的 5 名国际法官宣誓就职(后来法官增加到 11 人),法庭正式进入司法运作阶段,对发生在 20 世纪 90 年代塞拉利昂内战期间的严重侵犯人权罪行进行调查和审判。该法庭与前南国际刑事法庭或者卢旺达国际刑事法庭不同,不仅法庭的成立本身比较特殊、法官及其他法庭成员具有混合性,而且其管辖的犯罪也具有混合性,其适用的法律既包括被法庭《规约》认可的习惯国际法,也包括塞拉利昂国内个别法律。塞拉利昂特别法庭总共起诉了 13 名被告人(其中有两人即桑科和萨姆·博卡里埃已死亡),影响最大的案件就是对前利比里亚总统查尔斯·泰勒的审判,该案几经周折。

在 20 世纪 70 年代的民主柬埔寨时期,红色高棉领导人对柬埔寨实行血腥统治,数百万人死亡。柬埔寨特别法庭的成立过程非常曲折。从 1997 年开始,柬埔寨成立"审判红色高棉委员会"(Khmer Rouge Trial Task Force),并要求联合国协助建立特别法庭,开始为惩治战争罪及反人类罪进行法律与制度上的准备。1999 年,联合国一个专家组提出报告,认为基于柬埔寨司法不独立等原因,呼吁建立一个国际刑庭,但被柬埔寨总理洪森拒绝。2000 年 5 月,联合国与柬埔寨同意建立一个混合性质的法庭,随后柬埔寨政府为在柬埔寨司法体系内建立特别法庭颁布了一项法律,引起了联合国的不满。2002 年,联合国时任秘书长安南认为柬埔寨总理洪森无意于建立一个公正的法庭,于是退出了与柬埔寨政府的谈判。但 2002 年 12 月,联合国大会通过了一项由法国、日本起草并被柬埔寨和美国支持的决议,敦促安理会重新考虑建立法庭的事情。双方终于在 2003 年 3 月达成协议,由柬埔寨法院系统的特别法庭来审理红色高棉高级领导人于 1975 年 4 月 17 日至 1979 年 1 月 6 日期间实施的严重违反柬埔寨刑法、国际人道法和柬埔寨认可的国际公约规定的犯罪。尽管该协议仍然受到了许多国际人权组织的批评,但法庭还是慢慢成立了,2006 年 3 月联合国安理会秘书长为法庭任命了 7 名国际法官,2006 年 5 月柬埔寨司法部长任命了包括柬埔寨法官在内的总共 30 名法官,法庭于 2006 年 7 月成立。目前柬埔寨特别法庭由预审法庭(Pre-Trial Chamber)、审判庭(Trial Chamber)和最高法院庭(Supreme Court Chamber)组成,其预审庭 6 名法官中有 2 名是国际法官,审判庭 7 名法官中有 3 名国际法官,最高法院庭 8

名法官中有 4 名国际法官。法庭的审判工作也已经正式开始。

三、惩治战争罪之国际立法

笔者认为,绝大多数战争罪是习惯国际法之下的罪行,而习惯国际法是经过大多数国家认可并长时间地反复实践而确立起来的法律规则。事实上,作为国际法的两大法律渊源,习惯国际法与条约国际法有时并不好区分,尤其是当某些习惯国际法规则被编纂并以条约的形式出现时,我们很难说这样的条约就是纯粹的条约法,因为它里面包含了习惯国际法的成分。例如《日内瓦公约》及其附加议定书,它们在形式上是条约,但其内容则既有条约法也有习惯国际法,其中所规定的各种"严重违反"(Grave Breaches)公约的行为就属于习惯国际法的内容,同时也是认定战争罪的法律渊源。

不过,虽然《日内瓦公约》规定的"严重违反"行为是认定战争罪行的重要基础,但无论是国际社会还是各国司法机构都不能直接适用《日内瓦公约》进行定罪量刑,因为一方面,《日内瓦公约》旨在敦促各国自己制定惩治这些罪行的国内法律,另一方面,《日内瓦公约》本身既没有明确规定这些行为构成犯罪,也没有对这些行为规定任何处罚措施。这就是所有的国际刑事审判机构都必须制定自己的《宪章》或者《规约》的原因,但这些《宪章》或者《规约》与相关条约或者习惯国际法规则之间存在着紧密的关系,通常来说,前者在对后者所禁止行为进行确认或者选择后,明确规定一定的刑罚。因此,严格地说,虽然《海牙公约》及《日内瓦公约》等是战争罪的重要法律渊源,但它们本身并不明确惩治战争罪,只是为国际刑事司法机构或者各国制定惩治战争罪行的法律提供某种指导。基于这一认识,笔者认为,真正的惩治战争罪行的国际立法只包括各种国际刑事司法机构的《宪章》和《规约》,例如《纽伦堡宪章》、《远东国际军事法庭宪章》、《前南斯拉夫问题国际法庭规约》、《卢旺达问题国际法庭规约》、《国际刑事法院规约》等。

《纽伦堡宪章》第 6 条规定了"欧洲国际军事法庭"管辖的战争罪:"战争罪:即违反战争法规或惯例。此种违反包括谋杀、为奴役或为其他目的而虐待或放逐占领地平民、谋杀或虐待战俘或海上人员、杀害人质、掠夺公私财产、毁

中国国际人道法:传播、实践与发展

灭城镇或乡村或非基于军事上必要之破坏,但不以此为限。"第 27 条规定了惩罚措施:"本法庭有权于判决有罪以后,处被告以死刑或其他本法庭认为公正之刑罚。"《远东国际军事法庭宪章》及《惩罚战争罪、破坏和平罪、反人道罪罪犯》(即"同盟国对德管制委员会第 10 号法案")作了类似的规定。①

《前南斯拉夫问题国际法庭规约》对战争罪的规定分为两条,其中第 2 条规定的是"严重违反 1949 年日内瓦四公约的情事":"国际法庭应有权起诉犯下或命令他人犯下严重违反 1949 年 8 月 12 日各项《日内瓦公约》的情事,即下列违反按照《日内瓦公约》规定受到保护的人或财产的行为者:(a)故意杀害;(b)酷刑或不人道待遇,包括生物学实验;(c)故意使身体或健康遭受重大痛苦或严重伤害;(d)无军事上之必要,而以非法和横蛮之方式,对财产进行大规模的破坏与占用;(e)强迫战俘或平民在敌对国军队中服务;(f)故意剥夺战俘或平民应享的公平及合法审讯的权利;(g)将平民非法驱逐出境或移送或非法禁闭;(h)劫持平民作人质。"第 3 条规定的战争罪是"违反战争法和惯例的行为":"国际法庭有权起诉违反战争法和惯例的人。违反行为应包括下列事项,但不以此为限:(a)使用有毒武器或其他武器,以造成不必要的痛苦;(b)无军事上之必要,横蛮地摧毁或破坏城市、城镇和村庄;(c)以任何手段攻击或轰击不设防的城镇、村庄、住所和建筑物;(d)夺取、摧毁或故意损坏专用于宗教、慈善事业和教育、艺术和科学的机构、历史文物和艺术及科学作品;(e)劫掠公私财产。"同时,《规约》对所管辖犯罪的共犯、官方身份、执行上级命令、指挥官刑事责任等情况也作了明确规定,将对被告人判处的刑罚限定为"监禁"一种。

卢旺达国际刑事法庭由于管辖的是 1994 年发生于卢旺达境内的武装冲突中的严重罪行,因此其《规约》规定的战争罪只包括"违反《日内瓦公约》的共同第三条和《第二附加议定书》的行为":"卢旺达问题国际法庭有权起诉犯下或命令他人犯下严重违反 1949 年 8 月 12 日各项《关于保护战争受害者的

---

① "同盟国对德管制委员会第 10 号法案"规定的惩罚措施更加详尽:"任何实施上述罪行并被证明有罪的人,一旦被定罪,将被法庭判处公正的刑罚。此类刑罚可以包括下列之一种或者几种:(1)死刑;(2)无期徒刑或者有期徒刑,同时参加或者不参加重体力劳动;(3)罚金,可由参加或者不参加重体力劳动的徒刑代替;(4)没收财产;(5)返还不正当取得的财产;(6)剥夺一部或者全部公民权利。被法庭命令予以没收或者返还的财产将交给对德管制委员会处置"。

日内瓦公约》的共同第三条和 1977 年 6 月 8 日公约的《第二附加议定书》的行为的人。违法行为包括但不限：(a)强暴对待人的生命、健康以及身体或精神福祉,特别是谋杀以及诸如拷打、截肢或任何形式的体罚等酷刑;(b)集体处罚;(c)劫持人质;(d)恐怖主义行为;(e)残害人性尊严,特别是羞辱和贬损、强奸、迫良为娼以及任何形式的粗鄙攻击;(f)劫掠;(g)事先未经正规组成的提供文明人所承认且不可或缺的司法保证的法院审判而迳行宣判和执行;(h)威胁要犯下上述的任何行为。"同样地,卢旺达国际军事法庭只能对被告人判处监禁这一种刑罚措施。

《国际刑事法院规约》则对战争罪作了空前详尽而细致的规定,它首先根据犯罪发生的环境不同,将战争罪分成国际性武装冲突下的战争罪和非国际性武装冲突下的战争罪两大类,然后根据违反的法规又将它们各自再分成两小类。这样,《规约》实际上是将所有的战争罪分成了以下四类:(1)国际性武装冲突下严重破坏《日内瓦公约》的罪行;(2)国际性武装冲突下严重违反武装冲突法规或者习惯法的罪行;(3)非国际性武装冲突下严重破坏《日内瓦公约》共同第三条的罪行;(4)非国际性武装冲突下严重违反武装冲突法规或者习惯法的罪行。第一类,国际性武装冲突下严重破坏《日内瓦公约》的罪行共11 种,它们主要是针对公约的"被保护人"(the protected persons)即武装部队的伤者、病者、战俘和平民而进行的杀害、伤害、酷刑、不人道待遇、驱逐、禁闭、劫持、强迫服役等行为。对于这类犯罪,武装人员和平民都可以构成。第二类,国际性武装冲突下严重违反武装冲突法规或者习惯法的罪行共 35 种,这类犯罪一般是由武装人员实施的。从行为方式上来说,可以将其大致分为以下几小类:(1)指令攻击各种非军事目标及非战斗员,如指令攻击平民人口、民用物体、执行人道主义援助或者维和行动的人员及物体、具有专用目的(如宗教、教育、科学、艺术、慈善)的建筑物等,显然这一类犯罪只能由具有一定地位的指挥官构成;(2)攻击各种非军事目标及非战斗员,如不设防的城镇、村庄、住所或者建筑物,已无条件投降并丧失自卫能力的人等,这类犯罪主要由参与武装冲突的武装人员构成;(3)使用违禁武器,如使用有毒武器、窒息性气体、在人体内易于膨胀的子弹、大规模杀伤性武器等,这类犯罪通常由指挥官命令、一般武装人员具体实施,他们都可以构成;(4)某些强迫性方式的罪行,如强制迁移人口,强迫敌方公民参加己方军事行动,强迫卖淫、强制生育、强制绝育、性奴役或者强奸,强制安置被保护人于特定地点等;(5)使用某些不正当作战方法的罪行,如不当使用休战旗、敌方或者联合国旗帜或军事标志和制服、《日内瓦公约》规定的特殊标志,故意以断绝平民粮食的方法作战等;(6)针对敌方人员的犯罪,如人体实验、残伤肢体、损害人格尊严、背信弃义地杀伤等;(7)针对敌方财产的罪行,如抢劫、非基于军事必需地摧毁或者没收等;(8)其他罪行,如宣告决不纳降、宣告取消敌方国民权利、征募儿童入伍等。第三类,非国际性武装冲突下严重破坏《日内瓦公约》共同第三条的罪行共 7 种,它们是针对不实际参加敌对行动的人员实施的犯罪,如杀害、伤害、侮辱、劫持等。对于这类犯罪,武装人员和平民都可以构成。第四类,非国际性武装冲突下严重违反武装冲突法规或者习惯法的罪行共 18 种。从类别上来说,没有规定第二类犯罪中的第(3)、(5)小类。同时,关于个人刑事责任基本原则,《国际刑事法院规约》用了多个条文进行详细规定,涉及共犯、官方身份无关性、指挥官和其他上级的责任、排除刑事责任的理由、事实错误和法律错误、上级命令与法律规定等内容。而关于刑罚措施,《国际刑事法院规约》第 77 条规定了有期徒刑、无期徒刑、罚金和没收四种,比此前的其他国际刑事司法机构的《宪章》或者《规约》都更加合理。

四、惩治战争罪之外国国内立法

战争罪是国际法之下的罪行,虽然这种国际法在一定程度上依赖于国家的国内实践,即在国际法普遍承认战争罪之前,肯定有惩治战争罪行的国内立法,但是,它们与现代意义的战争罪之间还存在很大的差距,因此,惩治战争罪的国内立法,主要是在国际法上战争罪概念确立、发展和成熟之后,随着国际法转化为国内法立法技术的成熟才真正开始的。笔者认为,战争罪在国际法上被普遍接受应当是近现代的事情,尤其是随着两次世界大战的发生和二战后的战犯审判才真正深入人心的。同时,由于战争罪与战争或者武装冲突之间的天然联系,各国最初在规定战争罪时通常都将其与军事犯罪规定在一起,例如虐待战俘罪被许多国家的军事刑法所禁止。

笔者认为,从法律上说,近现代各国国内法广泛承认战争罪主要源于两个方面的事实：一是《日内瓦公约》的通过和普遍签署、加入；二是《国际刑事法院规约》的通过和国际刑事法院的成立。毫不夸张地说，它们掀起了两次战争罪国内立法的高潮。《日内瓦公约》不仅以公约的形式将习惯国际法上的许多战争罪行明确规定出来，而且要求缔约国制定国内法律惩治严重违反公约的这些战争罪行，因此，国家对战争罪的国内立法是国家履行其国际义务的重要体现。但是，由于《日内瓦公约》及其附加议定书并没有将所有"严重违反"行为列举出来，这使得各国在规定战争罪的范围时面临一定的困难。英美法系国家往往在对"严重违反"作出一般性规定之后，要通过列举的方式来阐明"严重违反"的具体种类。而前南国际刑事法庭则经常在判决书中采用大量的篇幅来论证某种行为属于"严重违反"的范畴。相比之下，《国际刑事法院规约》则不存在这个问题，它将所有受管辖的战争罪都明确规定出来，没有"包括但不限于"等类似表述，使得"法无明文不为罪"的原则得到了充分的体现。更为重要的是，《国际刑事法院规约》规定的"补充性原则"成为各国制定国内法律惩治战争罪行的催化剂，因为它巧妙地利用各国通常不希望自己的公民和发生在本国的战争罪被国际刑事法院管辖这种心理，促使国家完善国内立法，以避免自己落入"不能够"、"不愿意"管辖的范围。因此，近几年来许多国家启动并完成了包括战争罪在内的国际核心罪行的国内立法，而且多数都是以《国际刑事法院规约》对犯罪的规定作为蓝本。① 下面着重从这一角度介绍几个有代表性国家对战争罪规定的三种模式。

（一）条约列举模式

英美法系的许多国家在制定战争罪法条时，直接将其缔结的条约所规定的战争罪行作为国内法上的战争罪。其中有的国家只将其缔结的条约的名称表述出来，但并不明示战争罪行的具体罪状，有的国家则将公约的相关条文作为国内法的"附件"。无论哪一种情况，它们都要直接适用公约对战争罪的规

---

① 根据笔者掌握的资料，近几年来至少有超过40个国家完成了对包括战争罪在内的国际核心罪行的专门立法，例如：亚美尼亚、澳大利亚、奥地利、比利时、波黑、保加利亚、加拿大、哥伦比亚、刚果—布拉扎维、哥斯达黎加、科特迪瓦、克罗地亚、民主刚果、丹麦、爱沙尼亚、芬兰、法国、格鲁吉亚、德国、爱尔兰、马恩岛、里奇汀斯坦、卢森堡、马里、马尔他、荷兰、新西兰、挪威、秘鲁、波兰、葡萄牙、波多黎各、斯洛文尼亚、南非、西班牙、瑞典、瑞士、特立尼达和多巴哥、英国等。

定,即由公约来规定战争罪的罪状。

1. 英国的《国际刑事法院法》

英国于 2001 年 10 月 4 日加入《罗马规约》,是该规约的 60 个创始缔约国之一(第 42 个批准《规约》的国家)。根据英国的国内实践,在承担一项国际条约义务之前,英国必须颁布相应的国内立法,以确保该项国际义务得到有效落实。因此,英国议会在 2001 年 5 月 11 日颁布了《国际刑事法院法》(International Criminal Court Act),该法将《规约》有关战争罪的规定全部转化为国内法上的刑事犯罪。《国际刑事法院法》第五部分"国内法上的刑事犯罪"第 50 条是"种族灭绝罪、反人道罪和战争罪的定义"。但它并没有将《规约》的条文完全引用在该条中,而是规定:"'战争罪'是指《国际刑事法院规约》第 8 条第二款规定的任何一种战争罪行。"同时,《国际刑事法院法》将《国际刑事法院规约》对于战争罪等犯罪的定义作为清单附在法律文本最后。

2. 加拿大的《危害人类罪和战争罪法》

加拿大于 2000 年 7 月 1 日批准《国际刑事法院规约》,是其第 14 个缔约国。加拿大于 2000 年 6 月 29 日通过了《危害人类罪和战争罪法》(Crimes Against Humanity and War Crimes Act),并据此修改了刑事法典,成为第一个通过国内法执行《罗马规约》的国家(但加拿大 2004 年新修订的刑事法典仍没有规定战争罪的实体内容,只在涉及程序时提到过《危害人类罪和战争罪法》)。加拿大制定该法的目的有两个:第一,执行《国际刑事法院规约》,以便同国际刑事法院合作并利用《规约》的补充管辖原则,因为该原则授予各国调查、起诉罪行的首先选择权;第二,强化加拿大起诉严重罪行的国内法律执行,确保加拿大不是战争罪犯的天堂。[①]

同英国的《国际刑事法院法》一样,加拿大的《危害人类罪和战争罪法》也将《国际刑事法院规约》第 8 条对战争罪的定义作为一项清单列在法律文本内。法官在适用法律时也需要直接引用《国际刑事法院规约》的内容。但是,加拿大的《危害人类罪和战争罪法》又对公约的条文进行了概括,明示了战争罪的定义,这就是其第 4 条第三款:"'战争罪'是发生在武装冲突中的作为或

---

① 参见 2003 年中国国际法学会主办的"国际刑法北京国际研讨会"文件第 8 号:Robert Hage,*Implementing the Rome Statute:Canada's Experience*。

者不作为,根据适用于武装冲突的习惯国际法或者条约国际法,该行为在实施当时以及实施当地构成一种战争罪,而无论该行为在实施当时以及实施当地是否触犯某项正在生效的(国内)法律。"当然,法院显然无法仅根据这个定义来确定一个行为是否构成战争罪,仍然必须根据《国际刑事法院规约》对战争罪的规定来定罪。

(二)罪状制定模式

有的国家,尤其是大陆法系国家,在制定本国刑法关于战争罪的定义时,并不是简单地只引用其缔结条约的名称,而是由本国立法机关根据国际公约的规定将条约的内容重新明确地规定出来,形成战争罪的罪状。例如德国、荷兰等国。

1. 德国的《违反国际法之罪行法典》

德国于 2000 年 12 月 11 日成为《国际刑事法院规约》的第 25 个缔约国。2002 年 6 月 26 日,德国议会通过了《违反国际法之罪行法典》(*Code of Crimes Against International Law*,*CCAIL*)。该法典共三章 14 条,第二章"战争罪"是其中篇幅最长的部分。而且,与英国、加拿大不同,德国另行制定了战争罪的定义。它将战争罪划分为五种(每一种用一条规定):针对个人的战争罪,针对财产及其他权利的战争罪,针对人道主义行动及其标志的战争罪,使用违禁方式作战的战争罪,使用违禁工具作战的战争罪。例如其第 12 条规定:

"(1)与某次国际性武装冲突或者不具有国际性质的武装冲突有联系的任何人,

(a)使用毒药或者有毒武器;

(b)使用生物或者化学武器;

(c)使用在人体内易于膨胀或者变平的子弹,尤其是硬壳尚未完全包裹住弹核或者碎片的子弹,

应当判处 3 年以上监禁。

(2)行为人采用第 1 款的方法,如果造成平民或者受国际人道法保护的人死亡或者严重伤害,应当判处 5 年以上监禁。如果行为人故意造成他人死亡,应当判处终身监禁或者 10 年以上监禁。"

2. 荷兰的《国际犯罪治罪法》

荷兰是国际刑事法院的东道国,它于 2001 年 7 月 17 日加入《罗马规约》,成为其第 37 个缔约国。荷兰也和许多缔约国一样,将批准《规约》与实施《规约》的问题分开进行。2000 年 11 月 7 日,《批准法》被提交到下议院,并于 2002 年 7 月 17 日生效。由于荷兰国内法将战争罪和种族灭绝罪等规定在不同的法律中,于是决定制定一项综合性的《国际犯罪治罪法》(International Crimes Act,ICA)。2000 年底,由荷兰司法部、国防部和外交部组成的小组开始起草《国际犯罪治罪法》,2001 年底提交到议会,2003 年 6 月 17 日被通过,经女王签署等程序后,《国际犯罪治罪法》于 2003 年 10 月 1 日起开始生效。该法总共 23 条。其中规定战争罪也用了 3 条:第 5 条规定的是在国际性武装冲突中严重违反《日内瓦公约》及其《第一附加议定书》而构成的战争罪,第 6 条规定的是在非国际性武装冲突中严重违反《日内瓦公约》共同第三条而构成的战争罪,第 7 条规定的是在国际性武装冲突或者非国际性武装冲突中违反战争法和战争习惯法而构成的其他战争罪行。其第 5 条、第 6 条都是采用列举罪状的方式来规定战争罪,而第 7 条则是采用概括的方式来规定,因为前两条显然不能将所有相关国际公约都包括进去,例如《海牙公约》、《禁止或限制使用某些可被认为具有过分伤害力或滥杀滥伤作用的常规武器公约》以及《国际刑事法院规约》等等。

《国际犯罪治罪法》对战争罪的规定非常详细,例如其第 5 条第一款规定:

"任何人,在国际武装冲突中实施任何一种严重违反《日内瓦公约》的行为,即下列针对该公约的被保护人的下列行为:

(1)故意杀害;

(2)酷刑(由第 1 条第一款第四项界定)或者非人道待遇,包括生物实验;

(3)故意导致身体或者健康方面的巨大痛苦或者严重伤害;

(4)故意并且非法地对财物进行大范围的破坏和掠夺而无军事之必要;

(5)强迫战俘或者其他被保护人在敌方军队中服役;

(6)故意剥夺战俘或者其他被保护人接受公正而正常的审判的权利;

(7)非法进行放逐、迁移、或者非法监禁;或者

(8)劫持人质;

将被判处终身监禁或者不超过 30 年的徒刑或者第六等罚金。"

（三）综合模式

这里所说的综合模式，就是在国内刑法中，对某些战争罪的罪状作了明确的规定，同时在对其他战争罪的罪状设置时又指出需要参考条约相关条文的情况。

1. 美国联邦《战争罪法》

美国联邦法律体系共有 50 编（Title），每一编的条文统一编号，但通常一编之下又包括若干单独的法律。被美国自己称为《战争罪法》（*War Crimes Act*）的条文就隶属于其第 18 编即《犯罪与刑事程序法》（*Crimes and Criminal Procedure*）。该条经过了多次修订，例如 2006 年 10 月 17 日修订的《犯罪与刑事程序法》第 118 章第 2441 条对战争罪规定：

"（1）罪行：任何人，无论在合众国国内还是国外，如果实施一种战争罪行并具有本条第 2 款规定情节之一，应当依照本法判处其终身监禁或者有期徒刑，单处或者并处罚款，如果造成被害人死亡，应当判处死刑。

（2）情节：本条第 1 款规定的情节是指，战争罪的行为人或者受害人是合众国或者其联邦成员国的武装部队成员（依照《移民与国籍法》第 101 条界定）。

（3）定义：本条所谓"战争罪"，是指任何下列行为：

（a）1949 年 8 月 12 日签订的任一《日内瓦公约》及其任一《附加议定书》规定的严重违反公约的行为，但以合众国是缔约国为限；

（b）1907 年 10 月 18 日签订的第四《海牙公约》的附件，即《陆战法规与惯例章程》第 23 条、第 25 条、第 27 条或者第 28 条所禁止的行为；

（c）发生在非国际性武装冲突中或者与该武装冲突有关、严重违反（《日内瓦公约》）共同第三条（本条第 4 款界定）的行为；或者

（d）与武装冲突有联系的人，违反 1996 年 5 月 3 日在日内瓦修订的《禁止或限制使用地雷、诱杀装置和其他装置的修正议定书》（即 1996 年 5 月 3 日的第二修正议定书），故意杀害平民或者引起平民严重伤害的，但以合众国是缔约国为限。

（4）违反共同第三条的行为：

（a）被禁止的行为。本条第三款第 3 项中，'严重违反共同第三条的行为'是指（构成对 1949 年 8 月 12 日签订的《日内瓦公约》严重违反的）任何下

列行为：

1）酷刑。……

2）残酷的或者非人道待遇。……

3）从事生物试验。……

4）谋杀。……

5）造成肢体残缺或者制造残疾。……

6）故意造成严重身体伤害。……

7）强奸。……

8）性暴力或者性虐待。……

9）劫持人质。……

（b）定义。……

（c）关于附带损害或者合法攻击事件不适用相关条件的规定。……

（d）劫持人质不适用于囚犯交换。……

（e）严重违反的定义。本款所称'严重违反'仅指对共同第三条的严重违反，而不包括合众国承认的该公约的全部'严重违反'公约行为。"

从这个条文可以看出，美国联邦刑法规定的战争罪，最大的特色就是直接将其签订的某些国际条约禁止的行为作为战争罪的构成要件，但同时又对部分战争罪行的罪状进行明确规定。美国尚未批准《国际刑事法院规约》，因此其《战争罪法》只承认了《日内瓦公约》和《海牙公约》等的规定。由于这些条约是描述战争罪罪状的载体，因此，法官在适用法律时，必然要直接引用它们，但在量刑时将依据《犯罪及刑事程序法》第2441条第一款的规定。

2. 俄罗斯。1996年通过并于次年施行的《俄罗斯联邦刑法典》在第12编"破坏人类和平和安全的犯罪"中规定了战争罪，例如第356条（使用战争中禁止使用的手段和方法）。该条规定："虐待战俘或平民，驱逐平民，掠夺占领区的国家财产，在武装冲突中使用俄罗斯联邦签订国际条约所禁止使用的手段和方法的，处20年以下的剥夺自由。"①这个条文中的"虐待战俘或平民，驱逐平民，掠夺占领区的国家财产"属于明确规定战争罪罪状的情况；而是否属于"在武装冲突中使用俄罗斯联邦签订国际条约所禁止使用的手段和方

---

① 《俄罗斯联邦刑法典》，黄道秀等译，中国法制出版社1996年版，第176页。

法",则需要参见相关公约的规定。从这个条文可以看出,俄罗斯联邦刑法兼顾并承认了其签订的国际条约,但其战争罪的成立范围很狭窄,它只限于"在武装冲突中使用俄罗斯联邦签订国际条约所禁止使用的手段和方法"。此外,该法还在第 360 条规定了"袭击受国际保护的人员或机构罪",从本质上讲也属于战争罪。

五、中国惩治战争罪之立法选择

(一)中国惩治战争罪之立法概况

二战后,中国是审判日本战犯的重要场所。从 1945 年底至 1947 年底,中国各军事法庭共受理战犯案件 2435 起,判决 318 件,不起诉 661 件,经国防部核定判处死刑的有 110 件,判处徒刑的 208 件,宣告无罪的 283 件。① 其中包括谷寿夫、向井敏明、野田毅、田中军吉等战犯。为了审判这些战犯,中华民国政府国防部制定了一系列的战犯审判法律法规,例如 1946 年 10 月 23 日公布的《国民政府关于战犯审判条例》、《军事委员会关于战犯处理办法》、《军事委员会关于战犯审判办法》及其施行细则等。《国民政府关于战犯审判条例》第三条详细规定了战争罪的表现形式,总共有 38 项,前 37 项各列举一种战争罪,第 38 项则规定"其他违反战争法规或惯例之行为,或超过军事上必要程度之残暴,或破坏行为,或强迫无义务之事,或妨害行使合法权利",作为兜底条款,将其他战争罪予以涵盖。

新中国成立后,全国人大常委会于 1956 年 4 月 25 日颁布了《关于处理在押日本侵略中国战争中战争犯罪分子的决定》,决定成立最高人民法院特别军事法庭进行对日本战争犯罪分子的审判,并任命贾潜为特别军事法庭庭长,随后就在沈阳和太原开庭审判,总共审判了 45 名日本战犯,最高刑期为 20 年有期徒刑。其他 1000 多名在押日本战犯由于罪行较轻、悔罪表现较好而被宣布免予起诉,并被释放。

尽管我国政府非常积极地批准和加入《日内瓦公约》及其附加议定书,但

---

① 参见新华网网址:http://news.xinhuanet.com/ziliao/2003-09/12/content_1078343.htm。

由于我国法制建设进程缓慢、立法技术落后等原因,我国刑事立法一直未能对战争罪作比较详尽的规定。1979 年刑法没有规定对战争罪作任何规定。1987 年 6 月 23 日全国人民代表大会常务委员会颁布了《关于对中华人民共和国缔结或者参加的国际条约所规定的罪行行使刑事管辖权的决定》,它规定:"对于中华人民共和国缔结或者参加的国际条约所规定的罪行,中华人民共和国在所承担条约义务的范围内,行使刑事管辖权。"这被认为是我国首次以法律的形式宣布对包括战争罪在内的国际犯罪行使普遍管辖权,它确立了我国追究战争罪的法律基础。此后的单行刑法重申了这一原则,并被 1997 年刑法第 9 条所继承,该条规定:"对于中华人民共和国缔结或者参加的国际条约所规定的罪行,中华人民共和国在所承担条约义务的范围内行使刑事管辖权的,适用本法。"

全国人大常委会于 1981 年 6 月 10 日通过了《军人违反职责罪暂行条例》,其第 20 条、第 21 条规定的两个罪名"战时残害居民、掠夺居民财物罪"和"虐待俘虏罪"与国际法上的战争罪基本吻合。① 1997 年刑法第 446 条和第 448 条将这两个条文吸收进刑法典,并对前一犯罪的表述稍微作了一点修改。② 虽然这两条都对犯罪的成立作了国际刑法中所没有的限制,例如将犯罪主体限定为军人,但是,从性质上讲,它们仍然属于战争罪的范畴。

但是,笔者认为,我国刑法中只有这两个条文才符合国际刑法关于战争罪的规定,因为只有它们才符合战争罪的构成要件。就客观方面而言,战争罪与普通犯罪有两个重要区别:(1)只有发生在战争或者武装冲突中并且与该战争或者武装冲突有联系的行为才可能成立战争罪;(2)战争罪的犯罪对象(就人而言)都是国际法上的"被保护人"(Protected Persons),③即平民、非战斗员

---

① 该《条例》第 20 条规定:"在军事行动地区,掠夺、残害无辜居民的,处七年以下有期徒刑;情节严重的,处七年以上有期徒刑;情节特别严重的,处无期徒刑或者死刑。"第 21 条规定:"虐待俘虏,情节恶劣的,处三年以下有期徒刑。"

② 刑法第 446 条规定:"战时在军事行动地区,残害无辜居民或者掠夺无辜居民财物的,处五年以下有期徒刑;情节严重的,处五年以上十年以下有期徒刑;情节特别严重的,处十年以上有期徒刑、无期徒刑或者死刑。"

③ "被保护人"的概念来源于《日内瓦公约》的规定。除了针对"被保护人"的战争罪之外,还有针对特定物(如医院、宗教设施等)、采用违禁的工具作战(如在国际性武装冲突中使用毒气)、采用违禁的方法作战(如诈降)的战争罪。

和已经放下武器不再参战的人员（如战俘）等，而不包括本方武装人员。因为那些危害本国军人、军队利益或者本国利益的罪行，原本就属于国内法调整的范畴。对照这两个特征，我们可以看到，在我国刑法分则中，只有第七章"危害国防利益罪"和第十章"军人违反职责罪"的部分犯罪有"战时"的要求，其他八章均没有这项要求。但是，我国刑法分则"危害国防利益罪"规定的发生于战时的七种犯罪，由于其犯罪对象并不是战争罪犯罪对象的"被保护人"，它们都是对我国国防利益的侵犯，属于典型的国内犯罪而不是战争罪。而刑法分则第十章"军人违反职责罪"中，符合发生于武装冲突期间并且犯罪对象属于"被保护人"的只有第446条规定的"战时残害居民、掠夺居民财物罪"和第448条规定的"虐待俘虏罪"，因此只有它们才属于战争罪。有的学者认为，我国刑法第444条的"遗弃伤病军人罪"和第445条的"战时拒不救治伤病军人罪"都是战争罪，①笔者认为这是不恰当的。同样，被一些学者认为属于战争罪的刑法第429条的"拒不救援友邻部队罪"、第443条的"虐待部属罪"也不是战争罪。

（二）我国现行刑法关于战争罪规定的不足

由于我国刑法第3条明确规定了罪刑法定原则，加上我国法院目前还不能直接适用国际公约对罪犯定罪量刑的事实，②这就必然导致我们很难恰当地适用我国刑法追究战争罪的刑事责任。同时，根据刑法第9条，适用普遍管辖原则本身也有条件限制。即，犯罪行为没有发生在我国领域之内、行为人不是我国公民、行为不是针对我国公民或者国家的，否则就不用考虑普遍管辖原则的适用问题，而应直接适用属地原则、属人原则和保护管辖原则了。这样，

---

① 田龙海、常璇："论惩治战争罪国内立法的完善"，《西安政治学院学报》2006年第10期；朱利江著：《对国内战争罪的普遍管辖与国际法》，法律出版社2007年版，第212页。

② 对于我国缔结或者参加的国际条约能否直接被接受为国内法，在我国还存在争论。第一种观点认为我国缔结或者参加的所有国际条约都自动成为国内法可以被法院适用，其根据如《中华人民共和国民事诉讼法》第238条关于国际条约的效力高于民事诉讼法的规定（中华人民共和国缔结或者参加的国际条约同本法有不同规定的，适用该国际条约的规定，但中华人民共和国声明保留的条款除外）；第二种观点认为必须通过特别的国内执行法，才能适用我国缔结或者参加的国际条约；第三种观点认为，要视具体情况而定，如果国际条约本身带有执行的内容，则不需要另外通过国内执行法，反之则需要。朱奇武著：《中国国际法的理论与实践》，法律出版社1998年版，第416—417页。

依照我国现行刑法,必然会出现这种情况:如果某个外国人在外国针对外国或者外国公民实施了战争罪后进入我国,我们既无法根据普遍管辖原则适用我国刑法追究其实施犯罪的刑事责任,因为这是罪刑法定原则和刑法第9条普遍管辖原则"适用本法"的必然结论;而且,由于我国《引渡法》规定了"双重犯罪原则"作为引渡的前提条件,我们也不能将其引渡给其他国家受审。① 这必然使我国在惩治战争罪的问题上陷入一种尴尬的境地。

(三)"替代"理论的缺陷

我国大多数学者承认我国刑法并没有全面规定战争罪,但不少人又认为依照我国现行刑法,同样可以达到惩治和预防战争罪的效果。这种观点认为,我国刑法规定的故意杀人罪、故意伤害罪、抢劫罪、强奸罪等普通罪名就已经足够惩治战争罪行了。这种观点的实质是意欲用普通犯罪取代战争罪,从而否定修订刑法、完善战争罪立法的必要性。为了表述的方便,笔者将其称为"替代论"。

笔者也承认,用我国刑法规定的普通罪名去惩治战争罪,在事实上并不会放纵战争罪犯,因为我国刑法对那些"能够"替代战争罪的普通犯罪配置了极为严厉的刑罚。但是,笔者认为,用我国现行刑法规定的普通罪名来惩治和预防战争罪,是很不恰当的。主要理由有:

首先,任何国家,只要有刑法,就会规定类似于我国刑法中的故意杀人罪、故意伤害罪、抢劫罪、强奸罪、故意毁坏财物罪等犯罪,如果认为依靠这些犯罪来惩罚战争罪行就已经足够了的话,那么,所有国家都没有必要另外规定战争罪了。从这种意义上说,"替代论"的观点不仅要试图用普通犯罪来代替国际犯罪,而且有"取消"国际犯罪的倾向,而这显然是与国际刑法迅猛发展的现状背道而驰的。而且在事实上,随着《国际刑事法院规约》的生效,许多国家,无论是否属于该公约的缔约国,纷纷开始在其国内刑法中全面规定战争罪。可以说,《国际刑事法院规约》引发了修订刑法的潮流(尤其是英美法系和欧

---

① 《中华人民共和国引渡法》第7条规定:"外国向中华人民共和国提出的引渡请求必须同时符合下列条件,才能准予引渡:(1)引渡请求所指的行为,依照中华人民共和国法律和请求国法律均构成犯罪……"

洲国家）。它们这样做，并非多此一举，而是认识到了普通犯罪与战争罪这种国际犯罪的不同。

其次，"替代论"的主张无视战争罪与普通犯罪的区别，在法律上很不严谨。根据国际刑法有关战争罪的理论，战争罪的首要特征就是，行为发生在战争或者武装冲突中并且行为人知道其行为与战争或者武装冲突之间存在着联系，这也是战争罪与普通犯罪的本质区别。但是，所有的普通犯罪都没有对行为构成犯罪作此要求。从世界范围来看，刑法的发展是越来越科学、越来越细致的，我国刑法也不例外。我国刑法之所以在诈骗罪之外还规定了各种金融诈骗罪以及合同诈骗罪，在过失致人死亡、重伤罪之外还规定了大量的过失犯罪，在故意（过失）泄露国家秘密罪之外还规定了故意（过失）泄露军事秘密罪，在妨害公务罪之外还规定了阻碍军人执行职务罪，在玩忽职守罪和滥用职权罪之外还规定了大量的渎职罪等等，都是这种科学化、细致化的体现。按照"替代论"的推理，我们也完全可以用前者代替后者，起到惩罚和预防犯罪的效果，这是否也意味着我国刑法对后者的规定都是多余的呢？其实，这些犯罪的设置并不多余，它们有自身的特殊性，有独立存在的价值。而战争罪也就属于这种情况。

我们也可以从前南国际刑事法庭和卢旺达国际刑事法庭等国际刑庭对"一罪不二审"原则的例外规定看出，国际社会非常重视普通犯罪与国际犯罪之间的区别。《前南国际刑事法庭规约》第 10 条第二款、《卢旺达国际刑事法庭规约》第 9 条第二款、《塞拉利昂问题特别法庭规约》第 9 条第二款都明确规定："任何人如犯有严重违反国际人道法的行为而受到国内法院的审判，如有下列情况仍有可能随后受到国际刑庭的审判：（1）其受审的行为被定性为普通罪行；或（2）国内法院的诉讼程序不公正或不独立……"这些刑庭的规约作这种规定，其主要目的并不是为了防止国内法院包庇罪犯，因为这个条文并未给国际刑庭重新审判规定这个条件。它的实质一方面是为了维护国际刑庭的管辖权，另一方面更重要的是要强化战争罪等犯罪与普通犯罪的区别。

第三，即使不考虑战争罪的特殊性，即使可以用一般法条代替特殊法条来定罪量刑，我国刑法规定的犯罪，也不能将国际公约中战争罪的所有罪行概括完，还有很多非常严重的战争罪难以根据我国刑法进行定罪。我们或许可以将战争罪中的杀人、伤害、强奸等按照故意杀人罪、故意伤害罪、强奸罪定罪；

甚至,我们也可以非常牵强地将使用毒气作战认定为"投放危险物质罪"、将强迫绝育认定为"故意伤害罪";但是,我们用什么罪名去给使用违禁武器比如大规模杀伤性武器作战的行为、强迫怀孕的行为、宣告决不纳降的行为、不当使用休战旗以及各种特殊标志的行为、强迫在敌国部队服役的行为、非法驱逐出境以及迁移平民的行为甚至性奴役的行为定罪呢? 而这些行为早已被习惯国际法、被绝大多数文明国家承认为战争罪行,也被我国缔结的《日内瓦公约》所禁止。

第四,"替代论"的观点不利于强化我国的刑事管辖权。刑事管辖权在通常情况下是一个国家主权的重要组成部分,绝大多数国家都希望自己制定的刑法适用范围越宽越好,因此,光有属地管辖原则是不够的,还要有属人管辖、保护管辖甚至普遍管辖原则等等来加以补充。《国际刑事法院规约》正是基于这一点而规定了补充管辖原则,充分尊重了各国的主权。它规定,如果对案件具有管辖权的国家正在对该案件进行调查或者起诉,国际刑事法院就不能受理该案;但是,如果该国"不愿意或者不能够切实进行调查或者起诉"时,国际刑事法院将行使管辖权。因此,如果一个国家的国内法律不能恰当地惩罚战争罪犯,将有可能被国际刑事法院视为"不能够"或者"不愿意"管辖而对相关罪行行使管辖权。许多国家,无论是否批准《国际刑事法院规约》,正是看到了这一点,于是纷纷完善国内立法,尽量将《规约》规定的国际犯罪纳入国内刑法调整的范畴,目的就是要充分利用"补充管辖原则"这一优惠政策,避免本国公民以及发生在本国领域的行为受到国际刑事法院的审判。那么,我们有什么理由不完善国内刑事立法,使其能够更好地管辖战争罪等国际犯罪,也享受补充管辖原则的这种好处呢?

因此,完善我国刑法,使其全面规定国际法上的战争罪,是非常必要的。

(四)中国刑法规定战争罪的具体模式设想

1. 在刑法分则中增设一章专门规定战争罪等国际核心罪行

我国的刑事立法具有一个明显的特征,即以少量单行刑法辅以一部统一的刑法典来规定犯罪。而从近年来的情况看,立法者更倾向于通过刑法修正案的形式来修改刑法而不再制定单行刑法,这样使刑法典的综合性质更加突出。又比如,我国刑法把军事犯罪也纳入刑法典中,更能体现这一特征。因为世界各国基本上都是单独对军事犯罪进行立法,无论是大陆法系国家还是英美法系国家都是如此。因此,考虑到我国刑法立法的这一传统特征,我国宜在刑法典的内部来规定包括战争罪在内的国际核心罪行而不必另外制定专门的法典。

这一模式还有许多好处,例如:(1)有利于法官适用法律。总体来看,我国的司法工作人员对我国缔结的国际条约还比较陌生,对国际刑法规范还欠缺必要的了解,要求他们既熟练地掌握我国的刑法典,又精通国际条约暂时还不现实。(2)采用重新制定战争罪等国际核心罪行于刑法典内部的模式,我国可以在不违背国际条约基本原则的情况下,根据本国的具体情况选择、设置战争罪等国际核心罪行的罪状。我国有自己的特殊国情,对于某些被国际条约禁止的行为,暂时还不宜规定为犯罪,因此如果不加选择地全部承认所有国际核心罪行都在我国是犯罪的话,必然存在与我国国情的冲突。(3)有利于战争罪等国际核心罪行与国内犯罪在刑法基本理论上的协调统一。我国刑法理论与立法基本上属于大陆法系的传统,它与国际刑法在犯罪形态如共犯、罪数理论等方面都存在差异,将国际核心罪行规定于刑法典内部,使其接受刑法总则的指导和约束,可以保证所有犯罪在我国都适用同样的原则。(4)有利于扩大国际犯罪在我国的影响,更易于学习、研究、完善国际刑法及其理论。

2. 以"危害人类和平与安全罪"为章名

不同类别的国际核心罪行之间具有共通性,都以危害全人类的和平与安全为特征,并且它们往往也发生于特定背景之下(如武装冲突、暴乱或者其他紧急情况)。因此,这一章的名称宜定为"危害人类和平与安全罪"。

除此之外,"危害人类和平与安全罪"这一名称有其特定的历史背景。二战后,国际社会一直试图在联合国的框架之内制定一个惩治国际核心罪行的国际公约。因此,联合国国际法委员会在1951年就通过了一部《危害人类和平及安全治罪法草案》,该草案在后来许多次会议中都被修改、讨论过。另一方面,国际社会自一战以后就一直想建立一个常设性的国际刑事审判机构,来审判犯有国际核心罪行的人。开始,人们是分开来讨论《危害人类和平及安全治罪法草案》与如何设立这样的常设机构的。因此,国际法委员会继1994年提出《国际刑事法院规约》草案之后,1996年还对《危害人类和平及安全治罪法草案》进行过修订。但后来人们将这两项工作统一起来了,认为应当在

《国际刑事法院规约》中来规定《危害人类和平及安全治罪法草案》的实体内容。于是,国际社会此后就只研究《国际刑事法院规约》的内容了。从这一背景我们可以得知,"危害人类和平与安全罪"试图惩治的犯罪恰好就是战争罪、种族灭绝罪和危害人类罪这些核心罪行。因此,"危害人类和平与安全罪"这一名称是对这些犯罪的最好概括。

3. 现有国际核心罪行的调整

前文已述,我国刑法已经规定了两个具体的战争罪,即虐待俘虏罪与战时残害居民、掠夺居民财物罪。笔者认为,在今后修改刑法时,可以将这两个犯罪从"军人违反职责罪"中剔除而纳入"危害人类和平与安全罪"一章中。原因有两点:(1)我国刑法对这两个犯罪的犯罪主体作了并不合理的限制,只能由军人才可以构成,但是,根据国际刑法理论与实践,只要是与武装冲突有联系的人,都可以实施这两种罪行。(2)从本质上说,即使是军人构成虐待俘虏罪和战时残害居民、掠夺居民财物罪,也不全是其违反职责的行为。因为"违反职责罪"属于职务犯罪,而职务犯罪不仅只是看行为人是否具备某种特殊身份,更应当看行为本身是否利用职务便利,但事实上,不具有看管战俘职责的军人也可以虐待战俘,而残害无辜居民、掠夺居民的财物,也不是必须与军人的职务相关。

论酷刑作为战争罪

郭 阳[*]

战争罪是严重违反国际人道法并产生个人刑事责任的行为,是国际法上的核心罪行(core crimes)之一。① 它涵盖了国际公约和国际习惯中许多被禁止的行为。第一次通过条约形式对战争罪予以明确界定的是 1945 年 8 月同盟国(美国、法国、英国和苏联)签署的建立国际军事审判庭的《伦敦协议》及其附件,②此后构成国际人道法基石的 1949 年四个《日内瓦公约》及其附加议定书也详细列举了战争罪的具体表现形式,奠定了战争罪概念的基础。随后建立的前南斯拉夫和卢旺达两个特设国际刑事法庭又在实践中丰富和发展了战争罪的概念。前南国际刑庭认为战争罪应当符合以下四个条件:(1)必须违反国际人道法规则;(2)该国际人道法规则的渊源为习惯法或可适用的条约;(3)行为性质恶劣,触犯了保护国际社会重要价值的规则,并给受害人造成严重的后果;(4)根据条约或习惯法,该行为将导致个人刑事责任。这是前南斯拉夫国际刑事法庭上诉庭在"塔迪奇"案中的阐释。③ 战争罪是一个类,包括多种表现形式,国际刑庭在实践中并非仅以"战争罪"进行定罪量刑。

---

* 郭阳,红十字国际委员会东亚地区代表处法律官员。本文仅反映作者个人观点。

① 国际人道法是适用于国际性或非国际性武装冲突的国际法规则,它以保护没有参加或不再参加敌对行动的人员以及限制作战的手段和方法为核心内容。按照红十字国际委员会的定义,国际人道法系指出于人道原因,限制武装冲突之后果的规则的总称。国际人道法保护未参与或不再参与敌对行动的人员,并且限制作战手段和方法的使用。国际人道法也被称为战争法或武装冲突法。

② 战争罪:即违反战争法规或惯例。此种违反包括但不限于谋杀、为奴役或为任何其他目的而虐待或放逐占领地平民、谋杀或虐待战俘或海上人员、杀害人质、掠夺公私财产、毁灭城镇或乡村、或非基于军事必要的破坏。(《国际军事法庭宪章》第 6 条)

③ See Prosecutor v. Dusko Tadic (Jurisdiction), Case No. IT-94-1-AR72, 2 October 1995, para. 94.

酷刑作为战争罪的重要表现形式之一，第二次世界大战结束之后得到了国际社会的普遍重视。四个《日内瓦公约》及两个附加议定书均明确规定禁止酷刑。① 在对《日内瓦公约》的评注中，酷刑被定义为"对一个人施加痛苦，以从该人或他人处获取供状或情报"。② 特设国际刑庭赋予了酷刑更为宽泛的含义。1998 年《国际刑事法院规约》进一步发展了该定义并在其《犯罪要件》中进行了具体界定。本文将通过对上述公约、规约以及特设国际刑庭判例的分析，阐明作为战争罪的酷刑的发展脉络及其构成要素。

一、酷刑的一般定义

酷刑是国际人道法和国际人权法共同调整的对象。而且国际人权法关于禁止酷刑的规定是不可克减的，即使在战争或武装冲突时也必须被尊重和遵守。③ 因此酷刑的定义是一般性的。

《日内瓦公约》并没有对酷刑作出定义，前南国际刑庭也承认这一点。④在对《日内瓦公约》的评注中，让·皮克泰给出的原因是该概念"足够清楚，因此无须赘述"。⑤ 真正被国际社会普遍接受的酷刑定义源自 1984 年 12 月 10 日联合国大会通过的《禁止酷刑和其他残忍、不人道或有辱人格的待遇或处罚公约》(《禁止酷刑公约》)，其第 1 条第一款规定："为本公约的目的，酷刑是指为了向某人或第三者取得情报或供状，为了他或第三者所作或涉嫌的行为对他加以处罚，或为了恐吓或威胁他或第三者，或为了基于任何一种歧视的任

---

① 《日内瓦第一公约》第 50 条、《日内瓦第二公约》第 51 条、《日内瓦第三公约》第 130 条和《日内瓦第四公约》第 147 条、《第一附加议定书》第 75 条、《第二附加议定书》第 4 条以及关于非国际性武装冲突的共同第 3 条。

② See J. Pictet, *Commentary on the Geneva Convention relative to the Protection of Civilian Persons in Time of War*, ICRC, Geneva, 1958, p. 598.

③ 《公民权利和政治权利国际公约》第 4 条；《欧洲人权公约》第 15 条；《美洲人权公约》第 27 条；《禁止酷刑和其他残忍、不人道或有辱人格的待遇或处罚公约》第 2 条第二款。

④ See *The Prosecutor v. Furundžija*, ICTY Trial Chamber, Judgement, 10 December 1998, IT-95-17/1-T, para. 159.

⑤ See J. Pictet, *Commentary on the Geneva Convention for the Amelioration of the Condition of the Wounded and Sick in Armed Forces in the Field*, ICRC, Geneva, 1952. p. 372.

何理由,蓄意使某人在肉体或精神上遭受剧烈疼痛或痛苦的任何行为,而这种疼痛或痛苦是公职人员或以官方身份行使职权的其他人所造成或在其唆使、同意默许下造成的。纯因法律制裁而引起或法律制裁所固有或附带的疼痛或痛苦不包括在内。"尽管《禁止酷刑公约》被视为一个国际人权条约,但前南国际刑庭认为该定义反映了国际习惯法,因为它涵盖了《禁止酷刑宣言》和《美洲防止和惩治酷刑公约》的定义,且该习惯法应构成国际人道法的一部分。①该定义经常作为认定酷刑的一般标准而被各种机构普遍援引。据此定义,酷刑包含四个要素:(1)意图;(2)造成肉体或精神上的剧烈疼痛或痛苦;(3)为了一定目的,如惩罚、情报、供状、恐吓、威胁或基于任何一种歧视的任何理由;(4)由官方身份行使职权的人或在其教唆下造成的。②

由此可见,酷刑不仅是具有官方身份的人实施的一项故意的行为,还必须满足特定的目的或基于任何一种歧视的理由。但上述定义对目的要素的列举并非穷尽式的。前南国际刑庭就认为公约列举的不同目的仅应视作代表性列举。③尽管卢旺达国际刑庭曾经使用的"为了下列一个或多个目的"一语似乎暗示了这是一个穷尽式的列举,④但在"穆塞马案"的判决中,该法庭仍然坚持了《禁止酷刑公约》构成非穷尽式列举的立场。⑤《罗马规约》的《犯罪要件》也采

---

① See *The Prosecutor v. Zejnil Delalic and others*, ICTY Trial Chamber, Judgement, 16 November 1998, IT-96-21-T, para. 459.《保护人人不受酷刑和其他残忍、不人道或有辱人格待遇或处罚宣言》第1条规定:"(1)为本宣言目的,酷刑是指政府官员、或在他怂恿之下,对一个人故意施加的任何使他在肉体上或精神上极度痛苦或苦难,以谋从他或第三者取得情报或供状,或对他做过的或涉嫌做过的事加以处罚,或对他或别的人施加恐吓的行为。按照因犯待遇最低限度标准规则施行合法处罚而引起的、必然产生的或随之而来的痛苦或苦难不在此列。(2)酷刑是过分严厉的、故意施加的、残忍、不人道或有辱人格的待遇或处罚。"《美洲防止和惩治酷刑公约》第2条规定:"为本公约的目的,酷刑应被理解为了刑事调查的目的、作为恐吓的手段、作为处罚、作为预防措施、作为刑罚或为了其他任何目的而造成一个人身体或精神疼痛或痛苦的任何故意实施的行为。酷刑还应被理解为对一个人使用意图消除受害者的人格或减损其身体或精神能力的方法,即使这些方法没有造成身体疼痛或者精神痛苦。酷刑的概念不应包括合法措施的后果所固有的或是其唯一后果的肉体或精神疼痛或痛苦,倘若没有实施本条提到的行为或使用本条提到的方法。"

② See Cordula Droege, "*In truth theleitmotiv*": *the Prohibition of Tortureand Other Forms of Ill-treatment in International Humanitarian Law*, IRRC, no. 867, p. 525.

③ See *The Prosecutor v. Zejnil Delalic and others*, ICTY Trial Chamber, Judgement, 16 November 1998, IT-96-21-T, para. 470.

④ See *The Prosecutor v. Jean Paul Akayesu*, ICTR Trial Chamber, Judgement, ICTR-96-4, para. 594.

⑤ See *The Prosecutor v. Alfred Musema*, ICTR Trial Chamber, Judgement, ICTR-96-13, para. 285.

用了非穷尽列举的方式。① 尽管如此,构成酷刑的特定目的也不是无限制的,它必须具有"与明确列举的目的一样的一些特点"。② 不过,前南国际刑庭也强调,酷刑并不需要"以造成剧烈疼痛或痛苦为唯一的或者主要的目的"。③

二、构成战争罪的酷刑

构成战争罪的酷刑行为必须与武装冲突有关以及受害者必须是国际人道法下的被保护人。

(一)与武装冲突有关

前南国际刑庭最初根据《禁止酷刑公约》对酷刑的构成要件加以界定,即(1)有关作为或不作为导致了严重的身体或精神痛苦;(2)上述痛苦是故意施加的;(3)施加上述痛苦的目的是从受害人或他人处获得情况或供述、迫使受害人或他人从事某项行为、恐吓受害人或他人或基于任何歧视的原因;(4)上述行为必须得到官员或以官员身份行事的人员的授意、同意或默许。④ 之后在另一判决中又增加了"与武装冲突有关"的要件。⑤因此,审判庭认为构成武装冲突中酷刑的要件要求酷刑必须:

"1. 通过作为或不作为造成剧烈的疼痛或痛苦,无论是肉体上的还是精神上的;

2. 该作为或不作为必须是故意的;

3. 其目的是为了取得情报或供状,或者处罚、恐吓、侮辱或胁迫受害者

---

① 参见《罗马规约》第8条第二款第1项第2目和第8条第二款第3项第1目的犯罪要件。

② See J. Herman Burger and Hans Danelius, *The United Nations Convention against Torture: A Handbook on the Convention against Torture and Other Cruel, Inhuman or Degrading Treatment or Punishment*, Martinus Nijhoff, The Hague 1988, p. 118.

③ See *Prosecutor v. Kvocka and Others*, ICTY Appeals Chamber, Judgement, 28 February 2005, IT-98-30/1-A, para. 153.

④ See *The Prosecutor v. Zejnil Delalic and others*, ICTY Trial Chamber, Judgement, 16 November 1998, IT-96-21-T, para. 494.

⑤ See *The Prosecutor v. Furundžija*, ICTY Trial Chamber, Judgement, 10 December 1998, IT-95-17/1-T, para. 162.

或第三人；或者基于任何理由歧视受害者或第三人；

　　4. 该行为必须与武装冲突有关；

　　5. 在实施酷刑的人中至少有一人必须是官员或至少以非私人身份行事的人员，譬如一个事实上的国家机关或其他任何拥有官方职权的实体。"

　　根据前南国际刑庭的判例，战争罪必须发生"在（武装冲突）背景之下并与之有关"（in the context of and associated with）。①

　　国际法对武装冲突没有统一和明确的定义。根据《日内瓦公约》及其议定书，②国际人道法只认可两种武装冲突，即国家之间的武装冲突和政府军与非政府武装团体之间或非政府武装团体之间的武装冲突。据此，红十字国际委员会及部分专家认为，无论冲突的原因及程度，只要数国兵戎相见，便形成国际性武装冲突。③ 对于非国际性武装冲突，国际人道法区分两种情形：（1）《日内瓦公约》共同第三条所规定的非国际性武装冲突。该条并没有定义非国际性武装冲突。国际刑庭的判例为了区分非国际性武装冲突和内部动乱、暴动等，对非国际性武装冲突的判断适用下述标准：首先，冲突应当具有最起码的强度，如敌对行动具有群体性、政府被迫动用军队而非警察部队等；其次，非政府武装团体应当可以被视为"冲突的一方"，即该团体拥有有组织的武装力量，有一定的组织和指挥体系并有能力进行持续的军事行动。④ （2）《第二附加议定书》规定的非国际性武装冲突。该议定书只适用于政府军和反政府集团的武装对抗，要求反政府集团控制一定的领土和具有一定的指挥体系，以保证其能够开展持续和协调性的军事行动并执行议定书。

　　前南刑庭试图给武装冲突作出一个统一的定义：当国家之间诉诸武力，或者一国之内的政府与有组织的武装团体以及此类武装团体之间长时间的暴力

---

　　① See Knut Dörman, *Elements of War Crimes under the Rome Statute of the International Criminal Court: Sources and Commentary*, ICRC/Cambridge, 2003, pp. 17–22.

　　② 相关条款：《日内瓦公约》共同第 2 条、第 3 条, 1977 年《第一附加议定书》第 1 条和 1977 年《第二附加议定书》第 1 条。

　　③ See J. Pictet, *Commentary on the Geneva Convention for the Amelioration of the Condition of the Wounded and Sick in Armed Forces in the Field*. ICRC, Geneva, 1952, p. 32. 应当注意的是，《日内瓦公约》1977 年第一附加议定书将民族解放战争（即为行使自决权而展开的反殖民统治、外国占领和种族政权的斗争）也定性为国际性武装冲突。（第 1 条第四款）

　　④ 对此标准的具体分析，见 ICTY, *The Prosecutor v. Fatmir Limaj*, Judgement, IT–03–66–T, 30 November 2005, paras. 94–134, 135–170。

对抗,即构成武装冲突的情势。① 该定义一直被普遍遵循。

综上所述,国际人道法关于武装冲突的定义可归纳为:(1)国际性武装冲突是指数个国家诉诸武力的情形;(2)非国际性武装冲突是指政府军和武装团体之间或武装团体之间长时间的武装对抗。这种对抗应当具有一定的强度并且卷入战斗的武装团体应具有一定的组织性。②

追究战争罪责时,控方不需证明行为人对武装冲突的存在及性质有法律的认识和判断,而只需证明行为人知晓构成武装冲突的事实情况即可。③

(二)被保护人

战争罪的受害人必须是敌方的军人或平民,针对己方或友方的军人或平民所实施的犯罪不构成战争罪。④ 受害必须属于"受保护的人"。根据《日内瓦公约》及第一议定书,⑤在国际性武装冲突中,"受保护的人"包括冲突方武装部队成员、获准伴随武装部队但不构成其正式成员的人员、冲突各方商船船员和民航飞机上的工作人员以及临时组织起来的反抗侵略的义军。还包括处于占领国或非其国籍国的冲突方控制下的平民,以及难民和无国籍人。在非国际性武装冲突中,有关条约虽然没有直接使用"受保护的人"的概念,但根据《日内瓦公约》共同第三条及其第二附加议定书第 4 条和《罗马规约》第 8 条第二款(3)项,没有参加或不再参加敌对行动的人员可纳入"受保护的人"的范畴。

"受保护的物体"主要指民用物体、文化财产及军队医疗设备等。一些涉及作战手段和方法的战争罪,如使用非法武器进行攻击等,无须以受保护的人为犯罪要素。

---

① See ICTY, *The Prosecutor v. Dusko Tadic*, *Decision on the Defence Motion for Interlocutory Appeal on Jurisdiction*, IT-94-1-A, 2 October 1995, para. 70.

② See *How is the Term "Armed Conflict" Defined in International Humanitarian Law？* ICRC Opinion Paper, March 2008.

③ See *International Criminal Court*, *Elements of Crimes*, UN Doc. PCNICC/2000/1/Add. (2000), p. 9.

④ See Antonio Cassese, *International Criminal Law*, Oxford University Press, 2003, p. 48.

⑤ 《日内瓦第一公约》和《日内瓦第二公约》第 13 条,《日内瓦第三公约》和《日内瓦第四公约》第 4 条。《日内瓦公约第一议定书》第 44、45、73 和 85 条。

同样,追究罪责时控方不需证明行为人对"受保护的人"有法律上的认识和判断,而只需证明行为人知晓有关构成"受保护的人"的事实情况即可。①

三、构成战争罪之酷刑定义的扩张——
由特设刑庭到国际刑事法院

《日内瓦公约》及其附加议定书仅对国际性武装冲突中的战争罪作了界定。适用于非国际性武装冲突的共同第三条虽然明确禁止酷刑,但没有建立刑事处罚制度。② 因此,构成战争罪的酷刑最初被局限在行为人必须是官员或者以官方身份行事,这与国际性武装冲突的特征紧密相联。由于安理会只授权前南刑庭审判国际性武装冲突中的罪行,刑庭的判例在定义酷刑时一般均将官方身份作为构成要件之一。但在"塔迪奇"案中,刑庭认为前南冲突兼具国际性和国内性,刑庭因而有权审理在上述两种情形中违反人道法的行为。③ 非国际性武装冲突中的酷刑开始进入刑庭视野。其实施人往往是非国家团体的成员,显然不符合战争罪中酷刑的构成条件。"德拉利奇案"对此作出了解释:"传统上,酷刑行为必须由官员或者以官方身份行事的人实施或得到他们的授意、同意或默许。但在国际人道法的语境之下,官方身份的要求必须被解释为包括武装冲突中非国家一方的官员,以使禁止酷刑在涉及某些非国家实体的国内武装冲突或国际性武装冲突的情况下仍保有其重要性。"④在

---

① See *International Criminal Court*, *Elements of Crimes*, UN Doc. PCNICC/2000/1/Add. (2000), p. 9.

② 在"尼加拉瓜的军事与准军事行动案"中,国际法院认为1949年《日内瓦公约》的共同第一条,即要求缔约国尊重公约并保证公约被尊重,同样适用于受共同第三条规制的武装冲突。共同第一条施加的义务可包括对违反行为的刑事制裁,详见:*Nicaragua v. United States*, Merits, I. C. J. Reports 1986, p. 220.

③ 在"塔迪奇"案中,上诉庭得出的结论是,"在前南斯拉夫境内发生的冲突兼具国内性和国际性的特点,安理会成员国在通过法庭规约时清楚地考虑了这两个方面,而且它们打算授权国际刑庭审理并判决在二者中任何一种情况下发生的违反人道法的行为。"详见:*Prosecutor v. Dusko Tadic* (*Jurisdiction*), Case No. IT-94-1-AR72, 2 October 1995, paras. 74-78.

④ See *The Prosecutor v. Zejnil Delalic and others*, ICTY Trial Chamber, Judgement, 16 November 1998, IT-96-21-T, para. 473.

"库那拉奇案"中,法庭则更为明确地表示:"在酷刑过程中国家官员或任何其他拥有相应职权的人的存在不是将某项行为视为国际人道法下的酷刑的必要条件。"①

这一主张体现了扩大构成战争罪的酷刑范围的趋势,可以说软化了《禁止酷刑公约》中酷刑的定义,尽管该定义已经被法庭认为构成习惯法。② 在国际刑事法院的筹备会议上,绝大多数国家的代表团都认为要求酷刑行为人必须具备官方身份会给战争罪的认定带来很大限制,尤其是在涉及叛乱团体的非国际性武装冲突下。③

前南刑庭此前已在习惯法的基础上发展了非国际性武装冲突中战争罪的概念。④ 安理会授权卢旺达刑庭审理违反《日内瓦公约》第 3 条和《第二附加议定书》的行为,而无论"有关国际文书是否具有习惯法性质和在习惯法上导致个人责任"。⑤ 前南刑庭确认了在国内武装冲突中存在着战争罪习惯法,肯定了《卢旺达刑庭规约》对国际人道法的发展。这也得到了《罗马规约》的确认。《罗马规约》不仅将严重违反《日内瓦公约》共同第三条和部分违反《第二议定书》的行为,定性为战争罪,而且将以往认为只有在国际性武装冲突中才予以适用的战争法规与惯例也纳入了非国际性武装冲突中的战争罪。这明确了"国际法既定范围内"的非国际性武装冲突中的战争罪,⑥表明其习惯法性质。

这样,非国际性武装冲突中的酷刑被正式纳入战争罪的范畴。事实上,《罗马规约》主要重复了《日内瓦公约》共同第三条的规定,只是措施有些许变动。《日内瓦公约》及其评注并没有对这种情况下的酷刑作出具体的界定和

---

① See *The Prosecutor v. Dragoljub Kunarac and Others*, ICTY Trial Chamber, Judgement, 22 February 2001, IT-96-23-T&IT-96-23/1-T, para. 496.

② See Knut Dörmann (eds.), *Elements of War Crimes under the Rome Statute of the International Criminal Court: Sources and Commentary*, Cambridge University Press, 2003, p. 45.

③ Ibid, p. 46.

④ *Prosecutor v. Dusko Tadic (Jurisdiction)*, Case No. IT-94-1-AR72, 2 October 1995, paras. 86-93.

⑤ See Report of the Secretary-General pursuant to Paragraph 5 of Security Council Resolution 955 (1994), UN Doc. S/1995134, para. 12.

⑥ 《罗马规约》第 8 条第二款第 5 目。

阐述,这一方面是因为缔约国认为这些行为已经在公众意识中形成了共识,①另一方面,公约只设定禁止这些行为的义务,对禁止行为具体的界定则交由缔约国国内法来处理。可见,《罗马规约》确认了违反共同第三条关于禁止酷刑规定的犯罪性质,而其《犯罪要件》则丰富和发展了共同第三条关于禁止酷刑的内容。

除了战争罪,《罗马规约》第7条还从危害人类罪的角度对酷刑进行了定义:即作为广泛或有系统地针对任何平民人口进行的攻击的一部分,"酷刑是指故意致使在被告羁押或控制下的人的身体或精神遭受重大痛苦……"②这一定义较之《禁止酷刑公约》和前南刑庭的判例更为宽泛,其构成要件既不需要具有特定的目的,也不需要官员或具有官员身份人员的参与。最后作为折中方案,构成国际性武装冲突中战争罪的酷刑也放弃了官方参与的要件。

四、构成战争罪之酷刑的其他要素

除了目的要求和官方身份要求③外,构成战争罪的酷刑还包括其他要素。

首先,酷刑行为必须是故意的作为或者不作为。④ 即主观上具有追求酷刑实施的意图,无论是主动进行还是受人唆使。负有法定义务但未尽此义务也可能构成不作为的酷刑。欧洲人权委员会在"丹麦等国诉希腊案"中认为:"希腊政府没有给囚犯提供食物、水、暖气以及适当的洗漱设施、服装、医疗和牙齿护理……构成酷刑。"⑤酷刑可能是通过单一行为来实施,也可能是数个行为结合或累积的结果。

其次,酷刑造成了受害人剧烈的身体疼痛或精神痛苦。疼痛或痛苦的严重程度与目的要求共同构成了区分酷刑和其他不人道待遇的要素,这一点已

---

① See J. Pictet, *Commentary on the Geneva Convention for the Amelioration of the Condition of the Wounded and Sick in Armed Forces in the Field*, ICRC, Geneva, 1952. pp. 54–56.

② 《罗马规约》第7条第二款第5目。

③ 如上文所述,官方身份要求已被《罗马规约》放弃。

④ See *The Prosecutor v. Dragoljub Kunarac and Others*, ICTY Trial Chamber, Judgement, 22 February 2001, IT–96–23–T&IT–96–23/1–T, para. 497.

⑤ Op. Com. , 5 November 1969, Greek case, YB XII(1969), p. 1.

为前南刑庭所肯定。① 《日内瓦公约》规定了三种形式的不人道待遇,即酷刑、虐待和损害个人尊严,其中造成酷刑的身体疼痛或精神痛苦的严重程度要高于虐待和损害个人尊严。前南刑庭和《罗马规约》都要求这种疼痛或痛苦达到"剧烈"(severe)的程度。这也被许多人权机构采纳。欧洲人权法院在"爱尔兰诉英国案"中就假定酷刑是一种"能造成非常严重和残酷的痛苦的蓄意的非人道待遇"。② 美洲人权委员会和美洲人权法院同样也要求酷刑要比虐待和损害个人尊严具有更高的疼痛或痛苦程度。③

但国际判例和公约都没有给出"剧烈"的确定标准。前南刑庭认为,判断身体疼痛或精神痛苦的严重程度是"一个事实问题,需要逐案确定",并且应当"考虑该案件中的所有情况"。④ 欧洲人权法院也认为,疼痛或痛苦的严重程度"从性质上说是相对的,它依赖于个案中的所有情况,譬如待遇持续时间的长短和方式、对身体或精神造成的影响以及受害者的性别、年龄和健康状况等等"。⑤ 总之,对剧烈的身体疼痛和精神痛苦进行评估时,个案的所有情况都必须予以考虑,例如行为实施的环境和持续时间、受害人的精神健康或意志力、文化信仰和敏感度以及性别、年龄、社会或政治背景和过去的经历等等。"在某些情况下,痛苦可能会因为社会和文化环境而加剧,因此当评估被指控行为的严重程度时,该评价应当考虑受害者具体的社会、文化和宗教背景"。⑥

当一些行为必然意味着剧烈疼痛或痛苦时,它们实质上就满足了酷刑的要求,而不需要进行特别的评估。卢旺达刑庭曾非穷尽式地列举此类例子,如以生命威胁的方式讯问受害人、强奸和性侵犯等。⑦ 另外,《禁止酷刑公约》规

① *The Prosecutor v. Dragoljub Kunarac and Others*, ICTY Trial Chamber, Judgement, 22 February 2001, IT-96-23-T&IT-96-23/1-T, para. 142.

② ECtHR, *Ireland v. UK*, Publications of the European Court of Human Rights, Series A: Judgments and Decisions, vol. 25, p. 66.

③ IACtHR, *Caesar v. Trinidad and Tobago*, Judgment of 11 March 2005, Series C, No. 13, paras. 50, 68, 87.

④ *The Prosecutor v. Limaj and Others*, ICTY Trial Chamber, Judgement, 30 November 2005, IT-03-66-T, para. 232.

⑤ ECtHR, *Selmouni v. France*, Judgment of 28 July 1999, Reports of Judgments and Decisions, 1999-V, para. 100.

⑥ *The Prosecutor v. Limaj and Others*, ICTY Trial Chamber, Judgement, 30 November 2005, IT-03-66-T, para. 237.

⑦ *The Prosecutor v. Jean Paul Akayesu*, ICTR Trial Chamber, Judgement, ICTR-96-4, paras. 597, 682.

定纯因法律制裁而引起或法律制裁所固有或附带的疼痛或痛苦不构成酷刑，前南刑庭并没有对这一点作出过任何评论。这类行为能否构成战争罪是不明确的。

五、结　语

人道待遇原则是国际人道法的核心原则，构成《日内瓦公约》"切实的主旨"。[①] 而禁止酷刑则是人道待遇原则最核心的内容。任何时候均不得克减。在战争或武装冲突中发生的酷刑将构成战争罪。酷刑问题得到了国际人道法和国际人权法的共同关注，而关于酷刑的界定，两个法律分支也在相互影响。从《日内瓦公约》规定禁止酷刑开始，特设刑庭的实践就一直在发展酷刑的定义，并最终将这种发展体现在《罗马规约》中。

如同《前南刑庭规约》和《卢旺达刑庭规约》，《罗马规约》在两个法律渊源上构筑了战争罪：一是《日内瓦公约》；二是一般性的国际人道法规及惯例，《日内瓦公约》的两个附加议定书在此范围内被不同程度地吸纳。《罗马规约》从国际性和非国际性两方面对战争罪进行了全面界定，特别是通过其《犯罪要件》丰富和明确了严重破坏《日内瓦公约》行为的内容，为《日内瓦公约》缔约国[②]执行公约提供了指南。这一点在酷刑问题上体现得尤为明显。

构成战争罪的酷刑是我们通常所强调的酷刑的一部分，它有着自己独特的构成要素。在这方面，《罗马规约》的《犯罪要件》关于酷刑的界定是集大成者。但《罗马规约》并不是唯一处理酷刑问题的国际条约，因此，规约的有关规定应当与其第10条一起解读，即规约"……的任何规定不得解释为限制或损害现有或发展中的国际法规则"。除条约外，国际刑事司法机构的判例同样是构成战争罪的酷刑的定义得以发展的重要途径。

---

① J. Pictet, *Commentary on the Geneva Convention relative to the Protection of Civilian Persons in Time of War*, ICRC, Geneva, 1958, p. 204.

② 《日内瓦公约》缔约国数量于2006年增至194个，成为一个被国际社会普遍接受的公约。

柬埔寨特别法庭中的受害人参与制度

张膑心[*]

自联合国安理会设立的两个特设国际刑事法庭,即前南斯拉夫国际刑事法庭和卢旺达的国际刑事法庭开始工作以来,国际刑法的理论和实践都有了长足的进展。纽伦堡审判所确定的一些国际刑法的基本原则在沉寂了近半个世纪以后重新得到了应用和发展。但前南和卢旺达国际刑庭实践却受到了很多批评,包括对受害者的利益关注不够,对法庭管辖权内犯罪所直接影响的社会的重建贡献不够。这直接导致国际社会对刑事司法程序所应达到的价值目标的重新思考,掀起了要求国际刑事司法程序更多地关注犯罪的直接受害者和直接受影响的国家和社会、实现所谓"恢复性正义"的一场国际运动。受这种思潮的影响,签订于 1998 年的《国际刑事法院规约》(《罗马规约》)第一次在国际刑事司法程序中纳入了受害人参与制度。

为了更好地实现恢复性正义的目标,国际社会在前南和卢旺达国际刑事法庭之后更多地尝试设立"混合性"的法庭来审判国际罪行。混合性法庭具有更多的内国性,他们多半位于犯罪发生地国,并有着更高的当地参与度。除了政治上的考量之外,这种尝试亦反映了通过刑事司法程序更好地促进当地社会法治和秩序的重建、更多地顾及受害者利益的需要。而柬埔寨特别法庭即是一个混合法庭。[①]

---

[*] 张膑心,厦门大学法学院博士后,法学博士。

[①] Extraordinary Chambers in the Courts of Cambodia(ECCC),是由联合国和柬埔寨王国政府通过协议成立的一个混合法庭。法庭设立的目的是审判原民主柬埔寨政权在 1975 年 4 月 17 日到 1979 年 1 月 6 日期间在柬埔寨犯下的罪行。据法庭官方网站的数据,在这近四年时间里,死于政权高压统治的柬埔寨人将近三百万人。法庭对于原民主柬埔寨的高级领导人以及对所涉犯罪负有主要责任的人有管辖权,法庭管辖的犯罪包括了战争罪、反人道罪、种族灭绝罪等国际罪行。

柬埔寨特别法庭在受害者参与制度上有其特别之处,在国际刑法领域引起了广泛的关注。对柬埔寨特别法庭制度和实践的考察,对于国际刑事司法程序中受害人参与制度的走向具有重要的意义。

本文将通过对柬埔寨特别法庭审理的第一个案件——康克由案(Duch case)中受害人参与制度实施情况的分析,讨论受害人的广泛参与带来的问题和关切,并论证将受害人的参与权限定在极小范围内的必要性。[①] 需要指出的是,在康克由案之后,柬埔寨特别法庭总结该案的一些经验教训,对该法庭的内部程序规则进行了修改,目前实施的程序规则已经不同于康克由案的规则。但是,对康克由案的考察仍然是有必要的。一是因为程序规则的修改只是改动了一些操作层面的具体规定,受害人参与制度的基本理念和原则并没有更改;二是因为目前柬埔寨特别法庭第二个案件的审判还没有正式开始,规则修改部分如何适用、是否能达到其所预期的效果还是未知数,对康克由案的分析仍然能为法庭以后的运转,以及其他国际刑事司法机构中受害人参与制度的运转提供借鉴。

一、受害人参与的源起和价值追求

1.《罗马规约》制定前的受害人参与情况

在国际刑事司法的第一次尝试——纽伦堡审判时,受害人几乎完全被忽视。一方面,纳粹德国留下了关于整个战争的完整的档案记录,审判很大程度上都建立在这些档案文件的基础上。根据纽伦堡的检察官之一本杰明·弗伦茨(Benjamin B. Ferencz)所说,"绝大部分的案件都不是通过证人作证"来判定事实,而是"主要建立在德国的文件证据之上"。[②] 受害人"无需"参与审判程序。另一方面,法庭完全没有帮助受害人参与审判过程的任何机制,没有人告知受害人审判程序的进展情况,受害人所关心的问题——如他们的直接施

---

① 在康克由案审理过程中,笔者参与了加州伯克利大学的一个审判观察(Trial Monitoring)项目。在柬埔寨全程跟踪了该案审判过程,并撰写每周一期的审判报告。该案被告人 Duch 本名 Kaing Guek Eav,中文译作康克由。本文中所援引的 KRT Trial Monitor Report 就是笔者当时所在的审判观察小组共同撰写的。

② Yael Danieli, *Reappraising the Nuremberg Trials and Their Legacy:The Role of Victims in International Law*,27 Cardozo L. Rev. 1633,pp. 1641–1642.

暴者是否在被告名单中——得不到解答,他们甚至被不友好地对待,被告知"能幸存下来已经很幸运了"。① 据一些集中营幸存者所说,当时受害人更关心如何继续生存下去、如何找到自己失散的亲人。他们知道审判正在进行,却并不觉得审判跟自己有多大的关系。在他们眼里,"审判只是关于战争的:谁下的命令? 谁应当为战争的爆发负责?"而不是关于受害人的诉求。因此,"正义是一个遥远的概念……纽伦堡审判是非常遥远的存在,对于国际法的抽象概念也许重要,但当时跟我们个人并没有关系。"② 当时一些法庭职员已经注意到这一点,本杰明·弗伦茨就非常清楚"纽伦堡审判……在受害人的生活里没有发挥什么作用。幸存者们甚至都没有来旁听审判,旁听的多半是德国人",但他并不理解其中的原因,认为这种现象"非常奇怪"。③ 其实综合上面介绍的情况,应当说并不是受害人对审判不关心,而是没有人过问他们的关心。对于刚刚带着战争的创痛记忆幸存下来的人来说,生存是他们首要的关切,倘若审判并不涉及他们真正关心的问题,倘若法庭甚至不需要他们作证,那么他们所谓的"缺乏兴趣"也很容易理解了。

当然,纽伦堡审判是对国际罪行追究个人刑事责任的第一次尝试,将责任人付诸审判本身已经是极大的突破。此前本该对罪行负责的人往往可以躲在国家行为或者上级命令的遮掩之下逃脱罪责,因此纽伦堡的主要价值追求在于对个人刑事责任的追究,而非对受害人的抚慰或战后社会重建。半个世纪以后,随着前南和卢旺达国际刑事法庭的实践,人们才开始更多地关心受害人的问题。

与纽伦堡审判相比,在前南和卢旺达国际刑事法庭,受害人更多地以证人的身份参加到审判程序中,两法庭的规约中也都规定了对证人和受害人的保护。④ 但这仍然不是真正意义上的受害人参与。因为受害人以证人的身份参与庭审,而这尚有赖于控辩双方向法庭提出的请求,让他们作为控方证人或者辩方证人出庭作证。⑤ 也就是说,受害人是附属于控辩中的一方的,而不能以

---

① Yael Danieli, *Reappraising the Nuremberg Trials and Their Legacy: The Role of Victims in International Law*, 27 Cardozo L. Rev. 1633, p. 1643.

② Ibid, pp. 1643–1644.

③ Ibid, p. 1642.

④ 《前南国际刑事法庭规约》,第 22 条;《ICTR 规约》,第 21 条。

⑤ 同上,第 90 条。另见 John E. Ackerman & Eugene O'Sullivan, *Practice and Procedure of the International Criminal Tribunal For the Former Yugoslavia*, pp. 436–443 (2000).

自己的名义独立参与诉讼程序,受害人无法以任何形式在审判程序中表达自己的主张或者请求赔偿。赔偿的问题被留给了国内法院来加以解决。①

这种制度在实践中造成了很多关切,人们普遍认为前南和卢旺达国际刑事法庭的工作与其所管辖罪行的直接受害者之间缺乏联系。"公众不能理解审判实现了正义,因为他们没有看到正义的实现。"②批评的声音不仅来自学者,也来自官方。卢旺达驻联合国代表就曾于1999年告知联合国大会卢旺达国际刑事法庭和卢旺达公众缺乏联系,对于卢旺达的公众来说,他们并不相信法庭能"代表卢旺达人民达致正义"。③ 前南国际刑事法庭的前主席麦克当娜(McDonald)女士也曾表示前南斯拉夫的人民"除了通过歪曲的新闻报道和国家控制的宣传工具之外,通常完全不知道法庭在做什么"。她因此呼吁法庭加强与前南境内人民的交流。④ 这些问题得到了普遍的重视,并直接影响了受害人参与制度后来的发展。⑤

2. "恢复性正义"的兴起和《罗马规约》在受害人参与制度上的突破

国际犯罪常常与战争或其他大规模、系统性的人权侵犯相联系,对于试图惩罚国际犯罪的国际刑事司法程序而言,它所面对的往往是战后的一片废墟或者大规模社会动荡之后的满目疮痍,它所要应对的罪行不仅仅有数以万计的受害人,而且还往往对犯罪发生地的整个国家、地区、社会的秩序和心理造成了毁灭性的打击。对于这些罪行的受害人和犯罪发生地的社会来说,惩罚犯罪人诚然是非常重要的心理和社会需求,但人们更关心的或许是怎样实现对受害人的抚慰、怎样让整个社会从伤痛中走出来,并重建被破坏的社会和法律秩序、实现国内的和谐。出于这样的认识,越来越多的人主张刑事司法程序

---

① 前南国际刑事法庭《程序和证据规则》,第106条。

② David Donat-Cattin, *Article* 68: *Protection of Victims and Witnesses and their Participation in the Proceedings*, in Commentary on the Rome Statute of the International Criminal Court(Otto Triffterer ed. ,1999), p. 871.

③ Statement by the Representative of Rwanda to the United Nations General Assembly, U. N. GAOR, 54th Sess. ,48th mtg. at 25, U. N. Doc. A/54/PV. 48 (1999).

④ Statement by Ms. Gabrielle Kirk McDonald, President of the International Criminal Tribunal for the Former Yugoslavia to the United Nations General Assembly, U. N. GAOR, 54th Sess. ,48th mtg. at 4, U. N. Doc. A/54/PV. 48 (1999).

⑤ War Crimes Research Office, *Victim Participation Before the International Criminal Court* (2007), p. 13,见于http://www. wcl. american. edu/warcrimes/icc/icc_reports. cfm。

的目的不仅仅是惩罚性的,而且更应当是为了实现"恢复性正义",为罪行发生地的社会重建作出贡献,从而掀起了所谓"恢复性正义运动"的热潮。① 该运动的支持者们总结前南和卢旺达国际刑事法庭在实现恢复性正义方面"失败"的教训,提出了一系列帮助恢复期的转型社会重建社会秩序的制度设计,而其中就包括受害人对刑事司法程序的广泛参与。他们认为受害人的积极参与可以让他们感觉到自己在惩罚责任人方面起到一定的作用,而且给予他们表达自己意见和关心的权利可以帮助其获得心理上的补偿,②这又将对整个社会的重建与和解做出极大的贡献。③ 这有助于解决上面所提到的困扰前南和卢旺达国际刑事法庭的相关问题,如受害人和犯罪发生地国公众普遍认为庭审程序跟他们缺乏联系,以及人们不相信法庭的工作可以为他们带来正义。④

《罗马规约》正是在这种思潮的影响下,引入了受害人参与制度。⑤《罗马规约》的起草者们尤其深受《联合国关于对犯罪和滥用权力受害人之正义的基本原则宣言》(《联合国宣言》)的影响。该宣言于 1985 年由联合国大会通过。它是国际层面上第一个承认受害人有权参与到刑事司法程序中、并为他们所受的伤害请求补偿的文件。⑥ 当然,该宣言只是给出了原则性的指引,并没有规定受害人参与的具体制度。但是综观宣言的 21 条规定,它在原则上肯定了"司法和行政程序"应当考虑到受害人的需求,受害人有权得到尊重和同情,有权被告知相关司法程序的信息,有权向法庭表达他们的关心和意见。⑦ 尤其值得注意的是,宣言第 6 条规定为了使"司法和行政程序"更好地应对受

① War Crimes Research Office, *Victim Participation Before the International Criminal Court* (2007), pp. 8-11,见于 http://www. wcl. american. edu/warcrimes/icc/icc_reports. cfm。

② Victims' Rights Working Group, *Victims' Rights in the International Criminal Court* (2000), p. 4.

③ Carsten Stahn, Héctor Olásolo & Kate Gibson, *Participation of Victims in Pre-Trial Proceedings of the ICC*, J. Int'l Crim. Just. 219,221 (2006), p. 4.

④ Gilbert Bitti & Håkan Friman, *Participation of Victims in the Proceedings*, in The International Criminal Court: Elements of Crimes and Rules of Procedure and Evidence (Roy S. Lee ed. ,2001), p. 457.

⑤ Jenia Iontcheva Turner, *International Decision: Decision on Civil Party Participation Provisional Detention Appeals*, *Extraordinary Chambers in the Courts of Cambodia*, 103 Am. J. Int'l L. 116, p. 121.

⑥ M. Cherif Bassiouni, *International Recognition of Victims' Rights*, 6 H. R. L. Rev. 203 (2006), p. 247.

⑦ United Nations Declaration of Basic Principles of Justice for Victims of Crime and Abuse of Power, G. A. Res. 40/34, U. N. GAOR, 40th Sess. , 96th plenary mtg. , Annex, U. N. Doc. A/RES/40/34 (1985).

害人的需求,国家应该"允许受害人的意见和关切在程序的合适阶段、当他们的个人利益受到影响的时候,得到表达和考虑,而不对被告人带来不利影响,并与相关国内刑事法律制度相一致"。《罗马规约》规定受害人参与制度的基础性条款,即规约第 68 条第 3 款,几乎是完全照搬了这一条的规定。[①]

根据《罗马规约》第 68 条第 3 款,在国际刑事法院,受害人可以以自己独立的身份直接参与到审判程序中去,而不是仅仅作为证人或者赔偿请求者。这使得他们具有了自己独立的地位并可以表达自己独立的利益诉求。虽然该款为受害人参与到程序中、"表达其意见和关切"的权利设置了诸多条件,以平衡受害人参与的需求和被告人权利之间的可能冲突,但它第一次在国际刑事司法程序中肯定了受害人独立的参与权,从而被认为在实现恢复性正义的价值需求方面体现了突破性的进展。[②]

二、柬埔寨特别法庭受害人参与制度的具体规定

柬埔寨特别法庭是在联合国的支持下在柬埔寨设立的"混合性法庭"。前南和卢旺达国际刑事法庭在顾及受害人的利益需求以及社会重建的努力方面所受到的批评以及恢复性正义运动的兴起在国际刑法领域导致了多方面的结果,除了上述《罗马规约》在受害人参与制度上的新尝试之外,另一个重要的影响就是诸多"混合性法庭"的建立。

两个临时法庭在帮助社会转型方面的失败有多方面的原因,其中的一个原因,被认为是这些法庭本身并不在犯罪发生国。前南国际刑事法庭坐落于海牙,而卢旺达国际刑事法庭则位于坦桑尼亚。对于南斯拉夫的普通民众来说,海牙自然是一个遥远的存在,除了被法庭传唤作为证人出庭之外,一般的人并没有机会去旁听审判,亦没有机会直接从法庭得到关于审判的信息。这也是导致两法庭与受害人之间缺乏联系、受害人和当地社会对法庭缺乏信心

---

① 《国际刑事法院规约》,第 68 条第 3 款。

② Linda M. Keller, *Seeking Justice at the International Criminal Court*: *Victims' Reparations*, 29 T. Jefferson L. Rev. 189, p. 189.

的原因之一。由于法庭本身并不设在受其管辖的犯罪直接影响的地方,因此这些地区的民众"对于实现正义的可能没有信心"。① 此外,地理上的隔绝也直接影响了法庭对当地社会的重建、对当地法律秩序和司法程序恢复的贡献。

鉴于此,在联合国的管理或者帮助下成立的"混合法庭"应运而生。这些法庭多半本身位于犯罪发生地,有不同程度的当地职员的参与并采用当地法律制度。通过这种尝试,国际社会希望国际刑事法庭的实践能更好地帮助社会重建并为当地留下法治方面正面的影响。这种混合法庭包括科索沃的混合法庭、东帝汶特别工作组、塞拉利昂特别法庭、黎巴嫩特别法庭,以及柬埔寨特别法庭。② 柬埔寨法庭一方面有联合国的参与,另一方面它仍然是柬埔寨国内法院的组成部分。加之由于政治上的原因,在法庭筹建过程中柬埔寨政府和联合国的谈判极其艰难且耗时日久,法庭的制度设计在很多方面体现出政治妥协的结果。这使得法庭具有一种特别的"混合"特性,跟其他国际刑事法庭相比有其特殊之处,而其脱胎于法国的受害人参与制度就是这样的特性之一。

作为法国的前殖民地,柬埔寨的刑事司法程序沿袭了法国的制度,加上2007 年新通过的《柬埔寨刑事诉讼法》是在法国的帮助下起草的,因此柬埔寨的国内刑事司法程序很大程度上体现了民法法系的传统。柬埔寨特别法庭是由柬埔寨王国和联合国协议成立的法庭,其适用法主要是《成立柬埔寨特别法庭法》。根据该法第33 条,在法庭适用的程序法方面,柬埔寨"已经存在且生效的程序规则"应当优先适用。但是,该法又进一步规定在不确定或不一致的情况下,"可以参考国际层面的程序规则以寻求指引"。③ 鉴于这一规定比较模糊,柬埔寨特别法庭制定了《内部规则》,对法庭所应遵循的程序做了细化的规定。《内部规则》以柬埔寨国内法为基础,在某些地方援引了国际法律文件,试图在保持柬埔寨国内法基本体系的前提下,尊重国际人权公约和国

---

① Pam Spees, et al., *Report of Panel Discussions on Appropriate Measures for Victim Participation and Protection in the ICC*, Women's Caucus for Gender Justice, 1999.

② Bert Swart, *Cooperation Challenges for the Special Tribunal for Lebanon*, 5 J. Int'l Crim. Just. 1153, p. 1153.

③ 《成立柬埔寨特别法庭法》(*Law on the Establishment of the Extraordinary Chambers in the Courts of Cambodia*), 第33 条(修订), 2006 年10 月, 见于 www. eccc. gov. kh。

际刑事司法程序中关于公平审判的通常标准。这决定了在司法程序层面,跟法庭总体的"混合性"特征相一致,法庭体现了以大陆法系的程序制度为基础、同时借鉴一些普通法系特征的奇特性质。①

在受害人参与方面,与法国和柬埔寨国内法相一致,柬埔寨特别法庭采用了"民事当事人"(Civil Party)制度。下文将就《内部规则》中关于受害人参与的具体制度进行介绍和分析。由于本文旨在对柬埔寨特别法庭的第一个案例——康克由案中受害人参与的情况进行分析,如无特别说明,本文援引的《内部规则》是该案中所适用的第三版,而非目前有效的第八版《内部规则》。关于受害人参与,大部分的条款并无实质性变动。变动较大的部分后文将次第论及。②

1. 申诉人

虽然无论在国内还是国际刑事司法实践中,负责司法调查的部门从受害人处获取信息都是非常常见的做法,③《罗马规约》也为检察官向受害人搜集信息提供了可能,④但它并没有关于受害人主动向检察部门提出关于犯罪事实信息的具体规定。而在柬埔寨特别法庭,受害人以这样的方式参与到刑事司法程序中是明确规定的。受害人可以向法庭的受害者部提交关于犯罪事实的申诉,受害者部则将这些申诉转交给检察官,后者可以根据里面的线索进行调查。⑤ 虽然申诉本身并不能自动启动刑事起诉程序,检察官可以决定是否对申诉中的事实进行调查以及以何种形式进行调查,⑥但检察官有义务对所有的申诉加以考虑。⑦ 此外,法庭的受害者部负有在检察官监督下协助受害

---

① 比如说,法庭一方面建立在法国式的非对抗(non-adversarial)程序之上,另一方面又在《内部规则》第 21 条关于基本程序原则的规定中,要求法庭采取"公平而对抗式"的程序。

② 各版本的《内部规则》均可见于 http://www.eccc.gov.kh/en/document/legal/internal-rules.

③ War Crimes Research Office, *Victim Participation at the Case Stage of Proceedings* (2009), p. 32, 见于 http://www.wcl.american.edu/warcrimes/icc/icc_reports.cfm。

④ *The Prosecutor v. Thomas Lubanga Dyilo*, Decision of the Appeals Chamber on the Joint Application of Victims a/0001/06 to a/0003/06 and a/0105/06 concerning the "Directions and Decision of the Appeals Chamber" of 2 February 2007, 13 June 2007, Separate Opinion of Judge Georghios M. Pikis, para. 16.

⑤ ECCC, Practice Direction on Victim Participation, art. 2.

⑥ Ibid, art. 2. 7.

⑦ 《内部规则》,第 49 条。

人提交申诉的义务。① 这就使得受害人向法庭提交与犯罪事实有关信息的过程制度化,并保障了受害人有主动提交信息的途径,而且检察官有义务在受害人提交申诉之后在特定的期限内告知是否对此进行调查的决定。② 这都使得受害人在提供信息和开始刑事调查程序方面有了更高的主动性,从而构成了柬埔寨特别法庭受害人参与制度的重要组成部分。

2. 民事当事人

《内部规则》第 23 条给出了受害人作为民事当事人参与案件程序的一般规定。根据该条,受害人可以在司法调查阶段以及案件实质性审判阶段申请成为民事当事人。在司法调查阶段,作为民事当事人参与的申请应当向调查法官提出,而在实质性审判阶段,则应当向初审庭提出。倘若申请没有被接受,申请人可以就此提出上诉。

具体来说,要申请成为民事当事人,申请人必须被接受为法院有管辖权的犯罪的受害人。受害人是指任何由于法庭管辖权内的犯罪行为而遭受损害的自然人或法律实体。③ 所谓受犯罪行为损害,包括身体、财产和精神的伤害,这种伤害应当是犯罪行为的直接结果、是对受害人本人的伤害,并已经实际发生。④ "精神伤害"的规定使得直接受害人的近亲属亦可以成为受害人。另外,犯罪行为与伤害之间需存在因果联系。

在康克由案适用的第三版《内部规则》中,明确规定了民事当事人参与的后果之一是"受害人成为刑事程序的一方当事人"。⑤ 在目前有效的第八版《内部规则》中,则取消了这样的明确规定。虽然如此,第八版《内部规则》实际上仍然承认民事当事人是一方当事人,只是没有刻意强调而已。在第八版《内部规则》的多个条文中都提及"检察官以及其他当事方"——其他当事方使用的是复数形式(other parties)。⑥ 理论上,既然民事当事人亦是程序的一方当事人,就意味着他们与检察官和被告人在刑事程序中应当具有平等的地

---

① 《内部规则》,第 12 条。

② ECCC,Practice Direction on Victim Participation,art. 2.

③ 《内部规则》,术语定义部分。

④ 《内部规则》,第 23 条第 2 款。

⑤ 《内部规则》,第 23 条第 6 款。

⑥ 第八版《内部规则》,第 25 、33 、55 、58 、59 条等。

位,应当享有所有控辩双方享有的权利。新旧《内部规则》都明确规定倘若作为民事当事人参加案件程序的申请被批准,受害人仍然享有规则中关于受害人和证人保护的规定,但他们不能再以证人的身份被询问,而应当在与被告人平等的条件下被询问。

事实上,《内部规则》确实在多处规定了民事当事人广泛的参与权利,而这些权利得以实现的一个重要的保证,是民事当事人聘请律师进行代表的权利。民事当事人有权聘请律师,也可以由多个民事当事人聘请一个共同的律师,而一旦他们聘请了律师,他们的权利就应当通过该律师来行使。① 法庭的受害者部在这方面协助受害人的义务。这种协助包括提供一个律师名单,帮助一组民事当事人选择共同律师等。② 新旧《内部规则》在受害人参与制度规定方面最显著的差别,就是第八版的《内部规则》中加入了一个新的制度——受害人出庭律师(Lead Co-Lawyers)制度。③ 这一点后文将进一步论及。

民事当事人及其律师自调查阶段始即享有广泛的权利,如跟控辩双方一样,在调查阶段,民事当事人可以要求调查法官采取必要的调查行动,④要求调查法官询问证人;⑤在庭审阶段,民事当事人可以向被告人与证人提问,⑥可以在法庭对所有证据进行质证之后进行最终陈述⑦等等。此外,与被告人律师一样,民事当事人律师有权查阅案件档案。⑧ 所有这些规定都说明,在没有例外规定的情况下,民事当事人享有作为一方当事人应当享有的所有权利。

柬埔寨特别法庭审前庭的一份决定间接地证明了以上理解。2008 年,被告人农切(Nuon Chea)就法院对其进行审前羁押的一份决定提起了上诉。法庭的《内部规则》排除了民事当事人参加关于审前羁押的初次听证的可能,⑨但却并没有就民事当事人在审前羁押上诉程序中是否可以参加作出规定。在

---

① 《内部规则》,第 23 条第 7 款、第 8 款。
② 同上,第 12 条。
③ 第八版《内部规则》,第 23 条第 3 款。
④ 《内部规则》,第 55 条第 10 款。
⑤ 《内部规则》,第 59 条第 5 款。
⑥ 《内部规则》,第 90 条、第 91 条。
⑦ 《内部规则》,第 94 条。
⑧ 《内部规则》,第 86 条。
⑨ 《内部规则》,第 63 条第 1 款。

考虑此问题时,审前庭对《内部规则》第 23 条作了广义上的解释,认为第 23 条所谓"成为刑事程序的一方当事人"即意味着民事当事人从调查阶段开始就应当享有积极而广泛的参与权利,一旦被法庭接受为民事当事人,他们即可在诉讼的各阶段参与法庭程序。因此法庭最后判定民事当事人可以参加到该针对审前羁押的上诉程序中。①

此外,民事当事人有权利请求民事赔偿。② 法庭必须对民事当事人的所有请求作出决定,包括赔偿请求。③ 而且民事当事人可以请求法庭对赔偿进行强制执行。④ 不过,根据规则第 23 条,赔偿请求仅限于集体的或者精神性的赔偿,而不包括物质性的赔偿,其形式包括在新闻媒体上公布法庭的判决、通过非盈利性的活动和服务实现受害人利益等。

3. 受害人的角色和作用

《内部规则》明确规定了民事当事人参与的目的之一是"通过支持检察方来参与刑事程序,以对抗对柬埔寨特别法庭管辖范围内的犯罪负有责任的人"。而另外一个目的则是使得受害人可以请求赔偿。⑤ 受害人请求民事赔偿的权利在很多国家的国内法以及《罗马规约》中都有规定,而所谓"支持检察方"的作用则值得进一步考量,这甚至超越了《内部规则》所基于的柬埔寨国内法的规定,是《内部规则》加在民事当事人身上的一个额外的角色。⑥

在柬埔寨国内法以及《内部规则》的模板,即以法国为代表的大陆法系刑事诉讼程序中,虽然也规定了受害人广泛的参与权利,但这种参与的目的是为了民事赔偿的需要,而受害人的角色也"倾向于被限定在民事诉求的范围内"。⑦ 这一点从"民事当事人"这个术语本身的字面意思也可见一斑。在法国,民事当事人制度的目的是通过提供民事赔偿、通过要求犯罪人提供民事当

---

① *Decision on Civil Party Participation in Provisional Detention Appeals*, Case No. 002/19 - 09 - 2007-ECCC/OCIJ(PTC01)(Mar. 20,2008).

② 《内部规则》,第 23 条第 1 款。

③ 《内部规则》,第 100 条。

④ 《内部规则》,第 113 条第 1 款。

⑤ 《内部规则》,第 23 条第 1 款。

⑥ Jenia Iontcheva Turner, *International Decision*:*Decision on Civil Party Participation Provisional Detention Appeals*,*Extraordinary Chambers in the Courts of Cambodia*,103 Am. J. Int'l L. 116,p. 119.

⑦ Jonathan Doak,*Victims' Rights in Criminal Trials*:*Prospects for Participation*,32 J. of Law & Society 294,p. 311.

事人的诉讼成本,如律师费等来实现对受害者的救济。① 在同为民法法系的比利时,受害人也只是作为证人和民事赔偿的接受人来参与刑事程序。② 在中国刑事诉讼法中,受害人同样有广泛的参与权,他们可以直接参与到刑事诉讼程序中,也可以提起通过刑事附带民事诉讼要求民事赔偿。受害人和附带民事诉讼的原告人被认为是"当事人"之一。③ 他们在程序中也享有广泛的权利,包括向被告人发问。④ 但即使是这样,受害人也没有被赋予"支持检察方"的明确角色。

至于"支持检察方"的实际操作,或者说以什么形式来实现这样的作用,规则并没有作进一步的具体说明。但毫无疑问的是,这一定会影响到法庭对民事当事人相关规则的解释,影响到在法庭的实践中民事当事人实际的权利义务。如在前面提到的农切审前羁押上诉案中,《内部规则》中民事当事人"支持检察方"的规定就是法庭对其权利作广泛解读的理由之一。⑤

四、受害人参与带来的问题

以对受害人利益的关切和促进社会重建与和解为目的而在国际性刑事法庭中建立起来受害人参与制度,其初衷或许是可以理解的,但是在实践中,它却带来了很多问题。

1. 被告人得到公平审判的权利

关于受害人参与最重要的关切之一,即是对于被告人公平审判权利可能

---

① M. E. I. Brienen & E. H. Hoegen, *Victims of Crime in 22 European Criminal Justice Systems: The Implementation of Recommendation（85）11 of the Council of Europe on the Position of the Victim in the Framework of Criminal Law and Procedure*, p. 317, University of Tilburg（2000）, 见于 http://rechten. uvt. nl/victimology/Brienenhoegen/BH. html。

② Sonja Snacken, *Penal Policy and Practice In Belgium*, 36 Crime & Just. 127（2007）, p. 136.

③ 《中华人民共和国刑事诉讼法》, 第 82 条第 2 款。

④ 《中华人民共和国刑事诉讼法》, 第 155 条。

⑤ *Decision on Civil Party Participation in Provisional Detention Appeals*, Case No. 002/19 - 09 - 2007 - ECCC/OCIJ（PTC01）（Mar. 20, 2008）, para. 35; Jenia Iontcheva Turner, *International Decision: Decision on Civil Party Participation Provisional Detention Appeals*, *Extraordinary Chambers in the Courts of Cambodia*, 103 Am. J. Int' l L. 116, p. 119.

造成的威胁。应当指出的是,允许受害人广泛的参与本身并不必然构成对被告公平审判权的侵害。赋予受害人广泛参与权的法国、德国等国家,本身都是《公民权利和政治权利国际公约》(ICCPR)的缔约国。刑事诉讼程序的公平性并不意味着诉讼必须由控辩双方的两极格局所组成,即使一种刑事司法程序包括了广泛的受害人参与制度,它仍然可以是公平和尊重被告人权利的。①但与此同时,"平等武装原则"是公平审判的一个重要因素,而它要求在控辩双方之间达致平衡,保证报告人不会面对多个起诉者。② 虽然该原则本身更多是一个普通法系概念,但不可否认的是,即使在传统上不存在该原则的法律体系中,法律也会要求在当事方之间维持平衡和公正。③ 因此,无论采取什么样的制度,法庭都必须要保证程序本身在对抗的各方之间保持一种平衡,至少保证被告人享有 ICCPR 第 14 条所规定的那些基本的公平审判权利。

然而,在实践中,保持这样的平衡却被证明是非常艰难的。柬埔寨特别法庭的民事当事人被明确赋予了"支持检察官"的角色,在康克由案的审判中,法庭的程序明显地表现出了平衡上的问题。由于民事当事人有权对证人和被告人发问,有权在庭审过程中就任何法律问题参与辩论、提出自己的意见,而该案中一共有四组民事当事人,在对每一位证人发问和对每一个问题进行辩论的时候,每一组的民事当事人律师都会分别享有发问和辩论的机会,而每一组都有至少两名律师。由此造成的结果,是被告人在就每一个问题被提问的时候,除了检察官之外,尚要面对至少四名律师的盘问,而这些问题的设计自然是为了要引出对被告人不利的事实。对证人的提问亦然。法律辩论时,民事当事人律师们也多半都在支持或者补充检察官的论点,虽然他们大多数情况下都是在重复这些论点,而没有什么实质性的助益,但不可否认的是,这实际上导致法庭用了更多的时间来听取控方的论点,控方拥有比被告律师更多

---

① European Court of Human Rights (ECHR), *Case of Ver dû Verdù v Spain*, "*Judgment*", 15 February 2007, Application no. 43432/02, paras. 20 et seq.

② *The Prosecutor v. Thomas Lubanga Dyilo*, Decision of the Appeals Chamber on the Joint Application of Victims a/0001/06 to a/0003/06 and a/0105/06 concerning the "Directions and Decision of the Appeals Chamber" of 2 February 2007, 13 June 2007, Separate Opinion of Judge Georghios M. Pikis, para. 19.

③ ECHR, *Case of Dombo Beheer B. V. v The Netherlands*, Application no. 14448/88, Judgment of 27 October 1993, para 33; *Case of Bulut v. Austria*, Application no. 17358/90, Judgment of 22 February 1996, para 4.

的时间和机会来阐释自己的论点。事实上,法庭本身也承认允许受害人的广泛参与可能会给被告的公平审判权造成损害。在前述柬埔寨特别法庭农切案审前羁押上诉的决定中,审前庭虽然对民事当事人的权利作了广泛的解读,但同时也承认既然规则并不允许民事当事人参与到审前羁押的初次听证中,那么在上诉阶段允许他们的参与有可能使得被告人需要面对他们提出一些新的问题,而这有可能对被告的权利造成损害。① 虽然法庭随后援引《内部规则》中关于当事方在庭审之前必须提交书面意见而其他当事方有权对该书面意见做出评论的规定,来说明被告方其实是有机会看到民事当事人可能提出的问题,从而有时间做出准备和回应,②但这说明受害人的参与确实会在各个阶段因为不同的理由对被告人的权利造成影响。

作为受犯罪行为直接侵害的人,受害人自然会对抗被告一方,因此其利益在很大程度上于检察方是"互补"的。③ 而人类社会惩罚犯罪行为的制度,从由受害人自己采取报复行为、到受害人去当局控告,再到由检察官或公诉人代表受害人以及更广泛的社会利益来进行起诉,这种发展当然也有它的原因。在各国的国内法中,无论是控辩双方"平等武装"的两极格局,还是允许受害人广泛参与的制度,他们都经过了漫长的发展阶段,在各自的法律体系中通过成文法或者案例在细节的规定方面达到了相当完善的地步,以保证各方的适当平衡。对于刚刚引入受害人参与制度的国际刑事司法程序来说,细化的规则几乎是不存在的,因此也更容易出现各种冲突和问题。各国际法庭也在不断完善自己的规则,或对规则加以更合理的解释。柬埔寨特别法庭就在康克由案之后修改了原来的《内部规则》,加入了受害人出庭律师的制度。现在受害人仍然可以各自聘请自己的律师,或者组成不同的小组,每一小组聘请自己的律师。但在审判阶段,所有的受害人都必须组成一个统一的集体,由两名律师(一名外国律师,一名国内律师)代理出庭。这两人负责在所有受害人及其代理律师之间进行协调,并代表他们在庭上发问、陈述。④ 这种改变能否解决

---

① *Decision on Civil Party Participation in Provisional Detention Appeals*, Case No. 002/19 - 09 - 2007-ECCC/OCIJ(PTC01)(Mar. 20,2008),para. 42.

② Ibid,para. 43.

③ ECHR, *Berger v. France*(Application No. 48221/99),Judgment, December 2002.

④ 第八版《内部规则》,第 23 条第 3 款;第 12 条之三。

前述康克由案中出现的问题,还要留待法庭接下来审理的案件来检验。

2. 对审判进程的严重拖慢

审判的迅速进行对于刑事诉讼程序来说是非常必要的,对于被告人来说,得到迅速的审判是其所享有的一项基本权利;①对于公众来说,人们亦希望看到早日将责任人绳之于法;漫长的审判程序亦会动摇受害人对实现公正的信心,并使得大部分受害人很难从头到尾地跟进诉讼程序。然而,从前南和卢旺达国际刑事法庭开始,审判程序的缓慢节奏就一直困扰着国际性刑事法庭。当然,考虑到国际罪行往往涉及武装冲突、大规模的人权侵犯等影响范围极为广泛的事件,这是可以理解的,但越是在这样的情况下,越需要保证审判能够尽量地迅速进行。也正是因为这样的原因,受害人的参与对审判进程的严重拖慢成为了一个尤其值得注意的问题。

曾有提议要求前南国际刑事法庭考虑对受害人赔偿问题作出裁决。法庭拒绝了这一提议,理由是这会"进一步加大法庭的工作量并使得程序所需时间越发漫长,从而损害其给予被告人公平和迅速审判权的努力"②。在康克由案中,受害人的参与就严重拖慢了审判的进程。该案于 2009 年 3 月 30 日开始实质性审判,本来计划用 12 周的时间完成审判,但是审判最后一共用了七个月的时间,最后一次听取证人证言是在 9 月底。最后陈述则是在 2009 年 11 月下旬。③ 最后宣判则是在 2010 年 7 月。审判程序之所以会比原计划慢很多,其中非常重要的原因就是因为民事当事人占用了始料未及的大量时间。

根据《内部规则》和法庭的指令,向被告人和证人提问的顺序如下:首先是法庭提问,其次检察官,其次民事当事人律师,其次被告律师。④ 由于程序主要建立在大陆法系传统之上,法官们的提问其实占了最重要的一部分,法官们会就案件事实的各个方面详细地提问,而且初审庭一共有五个法官,所以基本上法官提问之后,事实已经足够清楚了。之后检察官和被告方的提问,除了

---

① 《公民权利与政治权利国际公约》,第 14 条第 3 款。

② Judges' Report, *Victims Compensation and Participation*, Int'l Criminal Tribunal for the Former Yugoslavia, CC/P. I. S. /528-E, 13 September 2000.

③ KRT Trial Monitor Report No. 21, http://socrates. berkeley. edu/warcrime/documents/KRT_monitoring_report_NO_21_week_20. pdf.

④ 《内部规则》第 90 条第 2 款;*Directions on the Scheduling of the Trial*, Case No. 001/18 - 07 - 2007/ECCC/TC(Trial Chamber, 20 March 2009), para 9. 2.

澄清一些尚不清楚的细节之外,往往是为了通过提问的方式提请法庭注意一些对己方有利的事实细节。而民事当事人律师则经常重复已经提出过的问题,连被告人本人和一些证人都曾经对此表示过不解。虽然法庭一再提醒民事当事人律师们不要问重复的问题,但是主审法官似乎并不愿对他们过于严厉,他经常只是在提问开始之前笼统地提醒民事当事人律师们不要提重复的问题,而在他们提问的过程中却很少打断他们。只是在被告律师反对的情况下,法庭才会采纳反对意见而阻止重复的问题。事实上,对于一个建立在大陆法系非抗辩式诉讼程序基础上的法庭来说,法官们似乎应当更加主动地干预程序。

另外一个值得注意的问题,是民事当事人律师们不断地重复检察官的法律论点。有些时候,即使是他们跟检察官的论点完全一样,而且检察官已经非常清楚地对此进行了说明,民事当事人律师仍然不厌其烦地将它们重复一遍——甚至多遍,因为不同组的律师会分别被给予陈述的机会。考虑到检察官的职责之一即是代表受害人的利益,而作为对抗被告人的当事方,检察方与受害人必然有着交叉的共同利益,在法律问题上,他们也常常有类似的立场。因此,人们已经开始讨论允许受害人的法律代表仅能在检察官没有完全阐述他们的立场或充分代表他们利益的情况下才可以发表他们单独的意见,也就是说限制受害人对检察官立场的简单重复。① 这似乎是一种值得考虑的做法,它其实没有对受害人的实质权利造成任何影响,却可以有效地限制不必要的时间浪费。

3. 对受害人适得其反的作用

如果说以上两个问题说明受害人的参与对程序的公平和效率造成了负面影响,那么这种影响是否"物有所值"呢? 换句话说,受害人参与制度的初衷是否达到:受害人的广泛参与是否有助于受害人的心理补偿,从而在更广泛的意义上对社会的重建与和解产生积极作用。康克由案中的一个事件或许有助于对这一问题的回答。由于该案涉及的事件众多,时间跨度大,法庭在案件开始的时候即决定案件的审理分"专题"(topic)进行。即将案件所涉及的事实和法律问题分成不同的小点,并在每一个小点之下听取相关的证人证言。这

---

① War Crimes Research Office, *Victim Participation at the Case Stage of Proceedings* (2009), pp. 52-55, http://www.wcl.american.edu/warcrimes/icc/icc_reports.cfm.

些点包括武装冲突问题 S-21 监狱的作用问题等等。① 当进行至"被告人的性格"这一专题的时候,法庭决定不允许受害人就该问题向被告人及相关证人发问。理由是被告人的性格问题是属于与量刑有关的问题,而受害人不得就量刑问题发表意见。② 在审判进行当时,法庭只是口头宣布了该决定,并没有给出理由,而是在 2009 年 10 月 9 日发布的书面决定中才阐述理由。③

这一决定在法庭内外都引起了极大的震动。尤其是因为《内部规则》中赋予了受害人一方当事人的地位,他们应当与其他当事人——控辩双方——享有同样的权利。而且法庭在此前的程序中一直对民事当事人的权利做非常广泛的解释,他们事实上也一直享有极其广泛的权利。因此法庭当时的做法显得与此前的态度极为不一致。给人的印象是因为受害人的广泛参与所带来的进程托慢等种种问题而做的改变,而非由于令人信服的法律上的原因。加上法庭并没有当庭对该决定的理由做出阐释,就使得受害人及其律师对这一决定更加不满。于是在法庭听取关于被告人性格的证人证言时,受害人集体拒绝出庭,来抵制法庭的这一决定。④ 虽然这一事件并不能说明参与审判过程的民事当事人们对整个审判和自己参与的经历完全失望了,但它至少说明了法庭态度的前后不一致给民事当事人带来的沮丧。这只是一个极端的例子。由于受害人参与制度在国际刑事法庭中还是一个新的制度,这种不一致的出现并非偶然。受害人在这种情况下极易感觉受到了所谓的"二次伤害",而对整个程序产生负面的印象。

除此之外,不同的受害人还有可能受到不一样的待遇。《内部规则》只规定了民事当事人律师们有权查看档案文件,而民事当事人自己则没有这样的

---

① 这些分类散见于法庭随着审判进程而发布的 Scheduling Order 中,如 Order Scheduling the Trial Proceedings for the Period of 18 May to 25 June 2009, Case File 001/18-07-2007-ECCC/TC, 30 April 2009。

② KRT Trial Monitor Report No. 19, p. 5, http://socrates. berkeley. edu/~warcrime/documents/KRT _Monitor_Report_19_week_18. pdf.

③ *Decision on Civil Party Co-Lawyers' Joint Request for a Ruling on the Standing of Civil Party Lawyers to Make Submissions on Sentencing and Directions Concerning the Questioning of the Accused*, *Experts and Witnesses Testifying on Character*, Case File No. 001/18-07-2007/ECCC/TC, 9 October 2009.

④ KRT Trial Monitor Report No. 19, p. 6, http://socrates. berkeley. edu/~warcrime/documents/ KRT%20Report_20_Week%2019_FINAL. pdf.

权利。① 另外,虽然法庭并不限制民事当事人律师们重复提问和重复检察官的论点,法庭却限制了没有律师代表的民事当事人进行陈述的权利,要求只有在他们的利益与检察官不一致的时候才可以在法庭上进行陈述。② 虽然从效率和实际需要的角度来说,这似乎是合理的,但它确实在不同的当事人之间造成了差别待遇。事实上,据笔者曾经为康克由案中某位民事当事人律师工作的朋友所说,没有聘请律师的民事当事人在包括参与案件调查、向证人和被告人提问等诸多方面都存在着障碍,因此她认识的一些没有律师的民事当事人后来都聘请了律师,或者干脆退出了程序。

受害人参与制度的初衷本是希望可以帮助受害人,倾听他们的声音,并通过对受害者权益的关照实现法庭与受犯罪行为直接侵害的社会的联系,促进社会的重建与和解。但是上述情况的存在可能会让受害人感到被忽视,被不公正地对待,从而起到适得其反的作用。更糟的是,相对于前南和卢旺达国际刑事法庭,受害人会对自己的权利有更高的期望,因此在发现这些期望无法实现的时候,对法庭和整个司法程序有可能会更加失望。

在探讨此类问题的一份针对欧洲大陆国家国内法律制度的调查中,日内瓦大学的研究人员发现参与刑事司法程序的大部分受害人都并没有从积极参与中获得心理上的补偿,相反,期望和现实之间的差距让他们对司法程序非常失望。③ 而在国际性的刑事法庭,这样的情况可能会更加严重,因为就像前面所提到的,国际刑事司法程序中的受害人参与制度远远没有国内法完善。而在国内司法程序中,即使受害人自己不知道自己权利义务的边界,专业的法律从业者亦当有能力为他们提供足够清晰的指引。而且,在国际刑事法庭中,规则本身往往具有较大的弹性,法官则享有较大的自由裁量权。法庭有时会出于平衡其他利益的需要对受害人的权利加以限制。在康克由案审判过程中,由于之前提到的严重的重复问题,法院有时不得不限制民事当事人律师的发问和陈述,这对于受害人来说可能是很难理解的。

---

① *Public Directions on Unrepresented Civil Parties' Right to Address the Pre-Trial Chamber in Person*, Case No. 002/19-09-2007-ECCC/OCIJ (PT 03), ECCC Pre-Trial Chamber, 29 August 2008, paras. 6-7.

② Ibid, p. 4.

③ Mina Rauschenbach & Damien Scalia, *Victims and International Criminal Justice: A Vexed Question?* 90 Int'l Review of the Red Cross 441 (June 2008), pp. 444-447.

有趣的是,在一些以内国的受害人参与情况为调查对象的研究中,很多结果都显示相对于过于广泛和积极的参与权来说,比较被动地参与刑事司法程序可能会对受害人更有帮助。[①] 但是,究竟受害人希望能在刑事司法程序中扮演什么样的角色,没有大量的实际调查是无法推断的。应当指出的是,即使可以对参与以及申请参与程序的受害人进行大量的调查,也不一定能说明受害人的总体情况,因为申请参与的受害人其实只占很小的比例。在柬埔寨特别法庭的第二个案件中,目前获准参与庭审的民事当事人有将近 4000 人,但这相对于受害人的人数仍然只占很小的比重——柬埔寨的总人口约一千四百万,而在前民主柬埔寨政权的高压政策中丧生的人达到近 300 万,[②]此外还有受到关押和酷刑的人。而该案所起诉的是前政权的核心领导层,起诉书中几乎囊括了发生在整个国家的国际罪行。事实上,据笔者的当地朋友所说,柬埔寨的每一个家庭都有原政权的受害者,尤其是对中年以上的人而言。这种情况是如此之普遍,以致于柬埔寨特别法庭甚至没有办法找到一个没有受过原政权影响、而又有足够资格和能力的柬埔寨法官。这些人有的是直接遭受迫害的幸存者,有的丧失了自己的亲人,他们在法律上都可能是法庭管辖范围内犯罪的受害人。但实际参与诉讼程序的相对于受害人的总数来说似乎只能是很小的一部分。这种状况本身就为受害人参与制度的作用打上了问号。

五、结　论

受害人参与对于国际刑事司法程序来说仍然是一个很陌生的制度。受害人的参与涉及方方面面的利益,尤其是被告人受到公平和迅速审判的权利与受害人的广泛参与有着天然的冲突,这种冲突体现在程序进程的方方面面,并且带来了很多问题。上面所谈到目前受害人参与制度所遇到的困难,可以说都是由于这样的冲突和平衡这种冲突的需要而造成的。

---

① War Crimes Research Office, *Victim Participation at the Case Stage of Proceedings* (2009), p. 37, http://www.wcl.american.edu/warcrimes/icc/icc_reports.cfm.

② http://www.eccc.gov.kh/english/about_eccc.aspx.

除了被告的权利之外,公正和迅速审判还关系到整个社会对正义的价值追求,因为刑事司法程序并不只是为了找出真相和惩罚犯罪人,更不仅仅是为了帮助受害者实现心理上的补偿,它更重要的是为了通过审判的过程,恢复并维持被犯罪行为所破坏的社会秩序,而要达成这样的结果,程序的公平性、透明性和迅速性是必不可少的。也就是说,必须要让公众"看到正义的实现",只有公众相信程序的公正性和正义性,才有可能建立起法律的权威,从而使社会秩序得以维持。受害人广泛而积极的参与同这样的价值追求也可能存在冲突,柬埔寨特别法庭那样广泛直接的受害人参与,在公众心理的层面造成了一种对被告人权利的严重关切。通过笔者自己旁听审判的感觉,以及跟其他旁听公众的交谈,大家普遍都觉得被告人和他的律师实际上面对着多个起诉者。这样的结果,自然跟通过公平的审判维持一种"公正"的社会印象、从而使法律秩序得到维持的目标是不相符的。

　　当然,由于柬埔寨特别法庭的《内部规则》本身已经赋予了民事当事人"协助检察官"的角色,已经超越了国内法"民事"当事人的作用,因此法庭在庭审过程中只能在技术性层面尽可能地寻求平衡,如限制民事当事人律师的重复提问、限制他们重复陈述与检察官相同的论点等。然而柬埔寨的经验对国际刑事法院如何解释《罗马规约》中的受害人参与制度却有着重要的借鉴意义。《罗马规约》本身并没有赋予受害人任何当事方或准当事方地位的意图,因此法院在对规约的受害人参与制度进行解释的时候,不应当超越规约的立法历史和立法意图,来进行过于宽泛的理解。更何况,惩罚国际罪行的国际性法庭与内国的刑事诉讼程序有着一些重要的区别。战争罪、反人类罪、种族灭绝罪等国际罪行,其一个显著的特点就是罪行所涉及的范围非常广泛,影响也超越了一国或一个地区的范围。由此造成的结果,是案件涉及面往往非常广泛,有时候时间跨度也很长,因此一个案件的审理往往需要耗费数年的时间;而且案件受害人通常人数众多,受害人的广泛参与权无疑会加重这种时间上和资源上的消耗。在很多大陆法系国家运行良好的受害人参与制度,对于国际性的刑事法庭来说就未必合适。

　　刑事程序有它自己的特点,国际性的刑事司法程序更是有其特殊之处。作为严格的法律程序,在技术上它必须能够达到公正审判、控辩平等的要求,在价值层面上,它最重要的目的是在整个社会的层面达成一种正义得到实现的认知,对受害人利益的顾及应当在保证这些要求得到满足的情况下进行。这并不是否认考虑受害人的重要性,而是认为它并非刑事司法程序的任务。对受害人的心理和物质补偿,应当通过其他的方式来进行安排,可以由法庭专门成立受害人部来做外围的工作,但是刑事司法程序本身,则必须保证其严格的公正性。正如人们无法把道德规范全部纳入法律规制的范围,试图在刑事司法程序中加入过多冲突的价值追求势必会影响程序本身的可预见性和可操作性,并影响法律程序应有的公正和严格。法庭的职责是在程序公正的环境下判断被告人是否有罪,而整个刑事司法程序的目的是提供"看得见的公正"以重建和维护社会秩序,对受害人利益的追求可能是政治或者社会层面的重要诉求,但它并非刑事司法程序本身的天然目标,法庭的工作和制度设计只能在保证程序的公正和有效性的前提下对受害人利益进行顾及。

武装冲突环境下联合国安理会决议与国际条约的效力关系

廖诗评*

一、概　述

联合国安理会是联合国最为重要的机关之一。根据《联合国宪章》的规定,安理会在和平解决争端、制止侵略、拟定军备管制方案、执行国际法院判决等方面负有重要职能。在实践中,安理会履行上述职能的主要方式是做成决议。根据《国际法院规约》第 38 条的规定,联合国安理会的决议并不是正式意义上的国际法渊源,也不能作为国际法院在裁判时所适用的法律发挥作用。随着联合国在国际事务中发挥越来越大的作用,安理会的决议对国际武装冲突法原则和规则的确立和发展开始产生重要影响:一方面,安理会决议能够直接形成有法律约束力的国际法规则,如 1993 年 5 月 25 日安理会通过第 827号决议,成立前南斯拉夫国际法庭,这一决议及其附件《前南斯拉夫国际法庭规约》对于联合国成员国具有法律约束力;[1]另一方面,安理会决议可以作为其他具有法律约束力规则的证据和解释资料。因此,很多学者认为,安理会的一些决议事实上在国际法实践中发挥着重要作用。[2]

---

*　廖诗评,北京师范大学法学院副教授,法学博士。

①　M. Cherif Bassiouni, *International Criminal Law Conventions and Their Penal Provisions*, New York: Transnational Publishers Inc, 1997, pp. 199–264.

②　Henry G. Schermers & Nieils M. Blokker, *International Institutional Law*, Third Revised Edition, Najhoff 1997, pp. 1216–1218.

现实中,安理会决议不仅仅在国际政治层面发挥着作用,作用可以也应当从法律角度进行解读。本文的主旨即在于,结合实践中安理会决议与国际条约间可能存在的冲突,厘清其与国际条约之间的关系,进一步认识安理会决议在武装冲突法实践中的地位和作用。

二、安理会决议与一般国际条约的关系

现行的国际法文件中并没有就安理会决议与国际条约之间的关系做出明确的规定,但这一问题可以通过对《联合国宪章》进行分析得出初步的结论。

作为联合国的基础性文件,《联合国宪章》(以下简称《宪章》)规定了联合国的作用、地位、联合国内各机构的组成、职权范围、活动规则与法律制度。由于《宪章》会随着联合国及其相关机构的实践发展而发生变化,因此也被称为国际法的"活文件"。[①]《宪章》同时也是一项对国际社会所有国家都产生巨大影响的国际条约,是现代国际法的重要渊源。[②] 宪章所具有的这种双重性质使得其与其他国际条约或国际法文件相比,具有特殊的法律性质和地位。为了突出和维护《联合国宪章》的重要性,联合国各创始国在宪章中制定了一项宪章义务优先的条款,这就是著名的《联合国宪章》第 103 条。

《联合国宪章》第 103 条规定,联合国会员国在本宪章下之义务与其依任何其他国际协议所负之义务有冲突时,其在本宪章下之义务应居优先。这表明,联合国会员国在国际实践中应该严格遵守宪章的规定,一旦会员国所承担的宪章义务与会员国在其他国际条约中的义务相悖,应该优先履行宪章的义务。由于规定了《联合国宪章》和其他国际条约之间的关系,第 103 条就具有了冲突条款(conflicting clause)的作用。

根据联合国及其相关机构的实践,第 103 条所规定的"宪章义务"首先指的是《联合国宪章》中对会员国所规定的义务,如和平解决国际争端义务、按照相关规定行使自卫权等等。此外,宪章第 25 条规定,联合国会员国同意依

---

① 黄瑶:《联合国宪章的解释权问题》,《法学研究》2003 年第 2 期。
② 梁西:《国际组织法(总论)》,武汉大学出版社 2001 年版,第 217 页。

宪章之规定接受并履行安全理事会之决议,这表明,执行安理会决议也属于联合国会员国在宪章项下的义务,因此联合国安理会决议中所明确包括的义务也属于第103条意义上的"宪章义务"。不过,联合国安理会超越权限所做出的决议,以及安理会通过的无约束力的决议,并不在上述"宪章义务"的范围之内。

在国际司法实践中,国际法院也曾在其判决中明确涉及联合国安理会决议与国际条约之间的关系问题。在著名的"洛克比空难案"中,法院在审理是否应该做出临时措施时指出,利比亚和英国作为联合国的会员国,都有义务接受和执行安理会依据联合国宪章第25条作出的决议,这一义务初步看来包括接受和执行安理会第748号决议中的决定。根据联合国宪章第103条,不能认为利比亚根据《蒙特利尔公约》享有的权利适合以临时措施来保护,这可能损害英国和美国根据第748号决议所享有的权利。这表明,国际法院明确认为,联合国安理会的决议在本案中的效力应该高于利比亚在《蒙特利尔公约》中的权利。①

既然《宪章》项下的义务优先于其他国际条约义务,那么,这些国际条约义务的效力如何呢? 对此有两种观点。第一种观点认为,与《联合国宪章》义务相冲突的其他条约义务无效,②其主要理由是,宪章具有国际社会"宪法"的效力,与这种"宪法"相违背的其他规则当然无效;同时,宪章义务还具有强行法效力,这也足以导致与其相冲突的条约无效。第二种观点则认为,与《联合国宪章》义务相冲突的其他条约义务并非无效,而只是暂时不予适用。换言

---

① 利比亚在诉讼过程中曾经提出,《联合国宪章》第103条规定的宪章义务优先是针对其他条约义务而言的优先,而不是针对其他条约项下权利的优先。在本案中,利比亚认为本国根据《蒙特利尔公约》解决争议的要求属于一种条约权利,因此联合国安理会决议不应该优先于利比亚这种根据条约所享有的权利。对此,英国代表克鲁格(Crook)认为,遵守联合国安理会决议的义务既适用于影响国家权利的决议,也适用于涉及国家义务的决议,对这两者进行区分将会造成重大的困难,假设一个双边条约给予双方国民在对方领土范围内投资的权利,毫无疑问,无论这些条约如何规定,在《联合国宪章》第七章所规定的情形下,安理会都有权通过决议要求某一成员国禁止其国民在另一成员国国内进行投资。这一点也得到了有关学者的认同。See Joost Pauwelyn, *Conflicts of Norms in Public International Law——How WTO Law Relates to Other Rules of International Law*, Cambridge University Press, 2003, pp. 341–343.

② Bardo Fassbender, *The United Nations Charter as Constitution of the International Community*, Columbia Journal of Transnational Law(1998), vol. 36, p. 590.

之，此时宪章的义务应该优先适用。①

  我认为，第二种观点显然更加合理。首先，尽管有很多国际法学者都认为，《联合国宪章》具有国际社会中"宪法"的性质，但这种"宪法"性质并没有得到任何国际法文件的声明和确认，而国际社会是否可能存在像国内法律体系中那种意义的宪法也是有疑问的。其次，《联合国宪章》中所规定的一些原则，如禁止非法使用武力原则等，固然具有国际强行法效力，但这并不表明宪章中的所有义务都具有强行法性质。第三，认为与宪章义务相冲突的国际条约无效并不符合《维也纳条约法公约》的规定，该公约并没有规定与宪章义务相冲突也会导致条约无效。第四，与宪章义务相冲突的国际条约无效并不符合国际条约实践的做法。如，在"洛克比空难案"中，如果认为与安理会决议相冲突的《蒙特利尔公约》无效，那么《蒙特利尔公约》的缔约国为了订立该公约而付出的努力就将彻底付诸东流。事实上，在该公约中，除了与安理会决议可能发生冲突的规定外，尚有许多其他规则，它们都在国际航空法领域中发挥着重要作用。一旦该公约无效，留下的法律真空如何填补，将是一个让国际社会非常为难的问题。因此，认为与宪章义务相冲突的条约无效，在实践中存在着很大的实施难度。第五，认为相关冲突条约无效，可能会使得有关当事国借此逃避本应该承担的条约义务，条约必须遵守原则也会受到损害。因此，认为与宪章义务相冲突的条约并非无效，而只是暂时不能适用，更加符合国际法的理论和国际社会客观现实。

三、安理会决议与国际强行法的关系

  《联合国宪章》第103条的规定和国际强行法概念最大的共同之处，就是在国际法体系中初步建立了一种国际条约间的等级体系。根据第103条和强行法规则，宪章项下的义务以及国际强行法规则将优先于其他条约在具体冲突中适用，其中后者还将导致与之抵触的其他条约规定无效。那么，如果宪章

---

  ① Sir Humphrey Waldock, Third Report, *Yearbook of International Law Commission* (1964), vol. II, p. 36.

项下的义务或联合国安理会决议的内容与国际强行法规则之间发生冲突和抵触,何者应该优先适用呢? 如果应该适用国际强行法规则,是否也就意味着相关义务或联合国安理会决议无效? 两者之间的这种冲突在国际实践中确实存在,一般认为,宪章项下的义务或联合国安理会的决议不能违反国际强行法规则,否则将导致宪章义务或安理会决议的无效。宪章项下的义务因为违反国际强行法规则而无效,这一点比较好理解,因为宪章首先仍然是一项普遍性的国际条约,当然要遵守《维也纳条约法公约》中有关国际强行法规则的规定;而对于联合国安理会的决议违反强行法规则的法律后果,尽管在国际法上并没有明确规定,但是,安理会的决议无论如何都不可能具有超越国际强行法的效力。对此,国际法委员会在其《国际法不成体系报告》中明确指出,如果联合国会员国不能够拟订违背强行法的有效协定,它们必定也不能赋予某个国际组织以违犯强制规范的权力。①

(一)安理会决议与国际强行法的关系——国际司法机构的视角

安理会决议不得违背国际强行法规则,这一点在国际实践中有着突出的表现。在"《防止及惩治灭绝种族罪公约》的适用案波斯尼亚黑塞哥维那诉南斯拉夫"中,劳特派特法官在其独立意见中指出,"国际强行法概念是一个高于习惯国际法和条约的概念。《联合国宪章》第 103 条在安全理事会的决议与生效条约义务冲突的情况下可能赋予安理会的救济,不能作为一个简单的规范等级问题扩大到安全理事会决议与强制法之间的冲突。否则人们实际上不得不提出这样一个相反的命题——安全理事会的决议甚至可以要求参与灭绝种族——这显然是令人无法接受的"。②

欧洲初审法院所审理的"卡迪诉欧共体委员会案"(Kadi v. Council)是另一个涉及安理会决议与国际强行法规则关系的著名案件。该案基本案情如下:"9·11"事件之后,反恐成为国际社会的一项重要任务和主题,作为维持

① 国际法委员会研究组的报告:《国际法不成体系问题:国际法多样化和扩展引起的困难》,第 346 段。

② Case Concerning Application of the Convention on the Prevention and Punishment of the Crime of Genocide (Bosnia Herzegovina v. Yugoslavia (Serbia and Montenegro)) , Order of 13 September 1993 I. C. J. Report 1993 (separate opinion of Judge Lauterpacht) p. 440 , para. 346.

国际和平与安全的首要机关,联合国安理会先后发布了一系列决议,要求各国冻结从事或资助恐怖活动人员的资金或财产,以打击塔利班组织、基地组织等恐怖组织的国际恐怖主义活动。其中,1999 年第 1267 号决议规定,所有国家均应冻结经本决议所设委员会指定的资金和其他财政资源,包括由塔利班本身、或是由塔利班拥有或控制的企业,所拥有或直接间接控制的财产所衍生或产生的资金,并确保本国国民或本国境内的任何人,均不为塔利班的利益、或为塔利班拥有或直接间接控制的任何企业的利益,提供这些、或如此指定的任何其他资金或财政资源,但委员会以人道主义需要为由而逐案核准者除外。[1]
2000 年第 1333 号决议则规定,所有国家应采取进一步措施:毫不拖延地冻结经委员会认定与本拉登有关的一切资产,并请委员会列出一份与本拉登有关的个人和实体的名单。[2] 2002 年第 1390 号决议进一步规定,所有国家应对第 1267 号和第 1333 号决议编写的清单所列的个人、集团、企业和实体的财产进行冻结。[3] 在上述这份名单中,本案的原告卡迪赫然在列。为了执行安理会的上述决议,欧共体颁布了一些条例,将安理会决议转化为了欧共体法律规则,[4]并据此对卡迪的财产和资金实施了冻结。随后,卡迪向欧洲初审法院提出诉讼,他并没有不甚明智地去质疑安理会决议的合法性,而是认为欧共体在执行上述条例时侵犯了自己的财产权、司法救济权和获得公平审判的权利,即欧共体制定的条例以及依据条例所作出的冻结行为侵害了自己根据《欧洲人

---

[1] UN Security Counsel Resolution 1267, para. 4 (b) (Oct. 15, 1999).

[2] UN Security Counsel Resolution 1333, para. 8 (c) (Dec. 19, 2000). 其具体内容为:要求所有国家进一步采取措施,毫不拖延地冻结经委员会认定为本·拉登以及与他有关的个人和实体、包括"基地"组织的资金和其他金融资产,并包括由本·拉登以及与他有关的个人和实体拥有或直接间接控制的财产所衍生或产生的资金,并且确保本国国民或本国境内的任何人,均不直接间接为本·拉登、其同伙或由本·拉登以及与他有关的个人和实体、包括"基地"组织所拥有或直接间接控制的任何实体的利益,提供此种或任何其他资金或金融资源,并请委员会根据各国和区域组织提供的资料维持一份最新名单,列出委员会认定与本·拉登有关的个人和实体、包括"基地"组织内的人员和实体。

[3] UN Security Counsel Resolution 1390, para. 2 (a) (Jan. 16, 2002). 其具体内容为:所有国家均应对本·拉登、"基地"组织成员和塔利班以及依照第 1267 号和第 1333 号决议编写的清单所列与他们有关的其他个人、集团、企业和实体采取下列措施,这份清单将由第 1267 号决议所设委员会定期更新:毫不拖延地冻结这些个人、集团、企业和实体的资金和其他金融资产或经济资源,包括由它们或由代表它们或按它们的指示行事的人拥有或直接间接控制的财产所衍生的资金,并确保本国国民或本国境内的任何人均不直接间接为这种人的利益提供此种或任何其他资金、金融资产或经济资源……

[4] Commission Reg. 2062/2001, 2001 O. J. (L 277) 25; Council Reg. 881/2002, 2002 O. J. (L 139) 9.

权公约》应该受到保护的权利。

欧洲初审法院首先从国际法角度分析了安理会决议与其他国际协议的关系。法院认为,根据《联合国宪章》第103条,会员国在宪章项下的义务优先于其他国际条约和国内法中的义务,这里的其他国际条约义务显然也包括欧洲理事会成员国在相关欧洲人权条约中的义务。由于安理会决议是对宪章第七章项下义务的履行,因此安理会决议优先于相关欧洲人权公约的规定,这一点是毫无疑问的。随后,法院进一步分析了欧共体在执行安理会决议方面所负有的义务,即欧共体不能损害成员国根据宪章承担的义务,也不能阻碍这种义务的履行。欧共体行使自身权力时,受到《欧共体条约》等基础性条约的约束,因此欧共体必须采取成员国履行这些义务所必要的措施来保证安理会决议的履行。在此基础上,法院接着指出,自己不能审查欧共体为执行安理会决议而颁布的条例,因为这将间接审查联合国安理会的决议,而欧洲初审法院作为一个区域性司法机构,显然没有权力来改变安理会的决议,更没有权利来审查安理会决议的合法性,这在本案中的情况尤为如此。具体而言,本案中的安理会决议针对的是维护国际和平与安全方面的事务,根据《联合国宪章》的规定,这些事务属于联合国安理会的专属性职能,任何其他国际组织和机构都不享有此种职能,欧洲初审法院显然也不例外。至此,法院得出一个结论,即自己无权对联合国安理会关于维护国际和平与安全方面的决议进行司法审查。

在得出上述结论后,法院并没有就此终止审理,而是开始讨论安理会决议与强行法规则在法律效力方面的关系。法院提出,不得对安理会决议进行司法审查这项原则本身是有例外的,即法院有权就安理会决议是否符合国际强行法规则对决议进行间接审查,因为国际强行法是国际社会的最高法则,即使是联合国机构也不能违反这些规则。[1] 如果联合国安理会决议违反了强行法规则,决议就不具有法律效力,对联合国成员国也就没有法律约束力。[2] 紧接着,法院开始论证,欧洲人权公约体系中关于基本人权保护的规定构成一种国际强行法规则,公约成员国和联合国机构都不能背离关于基本人权保护的强制性规则,不确认这一点,作为一个有机整体的欧洲人权保护体系就可能受到

---

[1] Judgment of Case Kadi v. Council, para. 226.

[2] Judgment of Case Kadi v. Council, para. 230.

侵害。

　　至此,法院似乎将要在判决中迈出大胆的一步,即对联合国安理会决议是否符合国际人权保护的强行法规则进行审查,但接下来的判决内容表明,这不过是法院的一种审判策略,审查安理会决议是否符合强行法规则仅仅是虚晃一枪。法院认为,原告卡迪所列举的财产权、司法救济权和获得公平审判的权利均具有强行法性质,但这些权利在本案中都没有受到欧共体的侵犯。欧共体制定的条例只是针对恐怖主义的一种预防措施,其对财产的限制只是临时性的,对基本人权的维护并不要求将一些具有保密性的材料和数据送达给原告。① 因此,法院最终判决,欧共体的措施并没有侵犯原告所指称的基本人权。

　　欧洲初审法院在本案的审理中可谓是煞费苦心,一方面,按照国际法的理论与实践,法院必须承认联合国会员国履行安理会决议项下的义务要高于会员国在其他协议项下的义务;另一方面,为了避免人权保护主义者的批评,法院又不得不强调保护基本人权的重要性。为了实现这一目的,法院运用了国际强行法这一工具。在法院的判决中,欧洲人权公约体系中的基本权利被赋予了强行法的性质,即使是联合国安理会的决议也不能违反这些强行法规则。这样,法院就很好地协调了上述两方面的考虑。紧接着,法院从案件事实角度否定了案件存在侵犯基本人权的情况。最终,法院既宣示了保护人权的态度,又避免了对安理会决议进行审查,同时也挫败了原告企图通过人权保护规则逃避其因资助恐怖主义活动所应该承担的责任。难怪有评论认为,本案的结果对于那些极端人权保护主义者而言,无异于"赢了战役却输了战争"(win the battle only to lose the war)。

　　尽管界定联合国安理会的决议与强行法规则的关系并不是本案的最终目的或者主要意图所在,但这种关系的界定却使得本案在欧洲人权法甚至国际法中具有重要的意义。在此,我们有必要重温一下法院判决的措辞,以强调强行法规则对于安理会决议效力的限制——"安全理事会的决议具有约束力这一原则有一项限制,即它们必须遵守强行法的基本规定。如若不然,不管多么不可能,它们既不能约束联合国成员国,因此也不能约束欧共体"。

---

① Judgment of Case Kadi v. Council, para. 274.

（二）安理会决议与国际强行法的关系——安理会实践的角度

按照国际强行法规则的要求,联合国会员国不能制定违反国际强行法规则的国际条约。根据这一逻辑,联合国安理会作为国际社会各主权国家通过国家合意所建立的国际组织机构,也不能够制定违反国际强行法决议,否则就是对主权国家授权范围的违反或超越。作为被授权者的国际组织,居然能够享有授权者本身都不具备的相关权力,这显然是很难想象的。但是,纵观联合国安理会的实践,可以发现,安理会所制定的很多决议似乎都可以构成对国际强行法规则的违反,或者至少也有违反强行法规则的嫌疑。

1. 默示支持违反强行法规则的安理会决议

尽管联合国安理会很强调国际强行法规则的效力,但在实践中,安理会也曾经在明知有违反强行法规则发生的情况下作出决议,这种决议在内容上构成对那些违反强行法行为的一种默示支持。如,在上述"洛克比空难案"中,美国和英国为了达到让利比亚交出犯罪嫌疑人的目的,不惜采取以武力相威胁的方式逼迫利比亚就范,这显然已经违背了禁止使用武力或以武力相威胁这种具有强行法性质的国际法基本原则。但是,联合国安理会在其通过的第731号、第748号和第883号决议中,除了对美国和英国的态度表示大力支持外,就是强烈谴责利比亚的行为,要求利比亚终止一些恐怖主义活动并同相关恐怖主义集团划清界限,同时决定对利比亚实行禁运等措施,而对英美等国威胁使用武力的行为却只字未提。作为该案中利比亚的法律顾问,著名学者伊恩·布朗利(Ian Brownlie)教授注意到了这一点,他在自己的法律意见书中花了很多篇幅来论证这种武力威胁系直接针对利比亚为之。考虑到安理会决议与美国和英国所采取的单边武力威胁措施的目的都是为了使利比亚交出犯罪嫌疑人,安理会在谴责利比亚的同时对英美两国的威胁视若无睹显然是有些不太公正的。尽管安理会在国际社会中更多的是一个政治机关而不是法律机关,但其无论如何也不能对英美两国这种违反强行法规则的行为采取默示支持的态度,这构成认为安理会相关决议违反强行法规则的一个重要理由。除此之外,安理会在决议中也没有提到保障相关犯罪嫌疑人获得公平审判的相关措施,这无疑是对相关国际人权法规则的漠视,同时也是认为安理会决议可能违反强行法规则(人权保护)的另一个重要论据。

安理会决议默示支持违反强行法规则行为的另一个例子是其在塞浦路斯

问题上的相关决议。在塞浦路斯的早期冲突中,安理会曾于1964年通过了第193号决议,要求冲突双方停火。在土耳其于1974年悍然入侵塞浦路斯后,安理会又通过了第354号决议,要求双方停火。一方面,土耳其的行为明显构成了对《联合国宪章》第2条第四款禁止使用武力原则的违反,安理会通过决议要求土耳其停火是维护国际和平与安全的正当行为;但另一方面,塞浦路斯使用武力的行为带有明显的自卫性质,安理会的这种决议等于是要求塞浦路斯不得诉诸其固有的自卫权,这就让人不得不质疑此种决议的法律效力。

此外,还有人认为,安理会在前南斯拉夫解体之前通过的要求对前南斯拉夫实施武器禁运的第713号决议也有违反国际强行法规则的嫌疑,因为该决议在南斯拉夫解体后事实上使得波斯尼亚无法通过购买武器对塞尔维亚所实施的种族灭绝行为实施自卫。[①] 但这种看法显然有些牵强。因为该决议对波斯尼亚的这种间接影响是在某一特定事实发生后(前南斯拉夫解体)产生的,该事实的发生并不在安理会决议的合理预期范围内,也不是安理会该决议的实施目的。

2. 安理会对相关违反强行法的行为消极应对

在实践当中还有一种情况,即安理会在明知有违反强行法行为发生的情况下,并不是采取上述默示支持的态度,而是对这种行为既不支持,也不明确表示反对或谴责。在"东帝汶案"中,澳大利亚以东帝汶民族自决是根据联合国安理会决议进行为由,证明自己与印度尼西亚所缔结的1989年《关于印度尼西亚东帝汶省和北澳大利亚区域内的合作区域条约》(《帝汶缺口条约》,Timor Gap Treaty)具有合法性,并认为联合国安理会通过的第384号和第389号决议只是谴责印度尼西亚对东帝汶的占领,对第三国的行为(如缔约)没有指导意义。事实上,安理会也并没有在决议中指明其他国家不得承认印度尼西亚对东帝汶的非法占领,这客观上削弱了其对印度尼西亚非法占领行为的谴责色彩。但国际法院不愿意对此保持沉默。法院在判决中明确承认了东帝汶有权进行民族自决,印度尼西亚因此无权滞留于东帝汶境内,更无权就东帝

① Alexander Orakhelashvili, *The Impact of Peremptory Norms on the Interpretation and Application of United Nations Security Council Resolutions*, European Journal of International Law(2005), vol. 16, p. 72.

汶问题与他国缔结条约，①这一点不会因为诸如加拿大、法国、瑞典、日本等国承认印尼对东帝汶的非法占领状态而有所改变。

此外，在塞浦路斯国内冲突过程中，塞浦路斯曾于1964年在安理会会议上指称其与希腊、土耳其以及英国订立的保证条约无效，因为该条约授权其他国家对本国进行干涉。安理会对此没有明确表明态度；在1999年的科索沃冲突中，安理会虽然并没有授权北大西洋公约组织（North Atlantic Treaty Organization，NATO）对南斯拉夫共和国进行军事打击，但其同样也没有应中国等国的要求通过谴责此种军事打击的决议，这些都可以被看做安理会在违反国际强行法规则行为发生时消极应对的例子。安理会的这种做法也是有一定苦衷的。首先，从法律逻辑上说，安理会不表明态度并不意味着对违反强行法行为明示或默示的认可；②其次，从安理会的性质上看，其更多的是一个政治性的机构，其在具体情形中所采取的措施更多是基于对国际政治利益的衡量，国际政治对国际法的巨大影响也使得安理会在处理问题时不得不考虑解决国际冲突中的相关政治因素。不过，从另一个角度来看，安理会作为联合国体系中维持国际和平与安全的首要机关，似乎有必要对侵害国际和平与安全的行为，尤其是违反强行法规则的行为，作出及时和明确的回应。这也是联合国安理会改革过程中一个值得进一步明确的问题。

3. 安理会决议确认或支持涉嫌违反强行法规则的行为

1998年10月，迫于美国和北约威胁使用武力的压力，南斯拉夫先后与欧洲安全合作组织（Organization of Security and Cooperation of Europe，OSCE）和北约签订协议，同意接受OSCE与NATO向南斯拉夫境内派驻的科索沃核查团和科索沃空中核查团。该协议还进一步规定，南斯拉夫有义务在各方面配合上述核查团的工作。鉴于这些协议是在武力威胁的情况下胁迫达成的，根据《维也纳条约法公约》第52条以及相关国际习惯法规则，协议应该归于无效。但是，安理会随后通过了第1203号决议，赞同并支持南斯拉夫与OSCE和NATO所签署的上述协议，并要求南斯拉夫充分、迅速地执行这些协议，同

---

① I. C. J Report, 1995, p. 90.

② Gazzini, *NATO Coercive Military Activities in the Yugoslav Crisis*, European Journal of International Law(2001), vol. 12, p. 431.

时并按照这些协议的规定与两个核查团进行充分合作。这样,安理会不仅没有对这些协议的效力提出质疑,而且还以决议的形式对这些协议进行了重申和确认,从而无形中加固了这些协议的法律效力,这种做法显然值得商榷。

此外,安理会在实践中还曾经通过决议,对一些涉嫌违反国际强行法规则的行为明确表示支持,这一点我们可以通过下面的情况加以说明。1995年11月21日,前南地区三方的最高领导人——南联盟塞尔维亚共和国总统米洛舍维奇、克罗地亚总统图季曼和波黑总统伊泽特贝戈维奇经过两周的艰苦谈判后,在美国俄亥俄州的代顿(Dayton)草签了波黑和平协议,从而结束了长达4年之久的波黑战争,这份协议也被称为《代顿协议》(Dayton Agreement)。按照协议的规定,波黑将成为穆—克联邦和塞族实体分治的统一国家,萨拉热窝成为统一的波黑共和国首都,并设立了议会、政府。此外,协议还规定设立一个高级代表(High Representative)作为国际社会派驻波黑的代表,负责处理波黑境内和平计划的执行。高级代表对《代顿协议》在国内执行问题上的解释具有最高权威性,但在其他方面则仅仅具有监督、咨询、协调等权限,无权干涉波黑国内政府机构的工作,也不能针对波黑政府的管辖事项制定有约束力的决定。《代顿协议》达成后,为了进一步执行该协议的成果,国际社会相关国家及国际组织于1995年12月在伦敦召开了一个和平执行会议,力图在国际范围内寻求对执行《代顿协议》的最大支持。会议的最大成果是设立了一个和平执行委员会(Peace Implementation Council,PIC),其最高机构即为高级代表办公室(Office of High Representative)。1997年12月10日,和平执行委员会在波恩作出决议,支持高级代表运用其最终解释权,以及行使一些《代顿协议》没有赋予的职能,如组织机构会议、对政府决定采取临时措施、解雇那些高级代表认为违反和平协议或协议相关解释的政府官员。同时,决议指出,高级代表可以根据自己的判断在必要时行使上述职权。此后,高级代表据此解除了大量各级政府官员的职务,这其中包括了很多通过民选产生的官员。高级代表还制定了惩处贪污官员、边境保护和刑事程序方面的法律。上述行为无异于代替波黑人民来决定其政治机构和国家事务,明显具有侵害波黑国家主权和民族自决权的性质。令人惊讶的是,联合国安理会随后分别通过第1305号决议和第1491号决议,对高级代表所采取的上述措施明确表示支持。据此,可以认为,联合国安理会的这两项决议严重侵害了波黑主权和民族自决权,已经涉嫌违反国际强行法规则。

此外,还有人认为,安理会1999年通过的1244号决议同样是对违反国际强行法行为的一种回溯性确认。在该决议中,安理会批准向科索沃地区派驻联合国维持和平部队,并明确了该次维和行动的权限。这种观点认为,北约和美国之前对科索沃地区的军事打击并没有得到联合国安理会的武力授权,这显然违背了《联合国宪章》中的禁止使用武力原则。但是,安理会不仅在决议中没有谴责这种明显违法的行为,还派遣联合国部队帮助北约收拾科索沃地区的残局,这无异于对上述违法行为的事后认可。① 对此,我认为,安理会所采取的维和行为的首要目的在于恢复冲突地区的和平与安全,维和行动更多的是一种事后补救措施,即使安理会在维和行动中授权使用武力,也并不意味着此前未经安理会授权而采取的武力措施就能获得正当性或合法性,因此这种看法在理论和逻辑上都是说不通的。

4. 安理会决议引发违反国际强行法的行为

在历史上,安理会曾经多次通过决议,对相关国家进行经济制裁。如在第一次海湾战争期间,安理会就通过决议对伊拉克实施经济制裁;在洛克比空难发生后,安理会也曾长时期对利比亚进行经济制裁。尽管这些制裁措施具有充分的国际法依据,但还是有人对此表示质疑,理由在于,这些制裁的结果最终使得被制裁国家国内经济状况恶化、民主秩序遭到进一步破坏,人民的基本生活需要得不到保证。即使联合国安理会在实践中总会通过对经济制裁的人道主义例外向相关国家提供一些人民生活的必需品,这种制裁仍然具有强烈的侵犯被制裁国人民人权的色彩。因此从这个意义上说,安理会的相关制裁决议本身会导致侵犯人权等违反国际强行法规则的行为发生。

由上可知,在国际实践中,安理会决议涉嫌违反国际强行法规则的情形并不在少数,对于这些决议的效力,则要通过具体分析来确定。在上述这些涉嫌违反强行法规则的情形中,有些只是没有对违反强行法的行为表明态度(如联合国安理会并没有就印度尼西亚占领东帝汶问题发表意见),由于安理会

---

① Wedgwood, *Unilateral Action in the UN System*, European Journal of International Law(2000), vol. 11, pp. 358 – 359. See also Pellet, *Brief Remarks on the Unilateral Use of Force*, European Journal of International Law(2000), vol. 11, pp. 387–389.

只是一个政治性的国际机构，并没有义务对所有违反强行法行为进行批评或制裁，因此这种消极态度最多也只能算是安理会工作的一种失职；有些决议从表面上看是对违反强行法行为的纵容，甚至可能直接导致某些违反强行法行为的发生（如安理会的经济制裁和武器禁运措施），但这些决议并不以违反强行法为意图，而是实施维持国际和平与安全的措施，因此也不宜否定其效力；另外一些决议则更像是对强行法规则的违反，如安理会通过决议要求前南斯拉夫执行其在受到武力威胁情况下达成的协议，这样的决议就不应该具有法律效力。不过，如果安理会决议从结构上看是可分的，那么决议无效的法律后果应仅及于那些违反强行法的决议条款，决议中的其余条款仍然应该有效。

令人遗憾的是，现有的国际法机制并没有为那些受到安理会违法决议影响的国家提供足够的救济途径，安理会决议的合法性问题也没有被纳入到现行国际法制度的框架之中。对此有人提出，应该允许联合国会员国通过拒绝执行决议、要求对决议进行司法审查等方式，对违法的决议进行救济。① 这种主张显然有些缺乏现实性。首先，赋予联合国会员国拒绝执行涉嫌违反强行法决议的权利无疑为会员国逃避履行安理会决议中的义务提供了借口；其次，安理会决议是否应该被纳入司法审查的范围、何种机构有权对安理会决议进行司法审查、应按照何种程序进行审查等问题一直都是当代国际法发展中具有重大争议的问题；最后，国际司法机构在实践中涉及认定强行法规则等问题时，往往持非常谨慎的态度，这也使得上述救济措施在司法过程中均面临巨大的困难。

四、结　论

《联合国宪章》第 103 条的规定使得安理会为履行其在《宪章》第七章项下义务而制定的决议具有了优先于其他条约义务的效力，但我们应该清楚地认识到，无论是宪章义务还是安理会决议的内容，都不得违反国际强行法规则，否则将归于无效。但是，由于强行法规则在国际法层面上缺乏足够的认定

---

① 　Alexander Orakhelashvili, pp. 84—88.

和执行机制,涉嫌违反强行法的安理会决议很难在实践中被有关机构确认为无效,其俨然游离于国际法治化进程之外。对于这些决议,有关国家只能更多地通过提出抗议的方式进行质疑。这种情况也被国际社会认为是联合国陷入"宪法性危机"的重要表现之一。从目前的情况看,尽管要求联合国进行制度改革的呼声越来越高,但要想为受到违反强行法规则的安理会决议侵害的会员国创设合适的救济方式,仍然是非常困难的。

责任编辑:张　立
装帧设计:周涛勇
责任校对:张　红

图书在版编目(CIP)数据

中国国际人道法:传播、实践与发展/赵白鸽 主编. -北京:人民出版社,2012.4
ISBN 978－7－01－010726－4

Ⅰ.①中… Ⅱ.①赵… Ⅲ.①战争法-研究 Ⅳ.①D995

中国版本图书馆 CIP 数据核字(2012)第 034064 号

中国国际人道法:传播、实践与发展
ZHONGGUO GUOJIRENDAOFA CHUANBO SHIJIAN YU FAZHAN

主编　赵白鸽

人民出版社 出版发行
(100706　北京朝阳门内大街 166 号)

北京新魏印刷厂印刷　　新华书店经销

2012 年 4 月第 1 版　2012 年 4 月北京第 1 次印刷
开本:710 毫米×1000 毫米 1/16　印张:18
字数:300 千字　印数:0,001-3,000 册

ISBN 978－7－01－010726－4　定价:42.00 元

邮购地址 100706　北京朝阳门内大街 166 号
人民东方图书销售中心　电话 (010)65250042　65289539